El carlismo
y las guerras carlistas
Hechos, hombres e ideas

El carlismo y las guerras carlistas
Hechos, hombres e ideas

Julio Aróstegui, Jordi Canal,
Eduardo González Calleja

la esfera de los libros

Primera edición en rústica: mayo de 2011
Segunda edición en rústica: diciembre de 2022

Avenida de San Luis, 25
28033 Madrid
Tel. 91 443 50 00
www.esferalibros.com

Diseño de cubierta: Compañia
Ilustración de cubierta: Eduardo Banda, La batalla de Treviño, Oronoz fotográfos
ISBN: 978-84-9970-055-7
Depósito legal: M. 13.896-2011
Fotocomposición: Versal AG, S.L.
Impresión: Anzos
Impreso en España-*Printed in Spain*

Índice

Segunda Parte
Los hombres y las ideas

INTRODUCCIÓN

El carlismo y las guerras civiles

ESTE libro trata del nacimiento, desarrollo, continuidad y trascendencia del fenómeno de la contrarrevolución en la España contemporánea. La contrarrevolución tuvo en nuestro país como protagonista principal y arquetípico, aunque no exclusivo, al movimiento político, social e ideológico conocido como «carlismo». Por ello, la historia de la contrarrevolución española es, en su parte fundamental, la historia del carlismo. Esa historia misma y las diversas tendencias e interpretaciones que han recorrido desde antiguo su enjuiciamiento muestran muy claramente que no estamos ante una realidad histórica sencilla, ni homogénea, ni invariable. Tampoco se trata, en absoluto, de un sumario movimiento marginal, como han pretendido tratadistas declaradamente contrarios. La historia del carlismo nos da una prueba más de la conocida complejidad, dispersión, riqueza y, en definitiva, peculiaridad propia, aunque en forma alguna excepcional, de nuestra historia contemporánea.

El carlismo es un fenómeno en el que se reflejan no pocas de las variables históricas, desde las económicas a las culturales e ideológicas, que han conformado las vicisitudes de la contemporaneidad española. Su relevancia va mucho más allá de la de un movimiento efímero o localizado, y bastante más, también, de representar esa «curiosidad histórica» de la que ha hablado algún autor extranjero dando buena muestra de su penetración e información. No obstante, dista de ser algo así como una quintaesencia de lo hispánico de la que, a veces, nos pretendió convencer igualmente la posición ideológica de cronistas o historiadores adictos a la causa o, como tampoco es raro, muy cercanos a las tesis del franquismo. Podrían aducirse aquí muchos nombres de autores para ilustrar estos comentarios pero no parece imprescindible hacerlo.

Existe una visión del carlismo, destacada por la investigación reciente, que lo relaciona de forma especial con uno de esos factores que han mostrado una más tenaz persistencia en la historia española de los siglos XIX y XX. Nos referimos al hecho de que la contrarrevolución en España ha tenido siempre una particular relación, sobre todo en el siglo XIX, pero también en el XX, con episodios y conflictos entreverados siempre con la presencia de la violencia política. Ello debe responder a una específica motivación que es preciso desentrañar.

Muchos de los procesos de transformación que han ocurrido en la sociedad española contemporánea se han visto atravesados por conflictos con alto contenido de violencia, resueltos en enfrentamientos armados y guerras civiles que conceden su carácter más intrincado a muchas situaciones históricas en nuestro país. Obviamente, la historia del carlismo no es la de sus insurrecciones y sus guerras, ni aquí pretendemos tal cosa. Pero también es cierto que la tradición insurreccional de aquel movimiento es una de sus señas de identidad más arraigadas.

Carlismo y enfrentamientos civiles

Efectivamente, las vicisitudes de la historia contemporánea española, desde que a comienzos del siglo XIX se abre la etapa de la revolución liberal, muestran bien a las claras la presencia frecuente de fenómenos de violencia política. No siempre esta tipología desemboca en francos enfrentamientos armados, pero la aparición de ellos en número significativo es uno de los rasgos de nuestra contemporaneidad. Conviene, no obstante, advertirlo con énfasis desde ahora: de ninguna forma se trata de un hecho, ni exclusivo ni aun menos excepcional, característico de la historia española. Las revoluciones liberales contemporáneas se encuentran directamente impregnadas por la violencia y la guerra en todo el mundo occidental. Las revoluciones liberales siempre dieron lugar al desencadenamiento de conflictos violentos allí donde se produjeron. Lo particular aquí es la persistencia, la abundante presencia, la longevidad, en suma, de ellos en nuestra historia en los dos últimos siglos.

Entre 1820 y 1936, algo más de un siglo, acontecieron en España cuatro guerras civiles, todas de notable intensidad, además de un elevado número de otros enfrentamientos menores, con tipologías diversas, aunque no todos ellos llegasen ni a la intensidad ni a la extensión que permita hablar de verdadera guerra civil. Como es bien sabido, España es, en el tópico común al menos, la tierra de los pronunciamientos, las partidas, las facciones y las guerrillas. Seguramente, España es el país de la Europa occidental donde un mayor número de estos fenómenos se produjeron en ese tiempo y puede decirse que en ningún lugar de este occidente europeo, con la excepción quizá de Grecia —el reciente problema de los Balcanes, además de no ser propiamente «occidental», no tiene una tipología, en este caso, comparable—, llegó a producirse una guerra civil en fechas tan tardías como son los años treinta del siglo XX, en que se desencadena en España el último de los grandes conflictos armados internos que hunden, sin duda, sus raíces en procesos que vienen del siglo XIX.

Aquí hablamos de graves y profundos conflictos armados que han enfrentado esencialmente a la revolución con la contrarrevolución. En principio, pueden descartarse en ellos, originalmente cuando menos, las raíces étnicas o nacionales. Tres de esas guerras se produjeron en el siglo XIX, las de 1822-1823, 1833-1840 y 1872-1876, y tuvieron su origen y desencadenante en sendas insurrecciones carlistas, o como en el caso de la de 1822, con la de los «realistas», un claro exponente de la ideología contrarrevolucionaria. Se produjeron en el largo período en que España vivió el proceso de implantación de una sociedad y un Estado liberales, que tuvo su momento decisivo entre 1833 y 1876. Fueron éstos cuarenta años de casi permanentes enfrentamientos, de mayor o menor intensidad, cuyo motor fundamental era de orden político y social, y, en un sentido amplio, también cultural, como transcripción de enfrentamientos entre concepciones nuevas de la sociedad y las resistencias de viejas estructuras.

La guerra civil intermitente que se desarrolla en los años 1822 y 1823, el período del trienio liberal, presenta la particularidad de ser el primer conflicto armado que enfrenta a los liberales, dueños del poder político en un régimen de ese mismo signo liberal, y los realistas, o partidarios del régimen político del absolutismo, que se insurreccionan dando lugar a dos años de luchas en diversas partes del país que acabaron provocando, y enlazando, con una nueva invasión de un ejército francés en 1823. Es la que llamamos guerra de los realistas, la «primera guerra civil de España», como la ha llamado Rafael Gambra, que tiene todo el carácter, efectivamente, de primera guerra civil en un país que habría de vivir ulteriormente algunas más. Y no conviene olvidar que no pocas raíces de este problema se hunden en lo que es un hecho determinante de toda la historia contemporánea española: la invasión francesa y el conflicto consiguiente, la guerra de la Independencia (guerra del francés), comenzada en 1808.

En el otro extremo cronológico, la gran guerra civil española, la guerra civil por antonomasia, la de 1936-1939, no tiene ya, desde luego, el carácter inequívoco de una «guerra carlista», aunque el propio carlismo ha pretendido lo contrario, pero posee buena parte de los caracteres de aquéllas. Fue una guerra producida por una insurrección militar «contrarrevolucionaria», precisamente contra el orden liberal y democrático. Si bien su origen y trasfondo político, social e ideológico excede con mucho y es mucho más complejo que los de las guerras del siglo XIX, también en ella tiene importancia en sus orígenes la presencia y participación del carlismo en el bando insurreccional.

¿Cómo explicar, pues, este desarrollo conflictivo tan particular de nuestra historia contemporánea en el que están presentes de forma significativamente acusada las guerras civiles junto a la persistencia de un movimiento muy complejo como es el del carlismo? De hecho, todo este libro pretende responder, atendiendo a los numerosos aspectos que en ella se encierran, a esta pregunta. Parece pues indicado empezar a intentarlo deteniéndonos en un panorama general que pretende tener en cuenta aquellos extremos que parecen los más profundos en este desenvolvimiento, los que tienen un carácter de mayor generalidad y de más persistencia.

Liberalismo, legitimismo, carlismo

Comencemos por lo que parece inexcusable y obvio: ¿cuál es la naturaleza última de este gran movimiento del carlismo en la historia contemporánea española? Aunque en un capítulo específico de este libro volveremos a hablar de ello (cap. 9), comencemos diciendo que el propio nombre de carlismo surgió en la terminología y nomenclatura política en el contexto de las luchas políticas y también dinásticas de la década de 1820, pero sus características desbordan claramente el campo de los fenómenos políticos, cosa generalmente olvidada por la vieja y clásica historiografía. Aunque no faltaron desde el principio perspicaces observadores que lo percibieran perfectamente, entendiendo el conflicto como uno «de principios», ese desbordamiento del campo político es cosa demasiado olvidada en las luchas políticas ulteriores en aquel siglo. Carlistas fueron llamados a partir de los años veinte del siglo XIX los partidarios, reclutados en muy diversos medios sociales, de la reivindicación dinástica de don Carlos María Isidro de Borbón, hermano segundogénito del rey Fernando VII (reinante entre 1808 y 1833), heredero durante un tiempo de la corona y desposeído luego de su herencia. El pretendido heredero reclamó finalmente su primacía con las armas en la mano frente a la sucesión del rey Fernando por parte de su hija Isabel, reinante luego como Isabel II (1833-1868).

Sin embargo, los rasgos esenciales de aquel movimiento, en lo social y en lo ideológico, estaban ya presentes antes de que tuviera ese nombre y podían encontrarse perfectamente en algunos movimientos que le precedieron. Hubo quienes en su propio bando o en el contrario observaron ya que los carlistas sostenían mucho más que una reivindicación dinástica y hoy sabemos también que aquel movimiento tenía contenidos precisos que individualizaban al carlismo *avant la lettre,* de ahí que sus primeros nombres fueran «realistas» (y realistas exaltados), «absolutistas», «apostólicos», antes de que la fijación en la persona de don Carlos María Isidro se convirtiera en el eje, y hasta la coartada, para un profundo conflicto entre élites dirigentes y grupos hegemónicos, pero también para un conflicto «popular».

El gran movimiento contrarrevolucionario convertido en el carlismo evolucionó luego en el tiempo hasta llegar a constituir un partido organizado, mantuvo siempre como esencial centro de aglutinación la legitimidad dinástica de la rama borbónica descendiente de don Carlos, muerto en 1855, y pervivió, no sin cambios muy significativos, como una fuerza importante en la política española hasta los tiempos del régimen del general Franco. Al carlismo le acompañó siempre la vivencia y la «cultura» de la insurrección armada, su espíritu se identificó casi permanentemente con la lucha insurreccional frente al poder liberal, creó una potente tradición militar, trenzada de las connotaciones más «raciales» hasta los años treinta del siglo XX, pero desde 1873 funcionó también como un partido político a cuyo frente se encontraba siempre el pretendiente a la corona por la rama de don Carlos.

Ahora bien, el carlismo fue siempre algo o mucho más que el conjunto de los seguidores de una determinada opción dinástica dentro de la familia de los Borbones. Si no fuese así no se explicaría su longeva pervivencia. El carlismo representaba, por lo pronto, la versión española de los legitimismos europeos, la expresión más perfilada de la oposición a las monarquías representativas, de opinión, que pretendían estar basadas en la voluntad de los gobernados, fundamento que acabaron aceptando las monarquías dinásticas europeas que se acomodaron al régimen liberal. Los legitimismos, surgidos como oposición a las ideas revolucionarias de finales del siglo XVIII, predicaban la ilegitimidad de estas otras nuevas monarquías, sobre la base de la concepción teocrática en que se apoyaban los antiguos absolutismos, referidos siempre a su origen divino. Los legitimismos tuvieron fuerza en Francia, España y Portugal y menos, pero también, en Italia y Centroeuropa. El legitimismo español fue el que más fuerza acopió y el que más tiempo permaneció activo durante la edad contemporánea. Pero también el que más conflictos provocó.

En los legitimismos en general, y, naturalmente, en el carlismo en España, tanta o más importancia que los contenidos ideológicos, doctrinales y políticos, la tenían la oposición desde profundas raíces sociales a los nuevos regímenes, a la hegemonía de la burguesía urbana, la resistencia a cambiar de las viejas estructuras de la sociedad, las posiciones de los grupos hegemónicos, la Iglesia sobre todo, ligados a las formas económicas y simbólicas del antiguo orden o las formas sustanciales de un mundo agrario sujeto a una cristalización secular. El carlismo en España representó siempre la defensa de la antigua sociedad de tradición estamental, del orden social de inspiración teocrática, de la economía preliberal, de las formas culturales y religiosas fuertemente informadas por la preeminencia ideológica de la Iglesia, la prevención frente a la cultura urbana y la resistencia del campesinado a cambiar sus formas tradicionales de vida.

El carlismo tiene tanto de amplio movimiento social de resistencia a las fórmulas socioeconómicas pretendidas por el liberalismo como, también, de ideología política opuesta a la pretensión de instaurar un sistema de poder «representativo» basado en la teórica igualdad de los ciudadanos ante la ley, en el dominio de una nueva clase, de resistencia a la amenaza del laicismo y la libertad religiosa y la libertad generalizada como componente abstracto de toda relación política. Los movimientos legitimistas llamarían «democracia» a cualquier forma de poder representativo elegido mediante sufragio, por más limitado que éste fuese. En definitiva, en sus orígenes el carlismo representó claramente la resistencia de la vieja sociedad a los cambios propuestos y llevados adelante por la revolución de la «burguesía» liberal. No por casualidad la doctrina defendida por el carlismo acabaría autodenominándose tradicionalismo.

Aun así, no debe olvidarse en ningún caso que la propia concepción ideológica del carlismo sobre la sociedad, el poder, el régimen político y la hegemonía ideológica no permanecieron inmutables en los más de ciento cincuenta años de existencia activa del movimiento. La contrarrevolución defendida por el carlismo recorrió un largo camino desde los primeros balbuceos articulados del pensamiento reaccionario enemigo de la Ilustración, ya en el siglo XVIII, pasando por las grandes luchas de comienzos del XIX —las surgidas, por ejemplo, en torno a la invasión francesa de 1808 y las Cortes de Cádiz— hasta las últimas concepciones expuestas en el siglo XX, que acusarían cierta influencia del pensamiento contrarrevolucionario al estilo del fascismo. El carlismo fue, pues, longevo pero no monolítico en la formulación de sus propuestas, aunque lo fuese más en sus manifestaciones como cultura política diferenciada.

Los problemas principales con que ha topado el entendimiento de un movimiento tan complejo, tan longevo y tan conflictivo como el carlismo en España han surgido casi siempre de la perplejidad ante su persistencia secular, la multiplicidad de sus componentes sociales y su capacidad de influencia política. Mientras que en Francia, e incluso en Portugal, el legitimismo no pasaría desde el final de la década de los sesenta del siglo XIX de ser ya, si no un movimiento marginal sí al menos muy limitado, en España podía desencadenarse aún una importante guerra civil ligada al carlismo, la de 1872, y podía, además, tener una importancia notable en el desarrollo de la de 1936, conservando una fuerza política apreciable entre esas dos fechas, sobre todo en ciertas zonas del país. Y, más allá de eso, aportar un bagaje no poco destacado a la confusa pero impositiva ideología de lo que llamamos «franquismo».

Así pues, con independencia de esa raíz y esencia insurreccional que el movimiento llevó siempre en su seno, ¿cuáles podrían ser las explicaciones históricas más plausibles para la persistencia del legitimismo antiliberal bajo la forma del carlismo en la España de los siglos XIX y XX? Tanto entre los historiadores y los tratadistas políticos como entre los meros hagiógrafos, reporteros y cronistas que se han ocupado del asunto, se han producido numerosos intentos de responder a esta cuestión. La fortuna ha sido variada, sobre todo en razón del frecuente olvido de una condición inexcusable para intentar una respuesta: la perduración del carlismo como movimiento activo implica necesariamente la de aquellos factores y realidades de su contexto histórico, del ambiente, de las estructuras socioeconómicas y culturales que lo hicieron posible. Es decir, el carlismo se encuentra ligado dialécticamente a los avatares completos de la dinámica histórica del liberalismo en España.

La complejidad socio-política-ideológica del carlismo es, por tanto, innegable. Y en esa complejidad convergen, claro está, todas aquellas otras que acusa igualmente nuestra edad contemporánea. La riqueza de fuerzas y aspiraciones reivindicativas que en él encuentran su medio de expresión es indiscutible. La amalgama en el legitimismo de muchas formas de «protesta» frente al orden que se va estableciendo en el siglo XIX aparece hoy clara a nuestra vista. Existe, en fin, una idea clave en la que la historiografía actual parece coincidir igualmente: no en su nacimiento, común al de otros movimientos del mismo signo en Europa, pero sí en su duración, el carlismo puede entenderse como un producto específico de la debilidad misma de la revolución liberal-burguesa en España. Esta idea es aceptada ahora por lo general, aunque existan en su formulación muy variados matices.

La dialéctica revolución-contrarrevolución

Una interpretación del hecho carlista, formulada hace tiempo por uno de los autores de este libro, insistió ya en la estrecha ligazón que unió siempre la presencia de la contrarrevolución en España con las líneas maestras del desarrollo en la implantación de las propias innovaciones liberales. El carlismo fue siempre una respuesta directa a los proyectos y realizaciones de las propuestas más renovadoras y directas de transformación histórica que llevó adelante el liberalismo, la reacción ante la pérdida del viejo mundo anterior a las revoluciones. Que el carlismo fuese el origen de agudos conflictos en 1833, 1872 y 1936 —en éste como coadyuvante— no es, como puede suponerse, una casualidad o una mera constatación curiosa sino una consecuencia del hecho de que esas fechas representan, precisamente, grandes momentos de la «revolución» en España. Al carácter de estas propuestas revolucionarias responden casi simétricamente las reacciones carlistas.

El carlismo tiene un papel preciso en la dinámica global de los movimientos liberales españoles. En el siglo XX, además, lo tiene también frente a propuestas, como las surgidas en los años treinta, que apostaban por una decisiva profundización en las formas democráticas modernizadoras y frente a los signos de proyectos de transformación del orden liberal y capitalista que se contenían en ciertos objetivos del obrerismo y sindicalismo en esas fechas. Sin ahondar por ahora en la significación profunda de esa dialéctica, sí es destacable que el carlismo representase siempre la oposición antirreformista de unas capas sociales muy concretas.

Sobre todo en sus orígenes, el carlismo portaba la protesta específica de fracciones sociales, como eran el mundo campesino, o ciertas partes de él, el artesanado antiguo de las ciudades, el aparato clerical eclesiástico, la vieja hidalguía y algunos elementos, aunque pocos, de la nobleza titulada, fracciones todas ellas con una posición bien definida en las viejas estructuras sociales. La irrupción de formas socioeconómicas, y de un mundo nuevo de percepciones culturales, que traía consigo el liberalismo, que arruinaban las articulaciones históricas predominantes antes de las grandes conmociones de principios del siglo XIX, es la explicación última de todo el movimiento de la contrarrevolución, el legitimismo y, en definitiva, el antiliberalismo que representó el carlismo.

En este sentido, puede identificársele sin ningún inconveniente como una forma de «reacción» del antiguo orden social, resistencia que en España se prolonga más que en ningún otro país del occidente europeo. Pero decir que esa resistencia constituye una pura «reacción», que el movimiento antiliberal carecía de toda perspectiva de futuro y que representaba intereses opuestos a cualquier progreso, es una posición que la historiografía actual no defiende ya de la forma irreductible en que lo hizo la opinión liberal del siglo XIX y parte del XX. Porque si bien en el carlismo predominaba esa visión reaccionaria del progreso, no es menos cierto que, socialmente hablando, se encontraban en su seno reivindicaciones —las del campesinado o el artesanado, por ejemplo— que apuntaban certeramente a algunas de las más graves consecuencias negativas que la expansión del capitalismo liberal había propiciado.

De esta forma, el carlismo resultó ser un movimiento político y social con un reconocido aliento de «masas» en aquellos momentos de la historia española contemporánea en que se estaba en el umbral de «situaciones revolucionarias» plenamente percibidas por la población que las vivió. Ello dice no poco, en consecuencia, sobre las condiciones mismas, y los repetidos fracasos, de la «revolución española» en los siglos XIX y XX. Tanto los movimientos de signo liberal como esas otras corrientes, con profundo arraigo social también, que ya en el siglo XX han apuntado hacia una revolución proletaria de signo socialista, han despertado siempre una potente reacción de signo contrarrevolucionario, que el carlismo representa prácticamente en exclusiva en el siglo XIX junto a otros grupos en el siglo XX.

La dialéctica revolución/contrarrevolución no debe tenerse como una particularidad propia y particular del desarrollo histórico contemporáneo español, como venimos diciendo. Bien al contrario, se trata de un hecho consustancial a la dinámica de las revoluciones europeas. Lo peculiar en el caso español, ya lo hemos indicado, ha sido que la lucha revolución/contrarrevolución se ha atascado prácticamente en un equilibrio de incapacidades durante más de un siglo. La modernización de la sociedad española fue obstaculizada por la fuerte presencia de movimientos retardatarios, mientras que éstos no pudieron tampoco detener el proceso modernizador enteramente; ello si hacemos una excepción con el momento histórico resultante del final de la guerra civil de 1936-1939, es decir, con la primera etapa del régimen de Franco. Y así, ninguna de las dos grandes fuerzas históricas contrapuestas que recorren la historia española desde comienzos del siglo XIX hasta mediados del XX ha logrado imponer sus soluciones sin el recurso a la violencia política explícita en forma de enfrentamientos armados culminados en guerras civiles.

Pese a la amplia evolución del país en más de cien años de incorporación a las tendencias revolucionarias y posrevolucionarias que se imponen en Occidente, al innegable cambio social y la transformación de los sectores económicos, en la historia española permanece un alto nivel de conflicto irresuelto, de enfrentamientos entre sectores sociales sin capacidad real de resolverlo, hasta prácticamente el final de la guerra civil de 1936 y la implantación de una férrea dictadura materializada en el régimen del general Franco, que en lo ideológico fue una amalgama de ideas contrarrevolucionarias. El problema histórico real en el que el carlismo se inserta no es ya la situación de conflicto, como hemos dicho, sino el de la dificultad de su resolución por algo distinto de las guerras civiles. Y ello es, justamente, lo que necesita una explicación más ponderada.

La resolución en guerras civiles

En un apartado específico de esta obra (cap. 10) se estudiará más detenidamente la significación del carlismo en el contexto de los fenómenos de violencia política en España, y en otro de ellos (cap. 7) la extracción social de sus adeptos. Conviene precisar ahora que las guerras civiles son el tipo más extremo del género de conflictos resueltos por la violencia. Si bien no son escasos los tratadistas que entienden que las manifestaciones de violencia explícita en el ámbito de las relaciones de poder en una comunidad constituyen precisamente la negación de la política, lo cierto es que la extensión de la violencia ha sido un ingrediente permanente de la historia política europea en la edad contemporánea.

La guerra civil es el único tipo de conflicto verdaderamente «armado» que puede considerarse dentro del espectro de las violencias civiles, es decir, las violencias que se producen en el interior de comunidades sociales y políticas que tienen, no obstante, un grado perceptible de unidad, expresado en manifestaciones de una historia común y de estabilidad, es decir, de «identidad». El producto común de la creación de estas comunidades en la Europa de las edades moderna y contemporánea es, justamente, el Estado nacional. Las verdaderas guerras en sentido estratégico, los conflictos bélicos entre naciones y Estados, constituyen formas de violencia que quedan fuera, o quedan más allá, de esa forma de violencia civil o violencia política de la que hablamos aquí y, en consecuencia, quedan en este caso fuera de nuestro horizonte.

La opción típica del carlismo por la práctica y la cultura de la violencia insurreccional en su acción política contrarrevolucionaria, su permanente vocación «guerracivilista», en expresión de González Calleja, es, indudablemente, una de sus más potentes caracterizaciones, la que mayormente ha servido de base a la percepción que han forjado sus enemigos, pero también una de las identificaciones que más han ponderado sus propios adeptos. Es, asimismo, a largo plazo, la que más ha contribuido a dar al carlismo sus connotaciones de «arcaísmo» político y social. La propuesta insurreccional es un elemento consustancial a la propia ideología carlista.

Ahora bien, todos los tratadistas de la violencia coinciden en que las violencias en política, como en cualquier tipo de relaciones sociales, no son el producto de simples decisiones de determinadas personas o grupos. Tampoco son opciones espontáneas, arbitrarias y, menos aún, gratuitas. La violencia social y política tiene siempre unos costes muy altos, empezando, por supuesto, por los que tiene para aquellos que la promueven. Las violencias son cuestión de oportunidad y de situación que las hacen más o menos probables y productivas. Por ello es común hablar de los «costes de oportunidad» de toda acción política violenta. La práctica violenta necesita de una organización peculiar, aunque ésta deba entenderse, a veces, como «déficit de organización». Necesita también una instrumentación precisa y, normalmente, una elaboración ideológica. Pero es cierto que las opciones de violencia de individuos y grupos acaban creando culturas propias.

La pregunta fundamental aquí es por qué el carlismo en España tuvo siempre entre sus connotaciones más características esa opción por el insurreccionalismo, esa vertiente de protesta armada causante de frecuentes guerras civiles. Como ya hemos señalado, en menos de dos siglos de historia contemporánea española se desencadenaron a causa del insurreccionalismo carlista o, genéricamente, contrarrevolucionario, tres guerras civiles (las de 1822, 1833 y 1872) y otra más que contiene elementos claros de esa misma especie, la de 1936. Conflictos de menor entidad, pero donde intervienen factores propios de la insurrección armada, se producen en toda la década de los cuarenta del siglo XIX, más otro número de escaramuzas y amagos de levantamientos o insurrecciones en otras fechas.

La vida política española ha conocido episodios de violencia política de otros tipos: el pronunciamiento, por ejemplo, la impulsión miliciana, las partidas, guerrillas, o facciones, según el lenguaje del tiempo, que en absoluto pueden ser puestas como fenómenos de inspiración carlista en exclusiva. La violencia política contrarrevolucionaria se desenvuelve en España, por tanto, en un contexto genérico de abundantes conflictos con presencia de violencias explícitas. Ello es un indudable síntoma de especiales dificultades en un desenvolvimiento político marcado siempre en el fondo por una transformación permanente de las formas sociales, que es el proceso que caracteriza de forma más decisiva la andadura contemporánea.

Por supuesto, la guerra civil no estuvo ausente de ninguna de las historias nacionales de los principales países de la Europa occidental en el momento expansivo de la revolución liberal. Pero no cabe negar que su presencia en España es especialmente visible y de consecuencias, en muchos casos, decisivas. La guerra de la Independencia contra el invasor francés, que comienza en 1808 y que tiene su origen en el imparable hundimiento de las estructuras del Estado absolutista en la monarquía española, es el punto de partida para explicar desde su origen esta presencia de la insurrección armada como una de las constantes de nuestra historia decimonónica.

La historia de las insurrecciones armadas en España empieza con la invasión napoleónica y la guerra de liberación que se desarrolla a continuación durante seis años. El «levantamiento», como le llamó un destacado liberal, el conde de Toreno, inaugura un tipo de política armada que iba a persistir durante todo el siglo. Y hay en ello un detalle de máxima significación: el fracaso colectivo de toda la élite dirigente del Antiguo Régimen. Las guerras civiles están recorridas y caracterizadas por esta ausencia de minorías dirigentes eficaces.

Nada como el carlismo representa, sin embargo, este impulso a la resolución insurreccional mediante la lucha armada de los grandes conflictos de índole sociopolítica en la España contemporánea. Un impulso que, en cuatro ocasiones al menos, ha llevado a la creación de auténticos ejércitos normalizados de parte de los insurrectos. La participación del carlismo en la guerra civil de 1936, que, como ya hemos apuntado, no puede tenerse por una guerra carlista, presenta un carácter relativamente distinto, pero no conviene olvidar que en los años treinta del siglo XX el carlismo elaboró sus propios planes de insurrección. A la vista de ese panorama, por tanto, aparece justificada una reflexión histórica sobre la presencia de la contrarrevolución carlista en la mayoría de los conflictos civiles armados en la España contemporánea.

Se trata de una reflexión que ya ha sido abordada en muy diversos momentos tanto por los testigos de los propios hechos como por toda clase de observadores de la realidad española de los siglos XIX y XX, desde el comienzo mismo de la nueva época, tanto dentro como fuera del país. Otra cosa es que los resultados de esas reflexiones estén en condiciones de aportarnos hoy conclusiones de suficiente claridad, plausiblemente convincentes, como diagnosis acertada del origen y naturaleza de nuestros enfrentamientos civiles.

¿Por qué, en definitiva, se encuentran tan incuestionablemente relacionadas las formas de protesta que representó siempre la opción contrarrevolucionaria con la instrumentación de la insurrección armada? Es evidente que no podemos dar una respuesta simple ni única porque cualquier intento habría de tener en cuenta múltiples factores. Es indudable también que muchos elementos de esa respuesta, tal vez los fundamentales, no pueden buscarse en el interior mismo del carlismo contrarrevolucionario sino que seguramente se encuentran en un ámbito mucho más global, es decir, en las condiciones históricas completas que han marcado el proceso de transformación social contemporáneo en España.

Parece claro que la tendencia a la resolución violenta de las contradicciones de la sociedad española contemporánea posee una entidad de indudable profundidad estructural. Así, las características concretas de la estructura social en el tránsito del Antiguo Régimen a la sociedad liberal, sus componentes demográficos y socioprofesionales, la naturaleza de una sociedad esencialmente ligada a las formas agrarias, la presencia en ella de ciertas hegemonías ideológicas de gran arraigo y poder (la Iglesia), la heterogeneidad misma de esas formas sociales en el conjunto de la monarquía, las vicisitudes peculiares de la implantación del liberalismo, en fin, y la índole del Estado surgido de ese proceso.

Hoy, no parece posible olvidar tampoco reveladoras realidades insertas en los registros culturales de la sociedad, y aun en los registros antropológicos más profundos. El liberalismo, al que interpretamos que se opone como resistencia contrarrevolucionaria el carlismo, no es tan sólo un proceso socioeconómico y político. El liberalismo significa la expansión de una nueva cultura política, de una nueva idea del orden social. Y representa, sobre todo, de manera muy determinante un ataque, sin posibilidad de mediación, a las formas existentes de comunidad campesina con claros rasgos retardatarios y con escasas posibilidades de evolución a partir de una transformación económica decisiva. El liberalismo en España significaba, de hecho, el paso a una hegemonía cultural nueva, con el predominio creciente de lo urbano y lo «ciudadano», sin que las estructuras profundas de la sociedad fuesen suficientemente removidas.

Hay luego factores que tienen rasgos más ligados a coyunturas históricas precisas: la invasión francesa al comienzo del siglo XIX y la extraordinaria desorganización y debilidad del poder constituido que se manifiesta frente a ella, la presencia de una temprana cuestión dinástica, la pretensión de un Estado unitario y centralista frente a una realidad territorial histórica mucho más contrastada (los fueros), las medidas económicas puestas en marcha por el régimen liberal, etc.

Pero, tal vez, la cuestión fundamental, enraizada naturalmente con todas ésas que ya hemos descrito, es la ausencia hasta fechas tardías de nuestra contemporaneidad de posibilidades y cauces verdaderamente eficaces para la resolución de los grandes conflictos que todo proceso de transformación desencadena en el terreno de las luchas políticas en sentido estricto. La caracterización de las «luchas políticas del siglo XIX», según hizo un tratadista como Ángel Fernández de los Ríos, estaba siempre impregnada por la presencia de las luchas armadas. No existen sujetos, condiciones ni legalidad establecida para la normalización del juego político. Se trata del mismo mecanismo que favorecerá la frecuencia de los pronunciamientos.

El factor clave se encuentra, pues, íntimamente relacionado con las formas mismas de la acción política en el período álgido de la «revolución española», según el lenguaje de la época, en lo que algunos autores han llamado la «época constitucional» de un nuevo régimen en la historia contemporánea española. El paulatino establecimiento del régimen liberal no se ha hecho en un contexto en el que las alternativas no liberales hubiesen tenido una posibilidad de expresión plausible por la vía misma de la política normalizada. La contestación del poder mediante la fuerza insurreccional ha sido una vía de cambio del poder mismo de constante empleo en los dos primeros tercios de nuestro siglo XIX.

La insurrección armada contra el poder ligada al proceso constituyente del Estado y la sociedad liberales en España fue un fenómeno común. Es la debilidad misma de ese proceso constituyente lo que explica en buena parte la resistencia armada frente a él. Pero mayor consecuencia aún tiene el resultado de ese proceso constituyente. La implantación de un nuevo modelo de Estado en España fue especialmente precaria. El Estado liberal español en el siglo XIX, montado sobre el modelo del centralismo francés, no tuvo el papel fundamental que asumió en otros países occidentales de motor y sostenedor del cambio en la sociedad. Y así, la presencia de conflictos civiles armados está estrechamente relacionada también, sin duda, con la inadecuación del Estado liberal, un problema en el que no podemos detenernos aquí.

La dialéctica revolución/contrarrevolución se prolonga, en definitiva, por un camino jalonado de transacciones y reacomodaciones. Las insurrecciones armadas y su conversión en guerras civiles son la muestra, por una parte, de la inexistencia de una transformación histórica profunda y en un plazo histórico comparable al de otros países de nuestro entorno y, por otra, de la falta de creación de cauces políticos de confrontación y resolución de conflictos que hiciesen innecesaria la apelación a la acción armada.

De todas formas, la interpretación de orden político no dilucida tampoco por sí sola la cuestión de la relevante presencia de la insurrección armada en nuestra primera época constitucional. Como se ha advertido, lo decisivo en este fenómeno no es su presencia sino, más bien, su persistencia. Las guerras civiles reiteradas son una prueba del escaso grado de transformación de las estructuras sociales españolas en todo el período. Un país donde la revolución industrial, las formas del mercado capitalista, no tuvieron sino un desarrollo lento y difícil, las estructuras del mundo campesino permanecieron vivas, muy presionadas por la expansión, incuestionable, en todo caso, de las nuevas formas de organización económica que pretende el liberalismo. El mundo campesino antiguo, escasamente transformado, y las ideologías que se construyen teniendo como referencia su imagen serán incapaces de elaborar una alternativa al liberalismo que asuma las transformaciones que se han producido en el ámbito urbano.

Aun así, como ha demostrado la historiografía más reciente, la respuesta del orbe rural no explica del todo la presencia del insurreccionalismo. A medida que avanza la edad contemporánea se produce la incorporación a la vía insurreccional de capas bajas urbanas, de amplios estratos, más o menos residuales, de la vieja hidalguía, de medianos propietarios campesinos que ven peligrar sus tradicionales formas de vida y de inserción de su actividad económica en el mercado. Y tampoco se excluye, desde mediados del siglo XIX, un trasvase importante a las filas del carlismo de personal militar, especialmente en la crisis liberal de los años sesenta.

Y, en fin, otro elemento de extraordinaria importancia es la actitud de la Iglesia, cuyo apoyo a las viejas formas políticas y sociales es evidente, su contribución a las propuestas ideológicas de la contrarrevolución innegable, pero las formas de realización de esas actitudes es más compleja y más matizada —la diferencia entre alto y bajo clero, por ejemplo, o el comportamiento de las órdenes regulares— de lo que a veces se cree.

Toda esa masa social, cambiante, sin duda, pero con algunas constantes, rechaza de plano el mecanismo de la política liberal y carece, además, de la suficiente capacidad de organización, del liderazgo adecuado, de una simbología cultural suficientemente elaborada para oponer a la «revolución» otra forma de resistencia que no fuese la «rebelión de los descontentos», con alternativas capaces de integrar los indudables cambios sociales producidos en España en sesenta años, desde los veinte a los setenta del siglo XIX. La insuficiente transformación de la sociedad en sentido modernizador explica las dificultades del juego político y contribuye a explicar también la inarticulación política de un legitimismo español capaz de respuestas no insurreccionales.

Las guerras civiles de la edad contemporánea, su prolongada repetición hasta finales del primer tercio del siglo XX, la continua presencia activa de la contrarrevolución liberal, tanto en las formas clásicas del legitimismo decimonónico como en las más cambiantes y amalgamadas del tradicionalismo en el siglo XX, la longevidad del carlismo y sus opciones insurreccionales, nos conducen inevitablemente a la imagen de un país con claras insuficiencias en su transformación modernizadora y con dificultades políticas esenciales para propiciar aquélla. La persistencia y la longevidad del carlismo es, a un tiempo, síntoma y resultado de esa realidad. De ahí la importancia de su estudio, cosa de la que ha sido perfectamente consciente la historiografía de la última parte del siglo XX, si queremos explicar bien los avatares de nuestra contemporaneidad.

Primera Parte

Los hechos

1. Los orígenes (1810-1833)

LAS palabras *carlí* o *carlin* y su plural *carlins* son de origen catalán y figuran entre las primeras expresiones llamadas a tener el más amplio uso en el futuro aparecidas en el lenguaje político español posterior a las Cortes de Cádiz, si exceptuamos la denominación misma de liberales con que se conoció a los impulsores de las nuevas formas políticas y sociales basadas en la ideología revolucionaria. Junto a las expresiones catalanas, aparecerían algo más tarde las castellanas *carlista, carlismo.* Todas ellas sirvieron para designar una posición política particular a la que ya nos hemos referido: la de aquellos que, desde los primeros años veinte del siglo XIX, prestaron su adhesión a la figura y la ideología de don Carlos María Isidro de Borbón, hermano del rey Fernando VII y heredero del trono.

Pero el carlismo, bastante antes de identificarse con una opción dinástica, estaba ya presente como posición política e ideológica que no tenía relación alguna con el infante don Carlos. Los primeros carlistas fueron de hecho los continuadores y herederos del grupo político que había mostrado en las Cortes de Cádiz su oposición a la nueva ideología liberal, el de los partidarios de la conservación de las instituciones e ideas que conformaban el absolutismo monárquico y el viejo régimen social. En las Cortes, ese grupo fue denominado, al principio, de los *serviles.* Pero esa denominación no subsistió después en el lenguaje político normalizado y se sustituyó por la de *absolutistas* o *realistas*. Fue ese mismo movimiento el que acabaría identificándose como carlista cuando el absolutismo o realismo encontrase en don Carlos el monarca ideal para acaudillarlo, antes aun de la disputa dinástica que surgiría más tarde en los términos que analizaremos.

El uso del término se extendió a medida que don Carlos fue progresivamente identificándose con esa ideología antiliberal y cuando estuvo claro también que el rey Fernando no coincidía con las ideas de su hermano ni estaría dispuesto a ser sucedido por él. Si la primera denominación fue la hecha en lengua catalana ello se explica indudablemente porque en Cataluña aparecieron las primeras adhesiones a don Carlos. Ello no ocurrió hasta los años veinte del siglo y, en concreto, hasta los momentos inmediatamente posteriores al llamado trienio liberal de 1820 a 1823, cuando hubieron de liquidarse las consecuencias políticas de éste. Las vicisitudes que siguieron hasta la muerte del rey Fernando en 1833 hicieron que el término carlismo quedase ya integrado en el lenguaje político antes de la muerte del rey y antes de desencadenarse la guerra civil que tuvo como condicionante más aparente la lucha dinástica.

En consecuencia, es de mucha importancia histórica el hecho de que el primer movimiento político que representaría los ideales y las reivindicaciones que caracterizaron posteriormente el carlismo fuese el de los realistas. La primera materialización de un movimiento realista capaz de enfrentarse abiertamente al liberalismo se produciría en el trienio liberal o constitucional de 1820-1823. Los realistas fueron capaces de provocar entonces una insurrección armada que es la primera de las que caracterizarían en el siglo XIX el enfrentamiento entre el régimen liberal y la resistencia contrarrevolucionaria. La denominación de carlistas, sin embargo, empezaría a circular después de que en octubre de 1823 el rey Fernando VII, apoyado por el ejército expedicionario enviado por Francia al mando del duque de Angulema, fuese restituido como monarca absoluto. El carlismo apareció desde entonces ligado a los movimientos ultraabsolutistas contra el peculiar régimen que Fernando sostuvo en la última década de su reinado, incluida la grave rebelión de los *malcontents* catalanes en 1827. Desde 1824 existía un carlismo, pero su conversión en un movimiento político con cierta articulación se hizo lentamente y su definitiva consolidación sería ya cosa de la década de los años treinta.

Los «realistas» en el trienio constitucional

Uno de los más interesantes fenómenos de la vida política española en el reinado de Fernando VII es, sin duda, la propia evolución del absolutismo como mentalidad política y la del soporte político y social que ese pensamiento tuvo a partir de la primera experiencia liberal en condiciones de normalidad que se dio en la España del siglo XIX, es decir, la del trienio liberal. La sublevación iniciada en Cabezas de San Juan (Cádiz) en enero de 1820 llevó a la imposición de nuevo de la Constitución de Cádiz en marzo de aquel mismo año. La Constitución gaditana tuvo entonces un nuevo y corto período de vigencia que sucumbió ante una nueva entrada en España de un ejército francés, enviado por las potencias de la Santa Alianza, que repuso a Fernando VII como rey absoluto.

El origen del carlismo como movimiento y el inicio de su tradición insurreccional se encuentran en estos partidarios del absolutismo de los primeros años veinte para los que se generalizó la denominación de realistas. El movimiento de los realistas, frente a los constitucionalistas o liberales, en el que se integrarían algunos militares y nobles, la pequeña hidalguía de algunas regiones españolas, la casi totalidad del clero alto y bajo e importantes masas del campesinado, además de tener algunas adhesiones entre las capas sociales bajas de las ciudades, acabó aglutinándose al aparecer ciertos dirigentes políticos y militares a su frente y desencadenarse una insurrección, cuyos primeros focos se dieron en 1821, que acabaría prácticamente en una guerra civil en ciertas zonas del país entre 1822 y 1823. El infante don Carlos permanecería por el momento ajeno a ese movimiento, habiendo mostrado, incluso, su acatamiento del liberalismo, pero la identificación entre movimientos contrarrevolucionarios e insurrección armada dio ahora su primer paso.

Los realistas de los primeros años veinte decían luchar por la reposición de Fernando VII como «Rey neto» y por el régimen de poder absoluto del monarca, junto con el reforzamiento de la alianza entre «el Altar y el Trono», frente a todas las novedades que pretendía introducir la revolución liberal, cuyo contenido socioeconómico, además del ideológico, encontraban fuerte resistencia en el país. La insurrección realista en el trienio contó efectivamente con las primeras masas de adeptos armados en forma de guerrillas, e, incluso, con fuerzas militares de mayor envergadura en el medio rural que llegarían a constituir un movimiento insurreccional capaz de enfrentarse a los ejércitos gubernamentales. La insurrección de los realistas, absolutistas, o antiliberales en el trienio no es sólo un precedente de las posteriores guerras carlistas, sino que ideológica y socialmente pertenece exactamente al mismo tipo de fenómeno político y social que representaría el carlismo con posterioridad. Lo único que no existía aún en el tiempo era, justamente, la reivindicación dinástica, puesto que no había ningún problema de ese tipo en aquel momento.

Las guerras realistas de 1822-1823 constituyeron, en definitiva, como las llamó un publicista carlista de nuestro tiempo —Rafael Gambra—, la primera guerra civil de España. El historiador Antonio Pirala comenzaría justamente su monumental *Historia de la Guerra Civil y de los partidos Liberal y Carlista,* aparecida a mediados de siglo, partiendo de las vicisitudes de esa guerra y prestando particular atención al organismo político que ejerció la alta dirección de los realistas, la llamada Regencia de Urgel. La relación de ello con la reacción absolutista en toda Europa es evidente. El conflicto se agudizó a partir del verano de 1822. Las dificultades con que tropezaba el gobierno liberal tuvieron un momento de especial gravedad en la sublevación de la Guardia Real en Madrid el 7 de julio de aquel año, en un episodio oscuro lleno de acciones ocultas y con instigación del rey. Las condiciones económicas habían empeorado, la resistencia y los manejos del rey Fernando se habían hecho más evidentes, lo mismo que la creciente presión absolutista desde el extranjero.

La radicalización del liberalismo fue inmediata. Si hasta entonces el gobierno había estado en manos de los liberales moderados o «doceañistas» (llamados así por su pertenencia general al grupo presente en las Cortes gaditanas que había aprobado la Constitución del año 1812), ahora, ante la presión de grupos populares urbanos, de parte del ejército, de los clubes políticos, etc., pasó a manos de los liberales «exaltados», como se llamó a los radicales, o ala izquierda del liberalismo. Si los primeros eran ya conscientes de que la Constitución gaditana era difícilmente aplicable, y había corrientes proclives a su modificación, los exaltados preconizaban el mantenimiento del liberalismo en sus términos más inalterados y democráticos.

Desde agosto de 1822 la radicalización política fue en alza. Las insurrecciones en el campo adoptaban desde el principio la forma de «partidas», es decir, grupos de combatientes que practicaban la guerrilla rural dirigidos por jefes que, en su mayor parte, habían sido combatientes de la guerra de la Independencia y en algún caso eran militares en activo. Pero de aquel conflicto no quedaron excluidos tampoco los rasgos que se asociaban mejor con formas de bandidaje o de exclusiva protesta social y económica. Por lo demás, la intervención del clero rural y del regular, a veces encabezando las partidas mismas, y siempre como instigadores ideológicos, fue notoria en todas partes. Las partidas tuvieron su máxima extensión en Cataluña, Navarra, la región levantina interior (Maestrazgo) y menos en algunas zonas de Valencia, Castilla, Aragón, Murcia, Galicia, etc. Tuvieron escaso o nulo desarrollo en el sur del país. También en este sentido es posible observar que desde entonces quedaría ya prácticamente cristalizado el mapa geográfico y social de la adhesión al carlismo y a la insurrección antiliberal.

Al recrudecimiento del conflicto armado le acompañó la aceleración de los intentos de crear organismos políticos contra el régimen. Desde 1821 también venía dándose en el sur de Francia una efervescencia creciente entre el numeroso grupo de los exiliados realistas en varias ciudades, donde había muy diversos personajes de origen noble, militar o funcionarial. La primera concreción fue la Junta que llegó a formarse en Bayona en torno al anciano general Eguía. Ese organismo no consiguió la unificación de criterios sino más bien todo lo contrario, mientras la connivencia y el apoyo del gobierno francés del rey Luis XVIII eran inexcusables. Mucho más dinámico que Eguía resultó ser el viejo activista Bernardo Mozo de Rosales, marqués de Mataflorida, ideólogo contrarrevolucionario del que hablaremos y posteriormente ministro de Fernando VII, a cuyo impulso se debió la creación de un organismo más estable.

Mataflorida logró constituir la «Regencia del Reino durante la cautividad de N. S. Don Fernando VII...», comúnmente conocida como Regencia de Urgel por haberse establecido en esa plaza pirenaica una vez ocupada por los realistas. La Regencia quedó constituida el 15 de agosto de 1822 y emitió de inmediato varias proclamas. Se trataba de una especie de gobierno absolutista en nombre del rey Fernando VII —que lo había aprobado secretamente—, aglutinador de todo el movimiento antiliberal y que quedó constituido por el marqués de Mataflorida, el obispo preconizado de Tarragona, Jaime Creux y el barón de Eroles (Joaquín Ibáñez Cuevas), un pequeño noble de Lérida. Aun así, la Regencia no consiguió unificar los criterios de los notables realistas más prominentes, entre los que figuraban el general Eguía, Balmaseda, Calderón, Erro, etc., y gentes más jóvenes como Quesada, Enrique O'Donnell, etc., ni consiguió el apoyo definitivo de las potencias absolutistas. El problema más importante del exilio y de los dirigentes realistas era el de la división en las propuestas políticas. Mientras un grupo mantenía la necesidad de la fidelidad absoluta al viejo régimen, había otros que eran conscientes de lo ineludible de algún tipo de reforma del absolutismo, de lo que Francia era un buen ejemplo. Y esto es importante en la evolución de la ideología realista-carlista.

Entre los militares y cabecillas del movimiento insurreccional, que llegó a movilizar como combatientes a más de treinta mil hombres y a adoptar el nombre de «Ejército de la Fe», figuraban heterogéneos personajes, que iban desde el antiguo guerrillero contra el francés al caudillo popular, el monje trabucaire, y militares retirados y algunos en activo. Así, destacarían el cura Merino, El Trapense, Costa *Misas* o Jaime el Barbudo junto a generales como el barón de Eroles, brigadieres como Santos Ladrón de Cegama, Vicente Quesada, Romagosa, Mir, Malavilla, y los coroneles Adame, Cuevillas, Cuesta, Batanero, Morales o Gorostidi. Y muchos más en Navarra y Cataluña especialmente.

La guerra de los realistas tuvo un desarrollo muy irregular, en una línea general de enfrentamientos bastantes feroces, y puede decirse que la insurrección estaba prácticamente controlada por las fuerzas gubernamentales cuando se produjo la entrada en España del ejército del duque de Angulema, que reavivó la insurrección al tiempo que incorporaba a las fuerzas guerrilleras. El antiguo y feroz guerrillero que fue el cura Merino fue el primero de los incorporados ahora a las tropas francesas. Las acciones de lucha tuvieron como escenario fundamental Navarra y Cataluña, donde se dispuso de más fondos para organizar las fuerzas y donde la dirección del barón de Eroles fue más acertada. En todas partes aparecieron «juntas» y otros organismos de los sublevados entre los que merece destacarse la «Junta Apostólica» creada en Santiago de Compostela, que parece haber dado su nombre de «apostólicos» a los absolutistas exaltados.

El movimiento realista casi derrotado acabó como auxiliar de las tropas francesas. La Regencia fue enteramente marginada y sustituida por otra que tuvo como presidente al duque del Infantado, permaneciendo de los viejos regentes tan sólo el barón de Eroles. Mataflorida marchó al exilio donde moriría perdida toda su influencia. El resultado político más evidente para los propios realistas tras esta época de extraordinaria agitación no pudo ser más negativo. La vuelta al absolutismo no equivalió en forma alguna al triunfo de sus aspiraciones al «absolutismo puro» y en ello debe verse una de las claves, tal vez la más importante, de las posteriores derivas carlistas que no tardaron en producirse.

La aparición del carlismo y los agraviados *(malcontents)* de Cataluña

Efectivamente, la reposición de Fernando VII como monarca absoluto no calmó la tensión política que el trienio constitucional había disparado sino que, al contrario, en la última década del reinado fue cuando la efervescencia política se manifestó de forma más continuada, a veces en forma de lucha clandestina. Las posiciones políticas iban a complicarse más allá de la mera dicotomía liberales/absolutistas por obra sobre todo de dos elementos nuevos: la derivación que el rey Fernando pareció emprender alejándose del cerrado absolutismo que había impuesto después de 1814 y el acercamiento a consecuencia de ello de una buena parte de la opinión realista a don Carlos, heredero del trono, cuya evolución se había operado en sentido contrario, hacia posiciones absolutistas extremas. El carlismo en sentido estricto apareció entonces, empezando, como decimos, por la palabra misma que designaría esa corriente política.

Las adhesiones a don Carlos tenían, pues, un claro contenido político-ideológico por cuanto el rey Fernando, tras un primer momento de reposición del régimen anterior de 1824, y la vuelta al poder de destacados absolutistas —el canónigo Víctor Damián Sáez, el marqués de Casa-Irujo o el duque del Infantado—, cambiaría pronto su entorno para rodearse de figuras más moderadas —Ofalia, Ceferino González, Calomarde y Cea Bermúdez, entre otros— que propiciarían un camino distinto al del absolutismo recalcitrante recorrido entre 1814 y 1820. Tras el episodio liberal, Fernando no repondría la Inquisición, se separaría relativamente de la influencia eclesiástica, crearía una Superintendencia General de Policía del Reino para perseguir a sus enemigos, iría dulcificando progresivamente la represión de los liberales y recibiría la influencia francesa, apoyada en la propia permanencia de una gran guarnición de esa procedencia en algunas plazas, y manifestaría una clara proclividad hacia el régimen de «Cámaras», es decir, de Cortes no ya estamentales propiamente, aunque sin verdaderos poderes, según el modelo establecido por la Carta Otorgada de Luis XVIII en Francia. Al menos eso fue lo que creyeron el numeroso grupo de realistas que irían acercándose a don Carlos y su camarilla, que empezarían a ser conocidos, además, en los medios políticos fieles a Fernando como «realistas exaltados».

Fue entonces cuando de manera clandestina primero, pero cada vez más insistente, se producirían movimientos, culminados algunos de ellos en intentos de sublevación armada, favorables a la proclamación de don Carlos como rey. Aquellos que irían recibiendo ya el nombre de carlistas, exaltados, o apostólicos, rechazaban enteramente cualquier concesión a nuevas formas políticas y explícitamente al régimen francés de «Cámaras», un asunto extraordinariamente presente en toda la segunda parte del reinado fernandino. Las conspiraciones realistas, o carlistas, contra el régimen fernandino fueron ya un hecho continuado hasta la muerte misma del rey Fernando en 1833. Fueron, en este sentido, el reverso de las no escasas intentonas liberales que tuvieron también lugar por estos mismos años. Pero mientras las acciones liberales podían entenderse en el contexto de un régimen de absolutismo rígido, las realistas tenían aparentemente menos sentido.

No es por ello extraño que una buena parte de la historiografía liberal del siglo XIX, y la posterior, mostrara perplejidad y no tuviera suficientes explicaciones ante el hecho de que los realistas mismos se sublevaran contra su rey y ésa es también la causa de que se haya hablado de la escisión del realismo en una fracción «exaltada» vuelta hacia don Carlos y una «moderada» leal a Fernando. Pero la mayoría de esas rebeliones se hicieron sin duda en nombre del propio rey Fernando, al que se creía marginado por sus colaboradores. La explicación fundamental de ello estriba, como bien sabemos hoy, en la evolución de Fernando VII y una parte creciente de sus consejeros, mucho más que en el problema dinástico que no adquiriría toda su virulencia sino cuando Fernando consiguiese descendencia directa en 1830, según veremos.

Bastantes de los mandos de los guerrilleros del trienio no fueron incorporados al ejército, dándoseles una «licencia ilimitada» (por lo que se les conocería como «ilimitados») y dejándoles sin empleo. La práctica de las «purificaciones» de todos los funcionarios y servidores del Estado sospechosos de liberales fue tenida por muchos absolutistas como una parodia. De hecho, Fernando VII promulgó una primera amnistía para los liberales en 1824, si bien con muchas limitaciones. Toda esta política no podía ser del agrado de la opinión realista ni satisfacía sus intereses. En consecuencia, la policía y los funcionarios políticos del régimen fueron descubriendo desde 1824 conspiraciones, reales o supuestas, de carácter «exaltado», algunas de ellas carlistas, quiméricas, por lo general, sociedades secretas carlistas o exaltadas (como la del Ángel Exterminador) y «juntas secretas» con el mismo propósito, de todo lo cual ha quedado un rastro documental abundante pero confuso y difícil de aquilatar para la política del momento. Sin embargo, un éxito de la opinión realista tradicional fue la creación en 1825 de los cuerpos de Voluntarios Realistas, que eran un remedo de las milicias liberales de años antes y que representaban una fuerza cívica armada dispuesta a la defensa del absolutismo. El papel de los Voluntarios Realistas sería destacado en el apoyo al carlismo y en la participación en algunas de las revueltas en su favor.

La policía fernandina llegaría a sostener que el propio infante don Carlos había dirigido cartas a los promotores de algunas de estas conspiraciones, cosa que hoy está aún por demostrar. Entre los más conocidos de estos disturbios, en forma de intentos de sublevaciones militares, se encuentra, como primero de la serie, el que tuvo como jefe al brigadier Capapé, en mayo de 1824, en Aragón, al que se encontraba también ligado el general Grimarest. Siguieron los intentos del brigadier Bessières, de origen francés, en 1825, ejecutado en Molina de Aragón. Y otros más como el de Morales, en Granada, el de Tortosa, promovido por oficiales de baja graduación, el de Peñíscola y otros variados y abundantes puntos. Los liberales hacían a su vez intentonas como la de Guardamar, capitaneada por los hermanos Bazán. Poco después moría el anciano rey Juan VI de Portugal y se encendería en aquel país una contienda entre absolutistas y liberales que sería también larga y que no estaría desconectada de la española.

La culminación de todo este problema fue la grave sublevación de los *malcontents* (descontentos, nombre más apropiado que el de agraviados) que se desencadenó en los primeros meses de 1827 en la Cataluña interior y que ha sido muy estudiada por la historiografía de nuestro tiempo. El origen del chispazo que provocó la revuelta catalana parece ser, sin embargo, la manifestación de un problema ya viejo. En 1826 el exiliado liberal Javier de Burgos dirigió al rey desde París una Exposición en la que hacía una propuesta clara de instaurar un régimen al estilo del francés como transición del absolutismo a otro más cercano a los postulados liberales. Es decir, el régimen de «Cámaras». Cuando el texto fue conocido —se dice que se hicieron más de cinco mil copias manuscritas— se dispararon los rumores sobre ese pretendido establecimiento y se puso en marcha un movimiento en los primeros meses de 1827 que tuvo su epicentro, y prácticamente sus únicos episodios, en Cataluña.

Algunos hechos ligados a aquellos acontecimientos, que han dado lugar a bastantes controversias historiográficas, inducen a pensar que en la rebelión catalana hubo muchas influencias ocultas, ligadas unas a personajes de la propia Corte y otras a manejos liberales. La elaboración y difusión de un extraño panfleto llamado *Manifiesto que dirige al pueblo español una Federación de*

Realistas Puros..., fechado en noviembre de 1826 pero que circuló al comenzar 1827, en el que se atacaba virulentamente a Fernando y se proclamaba rey a don Carlos, puede deberse a manejos liberales. Pero la actitud de políticos como Calomarde, el contenido de un Manifiesto del cabecilla *Pixola* y otros rastros muestran manipulaciones en las que tuvieron también amplia intervención el alto clero y miembros del ejército.

El hecho es que en la primera fase de la insurrección del mundo rural catalán se hicieron proclamaciones como rey del infante don Carlos. Los *malcontents* proclamaron igualmente su fidelidad al absolutismo y al «Rey neto», reclamaron la vuelta de la Inquisición y la lucha contra el «masonismo». Pero las profundas raíces sociales del movimiento están bien claras. El descontento popular se producía en un momento de depresión económica, se reclamaban los empleos que no habían sido concedidos a los combatientes realistas, los cargos militares para los anteriores oficiales ahora «ilimitados» (*... reponer a los oficiales y demás empleados realistas que fueron separados de sus destinos con la más descarada arbitrariedad...*, diría en una proclama el cabecilla Josep Busons) y se traslucía la influencia notable del clero y los intereses clericales. El origen y componentes campesinos del movimiento era evidente y el trasfondo político de incitación a la rebelión por parte de personajes notables también.

En aquellos meses, cabecillas como Josep Busons *(Jep dels Estanys),* Narciso Abrés *(Pixola),* Agustín Saperes *(Caragol),* Planas, Vilella, Juan Rafi Vidal, dirigieron partidas en todo el Principado con alternativas diversas. Saperes acabó adoptando el título de «Comandante General de la Vanguardia» del Ejército real de Cataluña, compuesto por los sublevados, y en agosto de 1827 se estableció una Junta Suprema en Manresa presidida por él. Luego la jefatura pasaría a Busons. Los insurrectos llegaron a reunir varios miles de hombres armados y la sublevación se extendió por toda Cataluña: Cervera, Solsona, Gerona, la provincia de Tarragona, etc. Pero a partir del verano de aquel año la sublevación proclamaría su fidelidad a Fernando VII y diría luchar contra los gobernantes que le rodeaban, que le tenían cautivo, responsables del debilitamiento del gobierno absoluto y sus leyes antiguas y traidores al rey. La insurrección de los agraviados, que siempre se llamaron a sí mismos realistas, se desenvolvió en una continua confusión política, fluctuando entre don Carlos y el rey Fernando, y acusando su claro carácter de revuelta social, aunque con claras instigaciones políticas y clericales en su trasfondo.

El rey Fernando actuó ahora con mano dura. Ante la gravedad de los hechos marchó a Cataluña a finales del mes de septiembre acompañado de su ministro de Gracia y Justicia, Francisco Tadeo Calomarde, haciendo un largo periplo por la costa levantina hasta llegar a Tarragona. La represión de la rebelión se encargó al general conde de España, posteriormente en las filas de don Carlos y asesinado por los suyos, que realizó su tarea con excepcional dureza al comenzar el mes de octubre, sin que militarmente encontrara gran resistencia. Los procesos judiciales fueron largos (y los ajusticiamientos de cabecillas bastante comunes) y son la mejor fuente histórica para el conocimiento de estos sucesos, un episodio importante de la historia del primitivo carlismo.

El problema sucesorio y definitiva concreción de un partido carlista

Si bien don Carlos y su camarilla habían permanecido en silencio públicamente en medio de todas estas convulsiones, el nuevo giro que tomó la cuestión sucesoria desde 1829 cambió los términos del conflicto y de su actitud. En ese año, el rey Fernando contrajo el cuarto de sus matrimonios, esta vez con una dama mucho más joven que él y sobrina suya, procedente de la familia de los Borbones de Nápoles, María Cristina de Borbón. La nueva reina, mujer atractiva y de carácter abierto, adquirió pronto muchas influencias en la Corte y quedó prontamente embarazada. La consecución de una descendencia directa del rey alteraba las previsiones de sucesión en la corona. No obstante, las leyes sucesorias españolas vigentes ponían ciertas limitaciones a esa descendencia directa.

Efectivamente, las viejas normas sucesorias de la corona basadas en las Leyes de Partida —la Partida IIª en concreto— de tiempos de Alfonso X establecían la sucesión directa del rey por su hijo primogénito siendo indiferente que fuese hombre o mujer. Pero la norma había sido completamente alterada en el Auto Acordado entre el rey Felipe V de Borbón y las Cortes, promulgado en marzo de 1713, como una de las consecuencias de la guerra de sucesión a la corona española. Auto Acordado era un tipo específico de ley, hecha por acuerdo de las Cortes y el monarca, que en este caso dio lugar al llamado «Nuevo Reglamento para la Sucesión de estos Reinos», donde se establecía la preferencia en la sucesión de cualquier varón de la familia del rey, aunque fuese de más lejana «línea y grado», sobre una posible heredera femenina. Las razones de este acuerdo estaban ligadas a la política internacional y se dirigían a impedir que en un futuro previsible las coronas de Francia y España pudiesen unirse, contra lo había sido el deseo del viejo Luis XIV de Francia.

Contra lo que han dicho muchos cronistas e historiadores hasta hoy, particularmente los de inspiración carlista, esa ley no tenía en modo alguno el carácter de la vieja «ley sálica» francesa que excluía de forma tajante a las mujeres. El Auto Acordado de 1713 agotaba sólo todas las posibilidades de herencia masculina antes de recurrir a la femenina. En las Cortes de 1789, que proclamaron heredero a Fernando VII, se presentó una proposición del conde de Campomanes que quedó registrada en la que se pedía la derogación del Auto y la vuelta a las leyes sucesorias tradicionales que igualaban a ambos sexos. Pero la proposición no se convirtió en ley al no ser promulgada. Una decisión que no se tomó nunca.

En 1830, ante el estado de buena esperanza de la reina María Cristina, Fernando VII y sus ministros moderados, en claro enfrentamiento con el carlismo absolutista, se propusieron asegurar la sucesión directa del rey, cualquiera que fuese el sexo de la criatura, a través de la derogación efectiva del Auto de 1713. La derogación se llevó a efecto por medio de la Pragmática Sanción de 29 de marzo de 1830. La Pragmática volvía a las leyes sucesorias que equiparaban a ambos sexos en la sucesión directa y fue presentada como una mera promulgación de lo que las Cortes habían acordado en 1789. Naturalmente, la oposición de los carlistas no se hizo esperar y su principal argumento jurídico no era baladí: una Pragmática, como ley que el rey promulgaba de su propia voluntad, sin acuerdo de las Cortes, no podía derogar un Auto Acordado con ellas, como el de 1713. De ahí que el gobierno fernandino lo presentase como mera «promulgación» de algo acordado efectivamente en unas Cortes anteriores. La diferencia de puntos de vista no se concilió nunca.

El 10 de octubre de aquel año nació la infanta María Isabel Luisa, heredera de la corona según la nueva disposición. Desde ese momento la situación política se complicó aún más y la oposición de los carlistas al régimen fernandino se recrudeció. Desde que quedó claro que don Carlos y sus partidarios no aceptarían la Pragmática empezó a engrosarse el entorno del infante como núcleo de un auténtico partido, que no era sino la concreción, aglutinada por una opción dinástica, de todo el viejo movimiento realista, apostólico, teocrático o exaltado, para el que cada vez se extendería más el nombre de carlista. En él se encuadrarían muchas de las personas notables que habían intervenido en las vicisitudes del realismo desde la época del trienio liberal: el clero alto y bajo, notables campesinos, algunos nobles, militares y viejos cabecillas realistas, funcionarios y no pocos tránsfugas que habían pasado por los dos bandos (el conde de España, Romagosa, etc.).

Que la lucha política entre «fernandismo» y carlismo se desarrollaba de forma intensa a todos los niveles, centrada en el tema de la sucesión pero en la que se disputaban cuestiones políticas, ideológicas y sociales de alcance mucho más profundo, como era la cuestión misma del régimen político que habría de establecerse al desaparecer el rey Fernando, lo demuestran los episodios de diverso carácter que se sucedieron entre 1830 y la muerte del rey. La situación se complicó aún más con la vuelta a la escena conspirativa e insurreccional del liberalismo desde que la revolución de julio de 1830 en Francia había abierto el camino hacia la implantación de un régimen liberal en aquel país. En ese año hubo una intentona de invasión desde Francia de exiliados liberales y conatos de insurrección en varios puntos de España hasta llegar en 1831 al episodio que costó la vida al brigadier Torrijos y sus amigos liberales.

El enfrentamiento político y dinástico tuvo como derivación más notoria, seguramente, el conjunto de acontecimientos que ocurrieron en la propia Corte en el verano de 1832, conocidos como los «sucesos de La Granja». El progresivo empeoramiento de la salud del rey, enfermo de gota, favoreció ese ambiente de intriga continuada. Aquel verano las presiones de los partidarios de don Carlos para impedir la sucesión femenina se extremaron. Junto a don Carlos ejercían influencia un conjunto de notables, entre los que destaca el conde de La Alcudia, el obispo Abarca, Sacanell, además de la propia esposa de don Carlos, María Francisca de Braganza, y la hermana de ésta, Teresa, princesa de Beira, llamada a desempeñar un papel notorio en el futuro carlismo. De la intriga no se abstenían tampoco algunos diplomáticos extranjeros como el conde Solaro della Margherita, embajador de Nápoles, que tuvo una importante intervención. La presión, estando el rey casi en la agonía, pretendía la derogación de la pragmática de 1830.

Entre los días 18 y 22 de septiembre los sucesos alcanzan su punto culminante. Los notables partidarios de don Carlos emplearon profusamente el argumento del grave conflicto que se desencadenaría en el país de mantener la sucesión femenina, las dificultades de una minoría de edad del monarca, la premonición de enfrentamiento y de guerra civil. Tan negros presagios hicieron mella incluso en el ánimo de la reina María Cristina, encargada de la gobernación durante la enfermedad del rey, que, débil de carácter, aceptó la derogación. El propósito llegó hasta la cámara del rey por obra del hombre fuerte del gobierno, Francisco Tadeo Calomarde, cuyas fidelidades nunca estuvieron del todo claras. El rey, enfermo de muerte e impresionado por las admoniciones, puso su firma en el decreto de derogación el día 18 de septiembre de 1832.

Las cosas volvían, pues, al estado de marzo de 1830 y el heredero volvía a ser don Carlos, si bien el infante mismo se había negado siempre a participar en conspiración alguna mientras viviese su hermano. Sin embargo, esa situación fue sólo cuestión de días. La primera reacción contraria se produjo por parte de la infanta Luisa Carlota, esposa de don Francisco de Paula, hermano menor del rey, y hermana ella de la reina María Cristina, que, de regreso a la Corte desde Cádiz, impuso el criterio contrario el día 22 y protagonizó un episodio, seguramente apócrifo, conocido popularmente como «la bofetada de Calomarde»: la propinada por ella al ministro al conocer su intervención en los sucesos anteriores.

Con la enfermedad del rey había crecido, en cualquier caso, la influencia política de la reina María Cristina, que ejercía de hecho como gobernadora. Cambió el gobierno poniendo a su frente a un absolutista «reformista», Francisco Cea Bermúdez, promulgó un decreto en octubre de 1832 con amnistía limitada para los liberales y, si bien no podía hablarse aún de un apoyo completo de los liberales a la sucesión femenina, sí podía hablarse de la gestación de un partido «cristino». Los bandos del conflicto armado posterior estaban ya configurándose a marchas forzadas. El rey se repuso milagrosamente de su enfermedad, reconsideró todas sus acciones anteriores, aprobó lo hecho por su esposa y asumió de nuevo sus funciones en diciembre de 1832, publicando el día 31 de ese mes un decreto que declaraba nula la derogación y poniendo la Pragmática en todo su vigor. Calomarde fue depuesto y desterrado y acabó fugitivo.

Las conspiraciones carlistas volvieron a estar presentes y aparecieron de nuevo «juntas», aún con la desaprobación de don Carlos. De los muchos episodios conocidos, el más significativo quizá fue, por los personajes intervinientes, el que cristalizó en el sur de Madrid y Toledo, en diciembre de 1832, con el intento insurreccional de los Voluntarios Realistas mandados por el coronel Juan Campos y España, viejo realista, en el que estaban implicados el general Maroto, Grimarest, el conde de Negri y un alto funcionario, Marcó del Pont. Acabó en fracaso y proceso de los promotores. Por su parte, el gobierno fernandino intentó asegurar todos los puestos de la gobernación civil y de la militar con personas afectas.

Al comienzo del año 1833 los sucesos se precipitaron y la situación política de don Carlos y de sus seguidores más destacados se hizo ya insostenible. En enero se produjo la sublevación por don Carlos de los Voluntarios Realistas de León bajo la inspiración de su obispo Joaquín Abarca, un furibundo apostólico que huyó para reunirse más tarde con don Carlos en el destierro. El rey Fernando percibió de inmediato el peligro de esa situación y «condescendió» con que su hermano Carlos abandonase Madrid con su familia y servidores y marchase en el mes de marzo de 1833 a la corte de Portugal. En aquella primavera Fernando convocó Cortes para la jura de la heredera y pidió a su hermano que reconociera a Isabel, cosa a la que don

Carlos se negó, dando esto lugar a un intercambio de correspondencia interesante sobre las posiciones de cada uno de los hermanos.

El día 20 de junio de 1833 se procedió en las Cortes convocadas al efecto a la solemne jura de la infanta Isabel como princesa heredera. Don Carlos había rechazado hacerlo y publicó ahora el primer documento reclamando sus derechos. Pocos meses después, con la muerte del rey Fernando, se cumpliría el vaticinio que él mismo, al parecer, había hecho antes de morir: «Yo soy como el tapón de una botella de cerveza; cuando falte, la cerveza saltará.» Cuando efectivamente faltó, el conflicto se desbordó con la fuerza con que lo hace la cerveza... En octubre de 1833 comenzaba un nuevo y más grave conflicto armado.

2. La primera guerra carlista (1833-1840)

El fallecimiento de Fernando VII, el 29 de septiembre de 1833, desencadenó una serie de levantamientos armados que proclamaban como rey a su hermano Carlos María Isidro. Se dejaba al veredicto de las armas el conflicto dinástico suscitado por la publicación de la Pragmática Sanción el 29 de marzo de 1830. Este documento legal establecía que la sucesión del rey recaería necesariamente en su descendencia directa, que a la sazón se esperaba, cualquiera que fuese el sexo de la persona que naciese.

El conflicto alcanzó su punto de no retorno tras la convocatoria de las Cortes para el 20 de junio de 1833, en las que se realizaría la jura de la princesa Isabel Luisa, la criatura nacida. La negativa de don Carlos, refugiado en Portugal desde el mes de marzo, a jurar lealtad a su sobrina aceleró un proceso conspirativo que arrancaba por lo menos de los sucesos acaecidos en La Granja el 18-22 de septiembre de 1832. La situación de guerra civil no tardaría en producirse, aconteciendo entonces la que siempre ha sido conocida como «guerra carlista», o primera guerra carlista, que, como sabemos, no era la primera que ocurría en el país.

Los rasgos generales y la periodización

El 1 de octubre, don Carlos, apoyado por Miguel I de Portugal, firmó en Abrantes un manifiesto en el que reivindicaba su derecho al trono. La reina gobernadora, María Cristina, respondió el día 4 con otro, inspirado por el ministro Cea Bermúdez, en el que abogaba por la defensa de la religión y el mantenimiento de la monarquía absoluta «en todo su vigor y pureza», pero prometía reformas administrativas de alcance en la línea del programa final de los gobernantes de la «década ominosa».

La rebelión carlista, sin embargo, ya había comenzado de hecho la noche del día 2 en Talavera de la Reina, cuando los Voluntarios Realistas locales, encabezados por el administrador de correos Manuel María González, proclamaron a don Carlos rey de España. Las insurrecciones de octubre de 1833 fueron, con toda evidencia, alentadas y dirigidas por los «ultras» en contra de la política conciliadora desplegada por el gobierno realista moderado que, con todo, no se atrevió a recabar el apoyo directo de los liberales en el conflicto armado que se estaba fraguando.

La guerra civil no puede ser entendida ni mucho menos como un mero desenlace de las querellas faccionales del absolutismo fernandino, ni siquiera como una simple disputa por el trono. Siempre hubo una permanente dialéctica entre el desarrollo de los acontecimientos bélicos y los proyectos y las realizaciones concretos del proceso revolucionario liberal. La perentoriedad de una victoria militar, las exigencias políticas de la lucha antiabsolutista y las necesidades económicas de la guerra aceleraron el proceso de desmantelamiento del Antiguo Régimen que se había iniciado en décadas anteriores.

Tradicionalmente se han distinguido tres fases en este conflicto armado. La primera abarcó desde las primeras proclamaciones de Carlos V a comienzos de octubre de 1833 hasta el fallecimiento de Zumalacárregui, a mediados de 1835, en que pudo darse por culminada la consolidación del carlismo como alternativa política y militar en el reducto vasconavarro. La segunda etapa se desarrolló desde junio de 1835 hasta el fracaso de la expedición real en octubre de 1837. Dentro de cierto equilibrio de fuerzas, el carlismo trató de extender su influencia a escala nacional, mientras que en el campo isabelino se produjo una reactivación del proceso revolucionario liberal, que se hizo irreversible tras la ruptura por Espartero del tercer sitio de Bilbao a finales de 1836. La tercera y última etapa se inició con el repliegue de don Carlos al Ebro a mediados de octubre de 1837, lo que evidenció que el conflicto quedaba de nuevo circunscrito a sus espacios tradicionales.

El cansancio de los combatientes carlistas, las disidencias internas entre sus dirigentes y el agotamiento de los recursos disponibles llevó a finalizar la guerra en el país vasconavarro mediante el convenio de Vergara del 29 de agosto de 1839. La desesperada resistencia de Cabrera en el Maestrazgo y Cataluña hasta julio de 1840 no fue sino el epílogo del derrumbamiento social, político y militar de la alternativa legitimista, que resultaba evidente desde mediados del año anterior.

El alzamiento y el mando de Zumalacárregui

El pronunciamiento del 2 de octubre en Talavera marcó la pauta de la serie de levantamientos de partidas o de insurrecciones inconexas que estallaron a la muerte de Fernando VII: antiguos guerrilleros, ex militares fernandinos y voluntarios realistas asumieron fugazmente el control del poder municipal, impulsando con sus correrías una generalización del movimiento de rebeldía. Así sucedió en Logroño, controlado desde el 7 de octubre por Basilio García, Pablo Briones y Santos Ladrón de Cegama, o Burgos, donde el viejo guerrillero Jerónimo Merino recorrió el territorio que conducía hasta Soria y llegó hasta las inmediaciones de Madrid. En Cataluña, la rebelión de Josep Galcerán en Prat de Llusanés el 5 de octubre fue sofocada por el capitán general Llauder sin demasiadas dificultades. En Morella se proclamó a Carlos V el 13 de noviembre pero la población fue ocupada por fuerzas liberales el 10 de diciembre.

Las rebeliones más importantes tuvieron como escenario el País Vasco. En Bilbao, paisanos armados y clero, encabezados por el marqués de Valdespina, el coronel de Voluntarios Realistas Pedro Novia de Salcedo y el brigadier Fernando de Zabala asumieron el control del municipio y de la Diputación la tarde del 3 de octubre y trataron de extender la insurrección hacia el interior, pero sufrieron una primera derrota en Valmaseda.

En Vitoria, el comandante de los «naturales armados» de la cuadrilla de la ciudad, Valentín de Verástegui, proclamó a don Carlos el 6 de octubre, y ese mismo día se sublevaron en Salvatierra José Uranga y Bruno Villarreal. Aunque San Sebastián y Tolosa permanecieron al margen, y la insurrección navarra se frustró tras la batalla campal de Los Arcos el 11 de octubre, el control siquiera temporal de ciudades como Bilbao o Vitoria dio cohesión a un caótico proceso insurreccional que desde el país vasconavarro y el centro y sur de Cataluña se fue extendiendo durante noviembre al norte de Castilla, Asturias, La Mancha, Extremadura, Andalucía, Valencia y Aragón, donde Manuel Carnicer se había lanzado al monte en los días postreros de octubre.

La victoria del general «cristino» Sarsfield en Peñacerrada, la recuperación por el gobierno de los grandes núcleos de población (Logroño a finales de octubre, Vitoria el 21 de noviembre, Bilbao el 25 de ese mismo mes), reveses como el que sufrieron en Morella a mediados de noviembre el coronel Carlos Victoria y Rafael Ram de Viu, barón de Hervés (que fueron fusilados), la lealtad mostrada por las autoridades civiles y militares, y la inactividad de un pretendiente refugiado en Portugal (que desde el 17 de octubre perdió todos los bienes y rentas bajo la acusación de conspiración) fueron circunstancias más que suficientes para dar el levantamiento por frustrado.

Fue el coronel Tomás de Zumalacárregui quien, tras forzar el relevo de Francisco Iturralde en la dirección de los contingentes navarros el 15 de noviembre y obtener de las tres diputaciones el mando de las fuerzas vascas en Echarri-Aranaz, tres semanas después, reactivó la rebelión en el Norte, al aglutinar los esfuerzos dispersos hasta entonces. Gracias a su capacidad organizativa, los indisciplinados Voluntarios Realistas y las partidas dispersas por toda la región se convirtieron en un auténtico ejército de voluntarios y forzosos, equipado con efectos de fortuna, pero enormemente móvil y combativo, que controló buena parte del campo vasconavarro hasta 1839.

La estrategia de Zumalacárregui (distinguido por el pretendiente el 18 de marzo de 1834 con el grado de mariscal de campo y con plenos poderes en el campo militar) era el avance progresivo de la insurgencia en tres etapas: una guerra de guerrillas desplegada entre diciembre de 1833 y junio de 1834, que permitió ganar tiempo para culminar la formación de un ejército regular mientras se procuraba el desgaste de las tropas cristinas. El fracaso frente a él del general Jerónimo Valdés condujo a su relevo el 22 de febrero de 1834 por el antiguo realista Vicente Genaro de Quesada. El bando firmado por éste el

11 de marzo, donde exigía de los ayuntamientos listas de quienes estuvieran ausentes sin licencia de la localidad, y amenazaba con el embargo de los bienes de los insurrectos y de sus familias, alimentó una espiral de represalias que enconó el conflicto en los meses siguientes.

Tras las victorias de Abárzuza el 29 de marzo y de Alsasua el 22 de abril Zumalacárregui cambió la táctica de guerrilla dispersa por el control efectivo del medio rural y de las comunicaciones, especialmente los pasos del Pirineo navarro que aseguraban los suministros procedentes de Francia. La evolución desfavorable de la guerra en esos meses, los acontecimientos internacionales y el regreso de los exiliados liberales tras la amnistía dictada a la muerte del rey aceleraron el proceso de transición política. Tras la publicación de sendos manifiestos de los capitanes generales de Cataluña (Manuel Llauder) y Castilla la Vieja (Vicente Genaro de Quesada), el nombramiento al frente del Gobierno de Francisco Martínez de la Rosa el 15 de enero de 1834 y la promulgación del Estatuto Real el 15 de abril siguiente pretendían satisfacer algunas exigencias de los liberales (como, por ejemplo, la creación de la Milicia Nacional) sin forzar una ruptura con el realismo moderado. El pretendiente don Miguel fue expulsado de Portugal un mes después, mientras que don Carlos, que desde el 18 de junio encontró un efímero refugio en Inglaterra, decidió pasar al territorio vasconavarro el 12 de julio de aquel mismo año.

El legitimismo había constituido un embrión de administración estatal basado en las diputaciones y juntas vasconavarras, además de un Ministerio Universal para el que fue designado el obispo de León Joaquín Abarca. Nada más llegar a Navarra, el pretendiente nombró al conde de Villemur secretario de despacho de la Guerra y poco después a Carlos Cruz Mayor secretario de Estado encargado de los asuntos políticos y financieros. El 16 de julio se creó la Junta Provisional Consultiva como organismo político de los grandes dirigentes del carlismo vasconavarro. La base de este «Estado campamental» era, naturalmente, el ejército dirigido por Zumalacárregui, nombrado desde el 12 de julio teniente general de los ejércitos reales.

No cabe duda de que la llegada del pretendiente al escenario de la guerra había reactivado la revuelta, al adherirse a ella miembros de la alta burocracia fernandina en absoluto de acuerdo con el sesgo criptoliberal que iba adoptando la corte de Madrid. Las inclinaciones carlistas de buena parte del clero reglar y el bulo del envenenamiento de las aguas que circuló por Madrid provocaron el incendio de conventos y las matanzas de frailes de los días 17 y 18 de julio de 1834.

Mientras tanto, en el resto de las regiones la sublevación se estancó en la fase previa de la guerra de guerrillas. En Cataluña fracasaron un par de intentos de forzar un alzamiento general con la entrada desde el Maestrazgo de la división de Manuel Carnicer, que fue batida en Maials el 10 de abril, y con la captura y posterior fusilamiento en Igualada a mediados de septiembre de Juan Romagosa, que había sido nombrado comandante general del Principado. Aunque la aparición del cólera favoreció a partir de julio el incremento de las partidas, al tiempo que se producían motines de subsistencia en la Milicia Nacional, la sublevación catalana no cambiaría de aspecto hasta la expedición navarra dirigida por Guergué en el verano de 1835. En el Maestrazgo, la presión gubernamental se hizo tan intensa en el último trimestre de 1834 que los carlistas tuvieron que dispersarse, y uno de los más destacados cabecillas, Ramón Cabrera, optó por marchar a Navarra en enero de 1835. La captura y fusilamiento de Carnicer el 6 de abril en Miranda de Ebro mantuvo la confusión, que fue predominante en la zona aragonesa durante todo ese año.

El final de la guerra portuguesa con el tratado de Évora-Monte del 27 de mayo de 1834 permitió un reforzamiento de la presencia militar en territorio vasconavarro. El 8 de julio el general José Ramón Rodil llegó de Portugal con más de 10.000 hombres, haciéndose cargo del Ejército del Norte y tratando inútilmente de cercar a Zumalacárregui en las Améscoas. Cuando Espoz y Mina asumió el mando del ejército liberal en Navarra en sustitución de Rodil el 22 septiembre, la guerra irregular de marchas y contramarchas había dejado paso a una situación de equilibrio que se tradujo en batallas campales cada vez más violentas, donde se curtieron generales liberales como Manuel Lorenzo, Baldomero Espartero, Leopoldo O'Donnell o Luis Fernández de Córdova.

Tras la batalla de la Llanada de Álava (27 de octubre de 1834) Zumalacárregui estuvo en condiciones de equipar un pequeño ejército estable de doce batallones navarros y cinco escuadrones de caballería armados con lanzas, además de un pequeño parque de artillería y los correspondientes cuerpos auxiliares. En abril de 1835 el ministro de la Guerra Jerónimo Valdés asumió directamente el mando de las fuerzas liberales y trató de expulsar a Zumalacárregui de su reducto en las Améscoas, pero la derrota del puerto de Artaza el 22 de abril frustró de nuevo el proyecto. El caudillo carlista asentó su dominio en la mitad occidental de Navarra, dejando el resto bajo el dominio precario de los liberales. Al tiempo, se dirigió al occidente vasco, y con la ayuda de fuerzas carlistas de la zona inició una campaña relámpago derrotando a Espartero en Descarga.

Esta acción abrió a los carlistas los valles centrales de Guipúzcoa, con Vergara y Oñate como puntos fuertes, y permitió la conexión de los dos focos principales de la insurrección en el Norte, dejando virtualmente bloqueadas las cuatro capitales vasconavarras. A partir de esa fecha el control del territorio y de las comunicaciones por los carlistas rompió el equilibrio militar en la región, y abrió el camino a una guerra larga, repleta de sangrientas represalias, que trató de ser canalizada a través del convenio Elliot del 27-28 de abril de 1835, por el que se regulaba el trato y canje de prisioneros en el escenario militar vasconavarro, lo que supuso un virtual reconocimiento de la beligerancia de los carlistas.

Con todo, la actitud de las potencias resultó un hecho decisivo. Los carlistas recibieron de las potencias conservadoras (Austria, Prusia, Rusia y Nápoles) dinero y armas, pero no soldados, salvo algunos voluntarios procedentes de la nobleza legitimista europea y contingentes de desertores procedentes de las Legiones británica y francesa, enviadas en apoyo de las fuerzas isabelinas de acuerdo con los artículos adicionales al tratado de la Cuádruple alianza firmados en agosto de 1834. Lord Palmerston destacó también a la Marina inglesa en funciones de bloqueo de la costa rebelde, además de un gran número de armas, pero el gobierno francés de Luis Felipe siguió tolerando un abusivo contrabando en favor de los carlistas a través de la frontera pirenaica.

Los reveses sufridos en el norte por las tropas isabelinas acabaron desembocando en una guerra en toda regla, si bien circunscrita al país vasconavarro hasta el verano de 1835. A mediados de 1835, tras la caída en cadena de las guarniciones guipuzcoanas (Treviño, Villafranca, Tolosa, Vergara, Éibar, Durango y Ochandiano), todo el Norte estaba en manos carlistas, y el general Valdés se contentaba con establecer una línea de contención en el Ebro, manteniendo algunas poblaciones costeras y un corredor estratégico entre Vitoria y Salvatierra.

Zumalacárregui, que hasta entonces había sabido combinar hábilmente la guerra regular con la de guerrillas, y tuvo éxito en la expugnación de plazas fuertes, creyó llegado el momento de marchar sobre Madrid con 30.000 hombres, previa conquista de Álava, con el objeto de asestar un golpe decisivo a la campaña, pero el cuartel real le impuso el asedio de Bilbao. Esta operación fue un error trascendental, ya que distrajo las magras fuerzas carlistas en un objetivo secundario cuando en Madrid el recién nombrado jefe del gobierno Juan Álvarez Mendizábal estaba forzando el paso decisivo hacia el reformismo liberal. Precisamente el 15 de junio Zumalacárregui resultó herido frente a Bilbao y murió nueve días después. Toda su brillante campaña sólo había durado diecinueve meses y medio. Aunque el sitio a la ciudad se endureció, los generales cristinos Latre y Espartero rompieron el cerco el 1 de julio.

La retirada de Bilbao no sólo fue un fracaso militar sino que acarreó serias consecuencias políticas al carlismo, ya que fue el germen de tensiones internas y dificultó la consecución de nuevos apoyos y ayudas procedentes del exterior.

La etapa de las expediciones

Entre la muerte de Zumalacárregui y la expedición real de mayo de 1837 la guerra se caracterizó por un acusado equilibrio de fuerzas en el país vasconavarro y por un aumento del dominio territorial carlista en Cataluña y Levante. Se asistió también al momento culminante de la crisis del sistema político del Estatuto y de la aceleración del proceso revolucionario que puso fin al Antiguo Régimen. Los movimientos revolucionarios contra el conde de Toreno, iniciados en julio de 1835 en Zaragoza, Reus, Barcelona, Cádiz, Málaga o Granada, con atisbos anticlericales, anticarlistas (matanzas de facciosos), antiindustrialistas (incendio de la fábrica Bonaplata de Barcelona el 5 de agosto) y constitucionalistas (reivindicación de la Carta Magna de 1812), abrieron el camino a un desarrollo del fenómeno miliciano-juntero, que asumió *de facto* el Gobierno ese verano. Mendizábal, que llegó al poder el 14 de septiembre, se propuso finalizar la guerra civil con la movilización de todos los recursos nacionales (simbolizada en el levantamiento de la «quinta de los cien mil») y la consolidación del Estado liberal.

Con la asunción del mando del ejército gubernamental por Luis Fernández de Córdova el 3 de julio de 1835 la guerra se trasladó de nuevo a Navarra. Córdova inició la construcción de unas líneas defensivas destinadas a impedir las incursiones carlistas fuera de su territorio y dificultar su aprovisionamiento de víveres y municiones. La batalla de Mendigorría del 15 de julio, la más importante de la guerra por el número de fuerzas implicadas (36.000 liberales y 24.000 carlistas), fue el punto de inflexión del conflicto en el Norte, ya que demostró a los carlistas la imposibilidad de marchar sobre Madrid y dio a Mendizábal el tiempo necesario para acopiar recursos con los que sostener la lucha.

Un conflicto suscitado entre la reina gobernadora y Mendizábal por el relevo de varios mandos militares de Madrid considerados como exaltados provocó la dimisión de éste el 15 de mayo. Fernández de Córdova fracasó repetidamente en diversas acciones (toma carlista de Guetaria el 1 de enero, capitulación de Valmaseda el 9 de febrero, batalla de Arlabán el 21 de mayo). La crisis socioeconómica y el aumento de la tensión política por el bloqueo gubernamental de las reformas exigidas por el Parlamento elegido en julio desembocaron en una revolución de las provincias que se inició con un pronunciamiento de la Guardia Nacional y un movimiento juntero fomentado por Mendizábal en Málaga, Cádiz y Granada.

De mayor gravedad aún fue el «motín de los sargentos» en La Granja el 12 de agosto que obligó a la reina gobernadora a restablecer la Constitución de 1812. Este incidente decisivo supuso la ruptura del Gobierno de Madrid con las potencias moderadas, que desde ese momento intensificaron su apoyo económico a la causa carlista. El nuevo Gobierno del progresista José María Calatrava, que se dispuso a restablecer la situación existente antes de 1823, contó con Mendizábal en el Ministerio de Hacienda desde el 14 de septiembre de 1836, y nombró a Baldomero Espartero general en jefe del Ejército del Norte.

Mientras tanto, en el «segundo frente» de Aragón y el Maestrazgo, la prisión y ejecución del cabecilla carlista Carnicer habían llevado al mando a Ramón Cabrera, que fue nombrado el 25 de octubre de 1835 comandante general interino del Bajo Aragón, pero la derrota de sus fuerzas en Molina de Aragón frenó el avance legitimista hasta finales de año. En 1836-1837 se produjeron los primeros intentos serios de establecer una base territorial estable en la región.

Tras la victoria carlista en Tortosa en enero de 1836 se puso en marcha la espiral de represalias alimentada por Cabrera y el general cristino Agustín Nogueras, que mandó fusilar a la madre del cabecilla carlista el 16 de febrero. En la primavera de 1836, y tras un año de incursiones contra las zonas económicamente más desarrolladas, Cabrera ya mandaba unos 6.000 hombres con 250 caballos que operaban en torno a la plaza fuerte de Cantavieja, donde constituyó una Junta Auxiliar gubernativa de Aragón, Valencia y Murcia. Ese verano sus actividades ya se extendían a Tarragona y Valencia, y la conquista de Ulldecona le valió el grado de mariscal.

La atonía del carlismo catalán se trató de contrarrestar con el envío de una expedición de 2.700 carlistas navarros a las órdenes de Juan Antonio Guergué, que desde el 2 de agosto de 1835 intentó organizar la guerra en el Principado, transformando teóricamente las partidas en un ejército regular formado por cuatro divisiones. Pero el fracaso ante Olot en octubre, el apresurado retorno de Guergué a Navarra el 22 de noviembre (presionado por sus tropas, y con gran disgusto de las autoridades carlistas catalanas) y la muerte a finales de mayo de 1836 del brigadier José Juan de Torres cuando trataba de retirarse hacia Navarra con las tropas restantes de la expedición dejaron de nuevo a los carlistas en situación de inferioridad.

La muerte de Zumalacárregui abrió un profundo debate en el campo carlista sobre la estrategia militar que había que seguir. Tras los mandos del mariscal Francisco Eraso y del teniente general Vicente González Moreno, el nombramiento del viejo general fernandino Nazario Eguía como comandante en jefe el 21 de octubre de 1835 facilitó la reorganización del ejército carlista en tres divisiones al mando de los mariscales Iturralde, Villarreal y Gómez, mientras se creaba un ejército de reserva. Fue entonces cuando en los círculos cortesanos del pretendiente se comenzó a plantear la necesidad de sacar la guerra del espacio vasconavarro con el fomento de una serie de expediciones protagonizadas por pequeñas columnas móviles cuyo primer objetivo sería extender la insurrección, aflojando la presión liberal en el Norte. El desacuerdo entre Eguía (que, como Zumalacárregui, pensaba que el asalto al régimen isabelino sólo podía hacerse mediante una ofensiva fugaz y masiva sobre la Corte) y jefes militares como Moreno, Villemur o Bruno Villarreal (partidarios de zanjar la guerra en el Norte y extenderla paulatinamente para poder recabar recursos de otras regiones) llevó a la toma del mando por este último el 13 de junio de 1836.

Los nuevos intentos frustrados de conquistar Bilbao el 23-28 de octubre y el 24 de noviembre-24 de diciembre de 1836 (asedio finalizado con la batalla del puente de Luchana, que disparó la popularidad de Espartero y permitió una reactivación del proceso revolucionario liberal con el gobierno Calatrava-Mendizábal) ocasionaron la dimisión de Villarreal el 29 de diciembre y la caída de Erro como ministro universal de don Carlos en enero siguiente.

Con la asunción de la jefatura militar carlista por el infante Sebastián Gabriel de Borbón y Braganza, hijo de la princesa de Beira (con González Moreno como jefe de Estado Mayor), se dio el impulso definitivo a esta estrategia de expediciones militares fuera del reducto norteño para ampliar el teatro de la guerra y superar el *impasse* del conflicto. Todas las expediciones partieron del país vasconavarro hacia Castilla, aunque se prolongaron por Cataluña, Santander, Asturias, Galicia e incluso Andalucía.

Entre agosto y noviembre de 1835 se desarrolló la célebre expedición de Miguel Gómez, que trató de impulsar la guerra en el noroeste peninsular. El 26 de junio de 1836 salió de Amurrio con casi 3.000 hombres en dirección a Asturias y Galicia, y aunque logró penetrar en Oviedo el 5 de julio, en Santiago el 18 de julio y en Palencia el 20 de agosto, el escaso eco logrado entre la población le indujo a un cambio de ruta hacia el centro y el sur de la Península. Atravesó el Duero por Peñafiel, y tras detenerse frente a Segovia sin asaltarla viró hacia el este, derrotando a una columna liberal en Jadraque el 30 de agosto. Su presencia en las cercanías de Madrid hizo cundir el pánico pocos días después del triunfo de la revolución progresista.

Gómez regresó al Norte el 19 de diciembre sin haber conseguido resultados tangibles, e incluso habiendo entorpecido las operaciones en el Bajo Aragón y el Maestrazgo al inducir a las fuerzas de Cabrera a incorporarse a la aventura. Por ello fue procesado, lo que acarreó mayor descrédito para la causa de don Carlos. La expedición de Basilio Antonio García, simultánea a la anterior, comenzó el 11 de julio de 1836, y tras ocupar efímeramente Soria regresó al norte el 26 de agosto. La de Pablo Sanz partió en la segunda mitad de 1836, pero fue rechazada a finales de septiembre a las puertas de Oviedo. La de Zaratiegui, iniciada en julio de 1837, que estaba destinada a dejar camino libre a la expedición real y fomentar la rebelión de Castilla la Vieja, logró ocupar Valladolid el 18 de septiembre y duplicar sus efectivos antes de retornar a sus bases.

Pero la operación más ambiciosa de este estilo fue la expedición real, integrada por unos 12.000 infantes y 1.600 jinetes, bajo la dirección del propio don Carlos y del infante Sebastián Gabriel. Comenzada en Estella el 15 de mayo de 1837, la expedición tuvo motivaciones más políticas que militares. Se trataba de aprovechar la reacción conservadora producida tras el motín de La Granja de agosto de 1836 para forzar el proyecto de transacción por vía matrimonial que había estado rondado por las cancillerías europeas desde principios de 1835. En esa época, el duque de Wellington había planteado la alternativa de un matrimonio de la reina niña Isabel con el infante Carlos Luis, primogénito del pretendiente y futuro conde de Montemolín, pero las exigencias francesas de excluir del trono a don Carlos y a María Cristina y la creación de una regencia hicieron fracasar la iniciativa.

Tras los sucesos de La Granja, y molesta con la actitud contemporizadora de Francia e Inglaterra hacia el proceso revolucionario liberal, la regente había entrado en contacto en septiembre de 1836 con la corte napolitana de Fernando II para iniciar una negociación en la que se mostró dispuesta incluso a ceder el poder a don Carlos a cambio de la obtención de seguridades personales para ella y su familia, pero el fracaso carlista ante Bilbao a finales de año pareció retrasar esta solución. La expedición real pretendía forzar la decisión de la reina gobernadora, bien mediante una derrota militar, bien mediante un plan de huida de María Cristina y de las infantas al extranjero bajo la protección de Nápoles.

Nada más atravesar el Ebro, don Carlos envió a varios embajadores extraordinarios para solicitar su reconocimiento por las potencias conservadoras. Tras pasar por Aragón (toma de Huesca), Cataluña (con la conquista el 12 de julio de Berga, capital del carlismo y sede de la Junta) y Valencia, la expedición real ocupó Segovia el 4 de agosto. La amenaza que se cernía sobre Madrid puso en evidencia la ineficacia militar del Gobierno Calatrava. Las elecciones de septiembre dieron mayoría a los moderados, que tras una breve presidencia de Bardají encontraron a su valedor en Ofalia, abriendo un período de gobierno moderado que se prolongaría hasta 1840.

Pero la situación militar no logró restablecerse de forma inmediata, y la llegada del pretendiente a las puertas de Madrid el 12 de septiembre dio lugar a una situación equívoca, con una reina vigilada y al borde de la defección. La llegada de Espartero a marchas forzadas obligó el 13 de septiembre a una precipitada retirada de la expedición hacia el Ebro y el país vasconavarro, donde llegó el 26 de octubre de 1837, después de sufrir 16.000 deserciones en la fuerza de 20.000 hombres que habían llegado a las puertas de Madrid. Todo ello levantó un agudo malestar entre los partidarios de don Carlos, que tendría insospechadas consecuencias en los meses siguientes.

El colapso vasconavarro y la resistencia final de Cabrera

El fracaso de esta última opción bélica y negociadora precipitó al carlismo en una aguda crisis política entre transaccionistas y exaltados, que se saldó a favor de éstos. A su retorno al Norte, don Carlos decidió asumir personalmente la iniciativa, y tras el manifiesto de Arceniega del 29 de octubre de 1837 emprendió una purga entre sus principales colaboradores en el ejército (el infante Sebastián Gabriel y Zaratiegui) y el gobierno, de la que salieron beneficiados «apostólicos» como José Arias Teijeiro (que desempeñó la cartera de Estado e interinamente las de Guerra y Justicia), Joaquín Abarca y Juan Antonio Guergué, que fue nombrado jefe de Estado Mayor el 25 de noviembre en sustitución de González Moreno. Guergué insistió en el sistema de expediciones hacia el sur (como la de Basilio García en La Mancha y la del coronel Antonio Tallada desde el 28 de diciembre de 1837 hasta mayo de 1838) y Castilla la Vieja (la desastrosa del conde de Negri en marzo-abril de 1838), pero la derrota de Peñacerrada el 22 de junio de 1838 impuso a don Carlos su reemplazo por Rafael Maroto, quien dispuso una táctica conservadora en la que se aprestó a defender el territorio sin ocasionar grandes pérdidas, y se aplicó a la tarea de reorganizar el ejército como paso previo a la apertura de una solución negociada del conflicto.

Mientras que la guerra se agotaba en el Norte, en el Bajo Aragón y Valencia llegó a su apogeo gracias al ardor de Cabrera, que tras haber participado en la expedición real consolidó sus conquistas en enero de 1838 con la toma de Morella, que convirtió en capital de su reducto del Maestrazgo, y desde donde puso en marcha una administración alternativa, con tribunales de primera instancia y alzada, dirección general de suministros, hospitales, recaudación de diezmos, etc.

La expansión carlista alcanzó su momento culminante con el ataque de Cabañero a Zaragoza en marzo de 1838, el fracaso de Oráa ante Morella a mediados de agosto (que precipitó la caída del ministerio del conde de Ofalia el 6 de septiembre) y la victoria de Cabrera en Maella el 1 de octubre, donde murió el general Ramón Pardiñas. La actitud irreductible de Cabrera obligó a los cristinos a reconocer oficialmente la calidad de beligerante al ejército carlista tras la firma el 3 de abril de 1839 por el general Juan van Halen del tratado de Lécera o Segura, que posibilitó el intercambio de prisioneros de forma similar a lo que venía ocurriendo en el norte desde 1835 con el convenio Elliot.

En esos momentos la élite carlista estaba librando una sorda batalla por el poder. Desde su nombramiento como jefe del Ejército real, el moderado

Maroto trató de recortar la influencia de los apostólicos en el gobierno, imponiendo al marqués de Valdespina como nuevo ministro de la Guerra en lugar de Arias Teijeiro. Las pugnas internas entre transaccionistas y ultras alcanzaron su punto culminante en febrero de 1839, con un golpe de estado que condujo el día 17 a los fusilamientos en Estella de los generales Guergué, Pablo Sanz y Francisco García, el brigadier Teodoro Carmona, el intendente Francisco Javier Uriz y el oficial de la secretaría de Guerra Luis Antonio Ibáñez, ordenados por Maroto, quien llegó a exigir a don Carlos una purga de mayores proporciones. Como respuesta, el pretendiente ordenó su destitución el 21 de febrero y le declaró traidor, si bien dio marcha atrás tres días después.

Desde ese momento, cuando la sensación de agotamiento material y de desaliento hizo aumentar las deserciones y dificultar el reclutamiento, Maroto aceleró las negociaciones con Espartero, forzado por circunstancias adversas como el distanciamiento creciente de las potencias moderadas, la intensificación de las actividades conspirativas del sector intransigente, las grandes dificultades económicas y el irreversible avance militar de las fuerzas liberales. La posibilidad de un compromiso circulaba en los mentideros políticos desde la segunda mitad de 1837. Presumiblemente por influencia de los gabinetes francés e inglés, el gobierno Bardají había tratado de desactivar la guerra atrayendo a los elementos más transigentes del carlismo hacia un liberalismo templado bajo el lema «Paz y Fueros», proyecto impulsado entre otros por el escribano de Berástegui, José Antonio Muñagorri, entre abril y septiembre de 1838.

Lejos de garantizar un pacto de familia, como pretendían algunos dirigentes carlistas, las negociaciones se centraron en la cuestión foral y en la conservación de empleos militares en un deseo de dar ventajas a los combatientes del Norte. El 29 de agosto se ultimó el tratado, que fue ratificado el 31 en Vergara. A pesar de algunos conatos de oposición por parte de fuerzas alavesas y navarras, el ejército vasconavarro se descompuso en pocos días, y el 14 de septiembre don Carlos, que no había reconocido el acuerdo, atravesó la frontera, siendo confinado en Bourges.

El que se llamó convenio de Vergara clausuró la guerra en el país vasconavarro, y condujo al primer plano de la política liberal a los militares, en especial a los jefes del Ejército del Norte agrupados en torno a Espartero. Las elecciones parlamentarias de diciembre de 1839 arrojaron una mayoría moderada, pero la voluntad de Espartero era defender la continuidad constitucional de 1837, forzar la disolución de las Cortes y exigir el abandono de proyectos de ley como el de Ayuntamientos, que alcanzó el rango de ley el 16 de junio. Aunque los gobiernos moderados eran apoyados por la reina gobernadora el progresismo fue ganando terreno en las ciudades y en el ejército. El 1 de septiembre, la extensión del movimiento insurreccional a toda España condujo al poder a Espartero, nombrado regente provisional cuando María Cristina renunció a la regencia y marchó al exilio el 17 de octubre.

En el este peninsular los carlistas catalanes y del Maestrazgo no aceptaron las condiciones de paz y continuaron combatiendo. En el Principado, la virtual dictadura militar impuesta por el capitán general barón de Meer entre octubre de 1837 y junio de 1839 había dado prioridad a la derrota carlista sobre cualquier otra consideración política. Por parte carlista, la acción del conde de España, al mando desde el verano de 1838, estaba destinada a la creación de un auténtico ejército, pero el acuerdo firmado por Espartero y Maroto y su propio asesinato en noviembre de 1839 bajo la acusación de traición aceleró un proceso de descomposición (con la reducción a la mitad de los 13.000 insurrectos establecidos en el Principado en octubre de 1839) que trató de ser contenido a finales del año con la llegada de combatientes castellanos, vascos y navarros que no habían aceptado el convenio de Vergara.

En su reducto de Aragón, norte de Valencia y sur de Cataluña, un enfermo Cabrera mantuvo durante el otoño de 1839 una resistencia numantina ante la convergencia de varios ejércitos liberales comandados por Espartero. Entre febrero y mayo de 1840 fueron capitulando las plazas fuertes carlistas (Segura, Castellote, Aliaga, Cantavieja...) hasta que el 30 cayó Morella. El 2 de junio Cabrera huyó por Flix hacia Cataluña, donde el general José Segarra había emprendido desde noviembre anterior un infructuoso intento de reorganización de la rebelión. El conde de Morella asumió en enero de 1840 el mando de las tropas carlistas del Principado, tras la defección de Segarra, pero después de la victoria del capitán general Juan van Halen en Peracamps el 24-28 de abril resultaba evidente que toda resistencia era inútil. Tras una continua retirada, Cabrera pasó la frontera el 6 de julio.

De este modo terminó el primer conflicto armado entre un carlismo plenamente constituido, más allá del «realismo» de los años veinte, y el régimen liberal. Pero la derrota no supuso la desaparición del legitimismo como fuerza política, sino que forzó una reconversión del liderazgo, la ideología y el apoyo social que se tradujo en su reafirmación como alternativa contrarrevolucionaria hegemónica a partir de los últimos años de la década de los sesenta.

3. La crisis y la segunda guerra carlista (1840-1876)

El tercio de siglo que transcurrió entre la primera y la segunda derrota del carlismo en las dos grandes guerras civiles del siglo XIX fueron años de caos y reflujo, primero, y de recomposición después, a partir de 1868, al tiempo que la propia revolución liberal se veía sujeta también a una evolución en modo alguno lineal ni exenta de altibajos. La radicalización de las posiciones, la revolucionaria y la contrarrevolucionaria, al final de la década de los años sesenta, que recordaba bastante lo sucedido tanto en 1822 como en 1833, desembocó en una nueva guerra civil, la de 1872-1876, la última de un siglo pródigo en ellas. La parte final de este período coincidió con una profunda transformación del carlismo cuyo resultado sería la apertura de una fase histórica bastante distinta después de 1876. Una transformación que representaría en la práctica, entre otras cosas, el final del insurreccionalismo al estilo anterior, aunque en forma alguna de la vocación insurreccional misma, al tiempo que una modificación importante también en extremos básicos del ideario, si bien tampoco en los fundamentales. Sin embargo, esa larga etapa de crisis no significó, desde luego, sin más, el estancamiento o la marginación duradera de las fuerzas antiliberales y su opción dinástica.

Por el contrario, el carlismo vivió una época de cambios en lo organizativo, lo ideológico, en las bases sociales y la estrategia política. En definitiva, de representar casi la pura «reacción» ante el impulso de las propuestas modernizadoras del liberalismo, el carlismo pasó a convertirse en una «amalgama contrarrevolucionaria», como la ha llamado Jordi Canal, y cabría señalar, aún más, que pretendió convertirse en una plausible «alternativa» al régimen liberal, en el sentido que más tarde analizaremos, o al menos así lo entendieron ciertos sectores de la sociedad, de las instituciones corporativas como el ejército o la Iglesia, de algunos grupos de dirigentes y de hombres de pensamiento.

Entre 1840 y 1876, el período que aquí estudiamos, el carlismo atravesó varias coyunturas históricas bien diferenciadas. La primera fue la del marasmo del exilio y los intentos de encontrar cierta forma de acomodación negociada con el liberalismo. Más tarde, en la parte final de la década de los cuarenta, reverdecería el ímpetu combatiente y se volvería a los esfuerzos insurreccionales, una singladura nueva que acabaría en desastre con la intentona de San Carlos de la Rápita en 1860 y la profunda crisis consiguiente. Coincidieron esas dos etapas primeras con la actividad de un nuevo pretendiente dinástico, Carlos Luis de Borbón y Braganza, el Carlos VI de los carlistas. Avanzados los años sesenta se entraría en la última y definitiva fase del período que, por varios conceptos, puede ser tenida como un renacimiento, y hasta como la «edad de oro» del carlismo decimonónico, resuelta de nuevo en la guerra civil y ligada a una figura central y carismática en esta historia: don Carlos de Borbón y de Austria-Este, Carlos VII.

El exilio y la primera gran crisis

El resultado más inmediato para el carlismo de la guerra civil de los siete años, con independencia de las consecuencias beneficiosas que el convenio de Vergara tuviese para algunos de sus adeptos, fue la aparición de una importante masa de exiliados y la imposibilidad de que el movimiento adquiriese el carácter de un grupo político normalizado en el momento en que se daban los pasos fundamentales para la construcción de un nuevo Estado y se producían transformaciones socioeconómicas de gran entidad. Tras el final de la guerra en el escenario «del Norte» y en Cataluña, una gran masa de combatientes, simpatizantes y dirigentes hubo de pasar a Francia, dando lugar al tercer exilio político del siglo si consideramos los anteriores que afectaron a afrancesados y liberales en 1814 y 1823. Los cálculos estiman esa masa exiliada en unas veintiséis mil personas que se acomodaron en el sur del país vecino. Don Carlos y su familia quedaron establecidos, en condiciones de confinamiento, en la ciudad de Bourges, e igualmente confinados quedaron algunos otros personajes importantes, como Ramón Cabrera.

El destierro fue políticamente más amargo en la medida en que la principal actividad dentro de él fue entonces la disputa entre facciones sobre las causas de la derrota y las responsabilidades por ello. En el interior del carlismo se abrió un profundo abismo entre dos bandos que, en líneas generales, representaban, uno, el elemento «transaccionista», moderado, identificado en buena manera, aunque no coincidente enteramente, con el «marotismo», responsable del arreglo de Vergara, mientras que otro era el carlismo radical, exaltado, defensor de la pureza absolutista, debelador permanente de componendas y traiciones. La publicística abundante producida en el exilio, en torno a Vergara y a la pureza doctrinal, fue el mejor reflejo de esa inmensa diatriba interna. Siguiendo un comportamiento inveterado, don Carlos mantuvo, por lo general, silencio en su retiro de Bourges.

Al tiempo que sucedía esto, en el interior de España aparecieron nuevos movimientos guerrilleros muy dispersos y deslavazados, fundamentalmente en Cataluña, cada vez más indiscernibles respecto a las meras acciones de levantamiento social obra de trabucaires o de «latrofacciosos», como se decía en el lenguaje de aquel tiempo. En el País Vasco se produjo un intento más potente de insurrección con presencia del carlismo en 1841, aunque mezclado con la lucha emprendida por parte de la emigración de liberales moderados que rodeaban a la exiliada reina María Cristina contra el Gobierno del general Espartero. Aparecieron también nuevas perspectivas políticas, presididas, justamente, por la idea de encontrar un acomodo con el liberalismo moderado y una solución al pleito dinástico. Pero de la situación derivada de la derrota no se saldría del todo hasta la abdicación de don Carlos de sus derechos dinásticos en su hijo primogénito, Carlos Luis, en mayo de 1845. El nuevo pretendiente adoptaría el título de conde de Montemolín. Don Carlos desaparecería para siempre de la vida política, saldría de Francia para instalarse en Trieste y allí moriría diez años después.

La decisión de abdicar estuvo condicionada, sin duda, por los acontecimientos coetáneos en España. Aquí, en 1843 se había declarado mayor de edad a la reina Isabel y se había hecho con el poder un partido liberal moderado en el que convivían posiciones políticas muy conservadoras. Se promulgaría una nueva Constitución a la medida de estos intereses moderados y se estaba ante la perspectiva del matrimonio de la reina Isabel. Dentro del propio moderantismo liberal había posiciones políticas no muy distantes de las carlistas y, por ende, proclives a un acuerdo con ellas. De esta forma, los primeros años del conde de Montemolín como pretendiente estuvieron señalados por el intento de conciliación dinástica y política. Este intento tenía dos frentes: las posibilidades abiertas a una solución dinástica mediante el casamiento de Carlos Luis, que tenía a la sazón veintisiete años, con Isabel II, de quince, solución que veía posible una parte del moderantismo liberal y el acercamiento de posiciones políticas, en el que se ha dicho con frecuencia que tuvo un papel relevante el clérigo, escritor político y filósofo catalán Jaime Balmes, asesor en algunos aspectos ideológicos del pretendiente. Se ha hablado así de una «fase balmesina» del carlismo.

Si esa situación puede considerarse real, lo que no puede hacerse sin matices, duró poco. Las posibilidades de enlace matrimonial quedaron abortadas cuando, después de vacilaciones entre diversos candidatos, el moderantismo optó por la boda de la reina con su primo Francisco de Asís de Borbón, hijo del infante don Francisco de Paula, en 1846. En cuanto a la conciliación ideológica, la realidad fue, en principio, algo más prometedora. Dentro del moderantismo existía una fracción acaudillada por el marqués de Viluma, de ahí el nombre de «vilumista», que predicaba un acercamiento de posiciones, sobre la base de una Constitución desde luego, pero con presupuestos que desvirtuaban claramente los principios del régimen representativo; una especie de amalgama entre lo tradicional y lo nuevo. Las posiciones de Balmes eran algo más sofisticadas, reconociendo que había de aceptarse algo de las nuevas ideas. Balmes llegó seguramente a escribir algún documento para el pretendiente carlista, en el que sobresalía esa idea de la conciliación. La labor fundamental, sin embargo, la desarrolló desde su periódico *El Pensamiento Español,* y la veremos algo más de cerca en el Capítulo 9 sobre la ideología. La muerte del pensador en 1847 acabó también con cualquier progresión en ese sentido, que no dejaba de tener, por lo demás, poderosos enemigos dentro del propio carlismo.

La vuelta a la insurrección, 1846-1860

Los episodios de insurrección en el medio rural, que no habían desaparecido enteramente, en los que el carlismo tuvo presencia, adquirieron mayor entidad y unidad al producirse de nuevo en Cataluña una insurrección más generalizada que fue conocida, y lo ha seguido siendo, como la guerra *dels matiners* (madrugadores) desencadenada a finales de 1846. Nos encontramos aquí ante uno de los episodios más complejos y confusos en la historia de las insurrecciones carlistas en el siglo XIX. Pese a la clara naturaleza carlista de esta nueva insurrección es evidente que en ella hay ingredientes de otras procedencias y que representaba una amalgama de objetivos fundidos todos ellos en un problema social de fondo. Los cronistas e historiadores de inspiración carlista han querido ver en este nuevo conflicto, que se prolongó hasta 1849, una segunda guerra carlista, caracterización que no es aceptable ni por el volumen del conflicto ni sobre todo por comparación con la entidad y las características políticas y sociales que estuvieron presentes en las dos grandes guerras de 1833-1840 y 1872-1876, e, incluso, con el conflicto de 1822-1823. Aunque hubo otros amagos —en el país vasconavarro—, la insurrección no desbordó los límites de Cataluña.

Los episodios fueron variados y dispersos y la relación de su origen con el fracaso del proyecto matrimonial de Carlos Luis y la reina tienen algún viso de realidad también. El hecho es que a partir de octubre de 1846 comenzaron a aparecer partidas organizadas a cuyo frente se encontraban nuevos cabecillas, como Bartomeu Porredón (el *Ros d'Eroles)*, Josep Pons (*Pep del' Oli), Boquica,* personajes cuyos nombres indican claramente su extracción popular, de nuevo junto al clero en la persona de mosén Benet (Benito Tristany, cabeza de una larga saga de carlistas), su hermano Rafael Tristany, Masgoret, etc. El epicentro de la rebelión giraba en torno a Cervera. La respuesta militar gubernamental no se hizo esperar y en 1847 se sucedieron ya los primeros fusilamientos de insurrectos capturados *(Ros d'Eroles* y Benito Tristany). En el País Vasco se produjo el intento insurreccional del brigadier Alzáa, reprimido por el capitán general, antiguo carlista pasado al ejército liberal por el convenio de Vergara, Rafael Urbiztondo, con el fusilamiento de Alzáa. En Navarra, el viejo general Joaquín Elío, sin entrar en el país, emitía una proclama para una insurrección en 1848 que no tuvo efecto.

Después de una pequeña fase de decaimiento, el conflicto se agravó aun en 1848, coetáneamente a los que aparecieron en otros lugares de España relacionados con las agitaciones revolucionarias en toda Europa de ese año 1848. Como escribiría Benito Pérez Galdós, «las tormentas del 48» también llegaron a España y aquí también hubo «masas». Ramón Cabrera, rodeado de la aureola de sus hazañas militares en la anterior guerra, entró ahora en Cataluña en el mes de junio, logrando reunir más de ocho mil hombres en armas, reorganizándolos militarmente, y las acciones se recrudecieron. Se intentó también instituir una Diputación general de Cataluña por obra de un activo personaje, Tomás Bertrán y Soler. Bajo el mando militar gubernamental de Fernando Fernández de Córdova el gobierno intentó una política de atracción de los insurrectos, logrando algunas defecciones, con promesas de incorporación al ejército de los mandos entregados. El guerrillero Borges obtuvo algunas victorias sobre los gubernamentales mientras Cabrera derrotaba en Aviñó al general Manzano y decidía emprender acciones (fusilamientos) entre sus propias huestes para evitar nuevas defecciones, como las que habían consumado *Pep del'Oli* y otros.

Al comenzar el año 1849 Cabrera fue herido y tuvo que retirarse, logrando a duras penas eludir su captura. Ante el desmoronamiento de la insurrección se acudió al recurso de hacer venir a España al pretendiente Carlos Luis, en abril de 1849, propósito que no se consiguió al ser detenido en la frontera por la policía francesa. Bajo el mando de Gutiérrez de la Concha, marqués del Duero, la superioridad gubernamental se hizo más notoria, aniquiló varias partidas y derrotó al propio Cabrera en Pinós. Cabrera hubo de repasar la frontera. A la altura de mayo de este año el movimiento insurreccional estaba controlado y tuvo como consecuencia una nueva emigración a Francia.

La insurrección de los *matiners* refleja, sin embargo, un problema que excedía a la propia presencia del carlismo, como hemos apuntado. La coincidencia en partidas y acciones de elementos que no eran propiamente carlistas sino secuaces del republicanismo, los acuerdos establecidos entre republicanos y carlistas y la compleja extracción social de los combatientes obligan a pensar que el movimiento de fondo respondía a la inquietud nunca mitigada del todo desde la guerra de la Independencia de la montaña catalana, la zona más tradicional, en lo económico y lo ideológico, ante la crisis del momento y la presión de las políticas liberales, disgregadoras de las viejas comunidades. A ello se añadía la crisis económica, agraria e industrial en torno a 1848 en toda Europa. También ha querido verse en los orígenes del movimiento un primer episodio de protonacionalismo catalán (como ha sostenido Camps i Giró) apoyándose en las actividades de Tomás Bertrán en el terreno político, lo que no parece tener suficiente fundamento.

Tras las agitaciones de la década anterior, advino una coyuntura, la de los años cincuenta, que cabe caracterizar de indudable oscurecimiento del carlismo, marcado sin duda por un notable cambio generacional, entre otras cosas. La oscuridad del período ha sido señalada por los propios autores carlistas. Por lo pronto, el pretendiente Carlos VI, residente en Londres, en razón de circunstancias personales —relaciones con una joven inglesa— que fueron criticadas, decidió abdicar en su hermano Juan en mayo de 1849. Esa abdicación no fue aceptada, pero desde ese momento empezó a ser importante para el carlismo la intervención de la princesa de Beira, cuñada primero y luego segunda esposa de don Carlos María Isidro. El carlismo estaba dirigido por una comisión regia, con sede en París, mientras Carlos VI estaba en Nápoles. Sus veleidades fueron superadas, pero la década de los cincuenta empezaría en medio de un marasmo evidente.

En 1854 se produjo el pronunciamiento encabezado por el general O'Donnell (la «vicalvarada») que pondría fin a una década de gobierno moderado y llevaría al poder a los progresistas bajo la jefatura de Espartero. En una orientación, que recordaba a la de 1837, y que tendría también algún reflejo posteriormente en el sexenio revolucionario a partir de 1868, el carlismo reaccionó con un intento de acercamiento a la opinión liberal moderada, como reflejaba el Manifiesto del conde de Montemolín de 1854 y las negociaciones que al año siguiente, 1855, se llevaron adelante entre el carlismo y la monarquía de Isabel II. En los meses de febrero y marzo se cruzó correspondencia entre Francisco de Asís, rey consorte, y su primo Carlos Luis de Borbón, con proposiciones concretas sobre un acuerdo interdinástico que no discutía el trono de la reina pero daba el poder a Carlos Luis. Las negociaciones sobre estas bases no condujeron, como cabía esperar, a ningún resultado. Acto seguido se recrudeció, una vez más, el ímpetu insurreccional. Pero ahora los gritos de combate serían distintos. Los dirigentes carlistas pidieron moderación e insistieron en la necesidad de reconciliación.

Coincidiendo de nuevo con dificultades sociales y económicas en el país, y con la declaración por vez primera de una huelga general, se alzaron partidas carlistas en las dos Castillas, Aragón y con mayor fuerza en Cataluña, donde volvieron a las armas cabecillas de los años cuarenta, como Rafael Tristany, Borges o *Marsal*. El fracaso de todo ello fue rápido y el carlismo volvió a una fase de menor actividad, aunque una tendencia nueva empezó a surgir, como ha señalado muy bien Jordi Canal: la de abandonar la vieja táctica de las partidas en el medio rural, cuyas posibilidades de triunfo eran cada día más reducidas, para intentar conseguir adhesiones en el ejército y entre las capas sociales más elevadas. Ahí se encontraban los orígenes de lo que años después sería algo parecido ya a un intento de «pronunciamiento», al estilo de lo que habían hecho hasta entonces muchos apoyos militares del liberalismo. Nos referimos a la intentona de San Carlos de la Rápita en 1860.

A partir del año 1857 empezó a dar frutos esta nueva táctica, que contaba en el campo carlista con apoyos como los del viejo general Elío, pero con reticencias de otros como Cabrera, al conseguirse algunas connivencias de personajes significativos del moderantismo liberal —el marqués de Salamanca, por ejemplo— y al irse produciendo también el acercamiento de algunas figuras del pensamiento que darían posteriormente cuerpo al movimientos de los llamados neocatólicos. La conspiración según el nuevo modelo recibió la adhesión de un general con mando, Jaime Ortega, capitán general de Baleares. Mallorca se convirtió así en el centro de la actividad preparatoria de una acción. Los preparativos de un golpe militar consiguieron unos cuantos navíos, apoyo de los legitimistas franceses y posibilidad de utilizar la propia tropa del ejército regular. El pretendiente Montemolín y su hermano Fernando —pero no el otro hermano, Juan, de los tres descendientes de don Carlos— se embarcaron igualmente en Mallorca. El 2 de abril la expedición de Ortega desembarcó en las costas tarraconenses de San Carlos de la Rápita, al borde de la desembocadura del Ebro.

La expedición concluyó en un completo desastre de manera rápida y sin lucha. Al avanzar hacia el interior, los soldados traídos de Mallorca sin saber su destino se apercibieron de éste y se insubordinaron. Ortega, su ayudante Cavero, el general Elío y otros comprometidos, más don Carlos Luis y don Fernando, hubieron de huir y dispersarse. Todos ellos fueron arrestados muy pronto y los que más tardaron en serlo fueron los infantes, aprehendidos al fin en Ulldecona. Las consecuencias fueron igualmente desastrosas: el fusilamiento de Ortega y sus ayudantes, el perdón para Elío a cambio del juramento de no atentar más contra la reina y la renuncia solemne y por escrito de Carlos Luis y su hermano Fernando a todos sus derechos al trono, en documento firmado en Tortosa el 23 de abril de 1860. Acto seguido fueron expulsados de España y en los medios gubernamentales se procuró echar tierra sobre todo el entramado y las connivencias en el asunto.

Pero las consecuencias no terminaron ahí. El desastre de la intentona provocó un cisma en la propia familia del pretendiente, residente en Londres. A la vista de las renuncias hechas en España, el hermano ausente hasta entonces, don Juan, reclamó para sí en 1860 los derechos sucesorios. Carlos Luis había considerado ya la posibilidad de ese traspaso, pero, insólitamente, don Juan proclamó en junio de ese año sus ideas liberales, su adhesión a las libertades políticas y su renuncia a la vía insurreccional. Ante ello, Carlos Luis y Fernando se desdijeron de las renuncias hechas en Tortosa, declarándolas nulas, y las cosas volvieron a la situación anterior. Por poco tiempo, sin embargo. Carlos Luis y Fernando murieron con pocos días de diferencia en Londres, en enero de 1861, probablemente de una infección contagiosa, pero dando lugar a toda clase de rumores. Ninguno de los dos tenía descendencia y, por tanto, los derechos pasaban automáticamente a don Juan de

Borbón y Braganza que se había declarado liberal... La crisis abierta no tenía precedentes y tardaría años en resolverse.

El resurgimiento y la segunda guerra carlista

La actitud de don Juan, que bloqueaba toda la legitimidad dinástica, no fue seguida por nadie, sin embargo, en el seno del carlismo. Produjo con su actitud una grave crisis, pero también dio lugar a algunos pronunciamientos doctrinales importantes para la concepción de la monarquía legitimista. La iniciativa para salir del *impasse* la tomó la persona que se había erigido en baluarte de la ortodoxia del carlismo, Teresa de Braganza, princesa de Beira, cuya actitud fue apoyada por medios periodísticos —el periódico *La Esperanza* de la familia De la Hoz—, el elemento eclesiástico adicto y bastantes dirigentes. Con la firma de la princesa circularon, primero, unas cartas cruzadas con su hijastro Juan en 1861 y, más tarde, en 1864, una extensa *Carta de la Princesa de Beira a los españoles* que era un manifiesto doctrinal redactado por Pedro de la Hoz y el obispo catalán de Seo de Urgel, José Caixal y Estradé. Entre ambas fechas se habían producido declaraciones y manifestaciones de don Juan que llegaron hasta el reconocimiento de Isabel II en 1863.

Los documentos de la princesa de Beira son importantes doctrinalmente, representaban la fracción más radical e intolerante del legitimismo y daban una solución a la sucesión dinástica. Los analizaremos más de cerca al hablar de la ideología (véase páginas 169, 186-187). Su efecto político inmediato fue airear una crisis interna cuya solución no podía pasar más que por la renuncia o la retractación de don Juan. El manifiesto de la princesa de Beira declaraba ya que ante la actitud de don Juan, que carecía de la «legitimidad de ejercicio», no había otra decisión posible que la de la sucesión de su hijo primogénito, Carlos, nacido en 1848 del matrimonio de don Juan con la princesa italiana Beatriz de Austria-Este, matrimonio mal avenido que había tenido como fruto dos hijos, Carlos y Alfonso. Don Carlos contraería matrimonio más tarde con Margarita de Parma, del que nacería don Jaime de Borbón, su futuro heredero. La renuncia de don Juan en su hijo era la única forma viable de pervivencia de la opción dinástica carlista. Buena parte de los problemas de los años sesenta para el carlismo giraron en torno a esta crisis dinástica. En 1866 Carlos escribió una carta a su padre en la que hacía «una pregunta» y pedía «una declaración» sobre su actitud política. Tras bastantes vaivenes y cuando la persona de don Carlos de Borbón y de Austria-Este había suscitado ya una amplia adhesión en el seno del carlismo, y cuando de hecho ejercía ya como verdadero jefe dinástico desde antes, se produjo la renuncia de don Juan a sus derechos en él, el 3 de octubre de 1868. La revolución del anterior mes de septiembre había destronado a Isabel II. Don Carlos adoptaría como pretendiente el título de duque de Madrid.

La superación de la crisis y la conversión de un joven animoso y con carácter, de apenas veinte años, en el jefe dinástico del movimiento, al tiempo que en el lado contrario la evolución hacia su agotamiento del liberalismo isabelino y la apertura de una fase de perspectivas radicales y revolucionarias, convergirían en una coyuntura española de agitada y transformadora historia. Esta coyuntura favorecería, en particular, la evolución del carlismo hasta convertirlo en un elemento importante de esa crisis histórica. El carlismo renunciaría, al menos en alguna medida, a aparecer como un mero movimiento reactivo, proponiendo la imagen, con cierto grado de moderación y más evolucionada en sentido «modernizador», de una solución social y política «alternativa», pragmática y tranquilizadora para las clases conservadoras dominantes, frente al modelo liberal radical y democrático de política y Estado. Así, el sexenio de 1868-1874 fue clave en la historia del carlismo decimonónico como también lo fue para el destino del liberalismo. Todo un proceso que desembocaría en la segunda gran guerra carlista del siglo, la de 1872-1876, nuevo conflicto interno armado.

La renovación del partido carlista se operó de una manera tan amplia a partir de 1867-1868 que podría decirse que de ella nació un nuevo movimiento, incluido el nuevo nombre adoptado en su actuación como partido legal: la Comunión Católico-Monárquica, denominación con la que se le conoció en las Cortes del sexenio. El partido reorganizó sus cuadros, estructuras y lenguaje, con la atenta participación siempre del pretendiente Carlos VII. Aparecieron nuevo dirigentes, mientras reactivaban su actividad bastantes de los antiguos. Una pléyade de publicistas, periodistas, algunos pensadores de mayor calado, como los que componían el grupo de los neocatólicos, activistas y escritores políticos católicos situados a la derecha del moderantismo liberal y refractarios a éste —Cándido Nocedal, Aparisi y Guijarro, Navarro Villoslada, Vildósola, Tejado—, antiguos políticos, y, una vez más, clérigos —el canónigo Manterola y algunos obispos— y militares se acercaron o se integraron en el grupo católico-monárquico.

El temor a la revolución liberal radical y la amenaza de revolución social provocaron en amplias capas de la burguesía conservadora un temor que hizo que una parte de ella pensara en don Carlos VII como la solución más apropiada a sus intereses. Para completar el cuadro, en la opinión española específicamente católica despertó gran ansiedad y temor la evolución de los acontecimientos que llevarían a la creación de un Reino de Italia y al despojo del papa de sus Estados Pontificios. El Reino de Italia fue reconocido por el Gobierno y la monarquía española en 1865 y se establecería definitivamente con su capitalidad en Roma en 1870. Esa opinión se volcó hacia el carlismo, defensor siempre de los derechos territoriales del papado. No pocos carlistas, entre ellos Alfonso, hermano de Carlos VII, acudirían a defender los Estados Pontificios. A la amalgama ideológica que representaba el carlismo se añadió en estos años la amalgama social y, obviamente, la una estaba estrechamente relacionada con la otra.

Pero en el interior del partido pervivía una contradicción íntima y antigua: la que se derivaba de la confrontación entre la estrategia que propendía a la ampliación de la base social y política, orientada a convertirlo en un partido legal, activo en la política normalizada, y la que se reclamaba de la nunca desaparecida tradición insurreccional y combatiente que lo cifraba todo en el levantamiento en armas contra el sistema, según los procedimientos tradicionales a los que se sumarían ahora las acciones dirigidas a obtener un apoyo dentro del ejército. Esta dicotomía interna se palió, en principio, en una solución por la cual la reorganización del partido a partir de 1868 incluyó una estructura política junto a una militar, un «ejército carlista», decían, nunca desaparecido. La estructura militante del carlismo tuvo ya siempre desde entonces hasta 1939 este doble núcleo, en lo que se adelantaría, sin duda, a concepciones del partido político que florecerían luego en ámbitos diversos en el siglo XX. El equilibrio se rompería paulatinamente, no obstante, hasta acabar imponiéndose la vía insurreccional que llevaría al alzamiento de 1872, precedido de abundantes escaramuzas e intentonas desde 1869.

Una vez en marcha la reorganización del partido, don Carlos volvió de nuevo su mirada hacia el viejo caudillo Ramón Cabrera, que vivía en Inglaterra, para encomendarle la dirección, una requisitoria más tras las que el veterano general había rechazado ya antes. La reorganización emprendida desde 1868 llevó a la secretaría a Hermenegildo Díaz de Cevallos y creó junto al pretendiente un Consejo que le asesoraría. Más adelante la reestructuración alcanzaría incluso los niveles municipales, creando en todas partes la doble estructura política y militar. El partido contó con un nuevo núcleo de ideólogos y publicistas, muchos de ellos de origen neocatólico y otros pasados desde el bando isabelino, el más importante de los cuales fue, sin duda, Aparisi y Guijarro, muerto pronto, en 1872.

Lo que acabaría llamándose la «cuestión Cabrera» tuvo, sin embargo, un doble filo. El general acabó aceptando la dirección del carlismo en octubre de 1869, si bien intentando imponer sus propias ideas difícilmente moldeables. Su crítica sobre la forma de conducir el partido con anterioridad —desde sus roces con la princesa de Beira años antes— fue constante, sus malas relaciones con un buen número de notables también, lo mismo que su oposición a nuevas aventuras militares y, en definitiva, su escasa sintonía con Carlos VII. Todo ello acabó dando al traste con su jefatura, de la que dimitió en marzo de 1870. La evolución de las posiciones políticas de Cabrera fue desde entonces acentuándose hasta concluir con el reconocimiento que hizo posteriormente de Alfonso XII. Don Carlos convocó entonces una magna asamblea de notables en Vevey (Suiza), de donde salió una nueva conciliación y en la que se impuso el mando directo del pretendiente y la profundización en la reorganización.

Nunca como entre 1868 y el comienzo en firme de la guerra civil en 1872 el carlismo había llevado adelante una tarea publicística y propagandística de tanta intensidad a través de libros, folletos y periódicos; se dice que hubo más de ciento cincuenta de estos últimos. En estos años aparecieron una serie de obras debidas a escritores como Aparisi, Llauder, Manterola, Tejado y muchos más dando cuenta de este nuevo carlismo, católico a ultranza, contrarrevolucionario, sin duda, pero que no pretendía un ajuste de cuentas sino la incorporación al «pensamiento tradicional» de los «adelantos del siglo» que fuesen asimilables. De hecho, entre 1868 y el final mismo de la guerra en 1876, y, en especial, desde el que puede considerarse el documento inaugural de esta fase, la *Carta-Manifiesto a su hermano Don Alfonso,* firmada por don Carlos en junio de 1869, hasta el *Manifiesto de Morentín* de julio de 1874, el carlismo presentó novedades doctrinales y estratégicas, algunas de ellas decisivas.

En el lenguaje carlista se incluían extremos como el de «sufragio universal» *(pero libre,* decía don Carlos), Cortes «libres también», limitaciones del poder real por acuerdos con los súbditos, derechos de las regiones. Y, lo que no era menos importante, reconocimiento de todo lo hecho por el liberalismo en materia económica, incluida la desamortización eclesiástica. Don Carlos se comprometía a no perseguir a los compradores de bienes de la Iglesia desamortizados. Extremo de no menor interés fue la asunción efectiva del hecho «foral». El carlismo pasaría ahora a identificarse con el mantenimiento de los fueros en los ámbitos que los conservaban, o a los que debían ser restituidos, el País Vasconavarro, Aragón y Cataluña. En el curso ya de la guerra, dirigentes destacados, como el diputado general de Guipúzcoa, Miguel Dorronsoro, plantearían la cuestión foral como asunto de principio y el elemento foralista tuvo un papel en la política del partido, abriendo una historia de denso futuro. En este sentido, a las declaraciones de principios se sumaron toda clase de actos simbólicos, como la jura de los fueros vascos, navarros y catalanes por don Carlos.

El carlismo acusaba el propósito y reflejaba la realidad de una ampliación de su base social a los sectores medios de la burguesía y una penetración en las capas urbanas de la sociedad. Y todo ello cuando las posiciones liberales alcanzaban la fase de la democracia radical, la ampliación de las libertades, la reestructuración del Estado y las reformas económicas en una sociedad basada en el capitalismo de rentas agrarias y de incipiente industrialización. Con las posibilidades políticas que abrió la revolución de 1868, la Comunión Católico-Monárquica se instituyó como partido político participante en los procesos electorales. Su primer éxito lo tuvo ya en las Cortes constituyentes de 1869, con más de una veintena de diputados capitaneados por el canónigo Manterola, que destacaron en su oposición a la libertad de cultos. En las elecciones legislativas de 1871 el éxito fue aún mayor en el Congreso y el Senado. Sin embargo, fue justamente la entronización de una dinastía extranjera en España, la de los Saboya italianos en la persona de Amadeo I, la que aceleró la deriva hacia la solución insurreccional que acabó triunfando en el interior del carlismo. Cuando en la primavera de 1872 el partido decidió lanzarse a la lucha armada la preparación era, sin embargo, absolutamente insuficiente.

No es fácil describir en pocas páginas el origen y desarrollo de la segunda guerra carlista, pues si bien se trató de un conflicto más corto —algo menos de cuatro años— y de menores repercusiones internacionales que el de 1833 no fue menos complejo política y militarmente, ni menos disperso en lo geográfico y tan intrincado como aquél en sus componentes sociales. Por lo demás, cabe históricamente destacar que una guerra civil antiliberal en estas tardías fechas en la Europa del siglo XIX no deja de ser significativa para aquilatar algunos de los rasgos esenciales de la contemporaneidad española. Y así se estimó entre las potencias europeas, donde don Carlos no encontró ahora apoyos significativos.

En lo que respecta al desarrollo militar de la guerra es posible discernir, dentro de su complejidad, varias etapas en su desenvolvimiento. Una primera y breve fase se desarrolló en el año 1872 y acabó en un discutido y parcial convenio. Reanudadas las hostilidades a finales de 1872, advino la fase central del conflicto, el momento de auge carlista que culminó, en analogía también con la primera guerra, en el intento de apoderarse de la mayor ciudad del Norte, Bilbao. Paralelamente se produjo el auge militar del carlismo en los demás escenarios, en particular en Cataluña. Las cosas cambiaron cuando fracasado el intento de tomar Bilbao, en la primavera de 1874, la guerra entró en una fase de estancamiento que duraría el resto del año 1874. La última etapa transcurrió desde comienzos de 1875 hasta la definitiva derrota en febrero de 1876 y la característica central ahora fue la progresiva pérdida de la iniciativa carlista en razón del hecho fundamental de la restauración de la monarquía borbónica en la persona del joven rey Alfonso XII, heredero de Isabel II. Las condiciones políticas cambiaron completamente. Bastantes de las banderas esgrimidas por don Carlos como objetivos de guerra fueron enarboladas también por la nueva monarquía de la Restauración, que devolvió la confianza a las clases conservadoras y a la Iglesia. Ello, unido al desgaste, la carencia de recursos y las disensiones en el propio bando carlista, fue marcando el declive de los seguidores de don Carlos.

Las acciones o intentos insurreccionales empezaron ya en 1869. En ese año hubo movimientos en el centro de España y el este levantino, pero fracasaron en el país vasconavarro y Cataluña. En 1870 el caso más notable fue el del movimiento emprendido por el coronel Escoda en el País Vasco, de ahí el nombre de «escodada». Hoy sabemos bien que en esa intentona hubo implicaciones subterráneas del propio general Prim, jefe del Gobierno —se conoce su correspondencia y el contacto de sus agentes con Escoda—, cosa que sospecharon muchos carlistas, en un intento de desacreditar el carlismo.

En definitiva, el alzamiento organizado con la llegada de don Carlos se desencadenó en abril de 1872 en Navarra, el País Vasco y Cataluña, si bien en este último lugar no se pasó de la fase de partidas. Don Carlos ordenó a los diputados de la Comunión que abandonasen el Parlamento y al grito de «¡Abajo el extranjero!» (referido al rey Amadeo de Saboya) comenzó el levantamiento. Las operaciones las dirigiría el general Eustaquio Díaz de Rada. Este primer alzamiento en regla fue un completo fracaso. El 4 de mayo el general gubernamental Domingo Moriones derrotó a los sublevados en Oroquieta (Navarra). Don Carlos hubo de traspasar la frontera. La movilización carlista había conseguido reunir entre diez y quince mil hombres sólo y la imposibilidad de sostener la lucha en el País Vasco y Navarra llevó a un acuerdo de perfiles confusos entre la Diputación a Guerra carlista de Vizcaya y el general Francisco Serrano, antiguo regente y jefe de las fuerzas gubernamentales, firmado en Amorebieta el 24 de mayo. El convenio fue combatido por unos y por otros y se dijo que había estado promovido por los elementos foralistas vizcaínos integrados en el carlismo a fin de preservar el ordenamiento foral existente.

La guerra se reabrió luego a finales de 1872 y principios de 1873 para recrudecerse progresivamente en pleno desbarajuste de la I República, tiempo en que se solaparía con la guerra cantonal, la colonial y con graves conflictos sociales. En 1874 el combate sería con el régimen del general Serrano. El fracaso anterior produjo la reordenación en el aparato militar carlista. El nuevo jefe en el Norte fue Antonio Dorregaray. En Cataluña, algunas viejas glorias, como Rafael Tristany, Castells, etc., aparecieron junto al nuevo y discutido astro que fue Francisco Savalls, mito ahora después de Cabrera. Pero el destinado a ser jefe militar de Cataluña era el infante don Alfonso. En Aragón y Valencia el primer jefe fue Pascual Cucala. Los guerrilleros volvieron a florecer en esta guerra y ninguno alcanzaría la influencia, fama y éxitos que el cura Santa Cruz (Manuel Ignacio Santa Cruz Loidi, jesuita con posterioridad a la guerra), cuyas correrías tuvieron como escenario Guipúzcoa, hasta que el propio carlismo lo apartó de la lucha.

La primera batalla campal ganada por los carlistas en el escenario del Norte fue la de Eraul, en mayo de 1873, y en esas fechas su ejército reunido allí contaba con alrededor de cincuenta batallones de combatientes, más de veinticinco mil hombres. Don Carlos volvió a entrar en España en el verano de 1873, estableciendo sus reales en diversos sitios del país vasconavarro, Durango o Estella. En Cataluña, la primera gran batalla fue la de Alpens, el 9 de julio, ganada por Savalls al general Cabrinetty, lo que facilitó el control de la Cataluña central interior. Las fuerzas sumaban allí unos doce mil hombres. Alfonso de Borbón se incorporaría entonces a la dirección del ejército en Cataluña, pero las disensiones con Savalls acabarían haciéndole salir de España tiempo después. En Aragón y el centro el mando acabaría recayendo en Manuel Marco, *Marco de Bello,* llamado así por el sitio de su origen.

En definitiva, esta fase de la guerra de algo más de un año fue de imparable auge del carlismo. Tanto en el Norte como en Cataluña llegó a construir un verdadero ejército, como también en Aragón. Progresó territorialmente hasta controlar las provincias vascas y Navarra, a excepción, como siempre, de las capitales, grandes zonas de la Cataluña interior y Tarragona así como de Aragón. En estas condiciones el carlismo volvió a intentar la aventura de apoderarse de Bilbao en diciembre de 1873, como lo había hecho en la guerra de 1833. La lucha por Bilbao se desarrolló, en efecto, entre diciembre de 1873 y mayo de 1874. Los carlistas llegaron a tener sitiada estrechamente la ciudad, defendida por el general Ignacio del Castillo, pero ni consiguieron entrar en ella ni los liberales gubernamentales pudieron levantar su cerco por las armas, cosa que intentaron dando lugar a las dos batallas de Somorrostro, en febrero y marzo de 1874, adversas a los gubernamentales. El nuevo mando del general Gutiérrez de la Concha, marqués del Duero, sobre la tropas gubernamentales, en una situación política mucho más tranquila como fue la presidencia de la República por el general Serrano, modificó la situación y al final obligó a los carlistas a levantar un sitio inmantenible ya, en mayo de 1874, y que había costado un alto número de bajas por ambos lados.

El general Gutiérrez de la Concha intentó entonces dar el golpe definitivo emprendiendo el ataque a Estella, en Navarra, núcleo político del carlismo. Pero la batalla de Abárzuza, junto a la ciudad, entre el 25 y el 27 de julio de aquel año fue un fiasco liberal y costó la vida a su general en jefe. El general Torcuato Mendiry sería entonces el nuevo jefe del ejército carlista. Los carlistas fracasaron en la toma de Irún. En diciembre, el general Martínez Campos se pronunciaba en Sagunto y el rey Alfonso XII accedía al trono el 1 de enero de 1875, presidiendo el Gobierno Antonio Cánovas del Castillo. La nueva monarquía aumentó enormemente los recursos para la guerra, no sólo los militares sino también las acciones políticas, intentando atraer a figuras del bando carlista. Pero éstos vivirían todavía algunas glorias militares. El infante don Alfonso, marchando desde Cataluña, consiguió ocupar, aunque fugazmente, la ciudad de Cuenca. Luego, enfrentado a Savalls, abandonó España. Un intento definitivo del Gobierno por controlar Navarra, después de que los carlistas se hubieran replegado desde El Carrascal, se dirigió de nuevo hacia Estella, estando presente entre sus tropas el nuevo rey Alfonso XII. Los carlistas vencieron en la batalla de Lácar, que obligó a la rápida marcha del propio rey y dio a los carlistas un tiempo más de resistencia.

Ahora fueron las regiones del centro y de Cataluña las primeras en las que el Gobierno, a lo largo de 1875, consiguió acabar con la guerra, al contrario de lo sucedido en 1839 y 1840. Dorregaray, que mandaba en el centro, hubo de retirarse hacia Cataluña, lo que dio lugar entre los carlistas a toda una larga diatriba sobre «Dorregaray y la traición del centro». Cayó Seo de Urgel, donde estaba el obispo carlista Caixal, y la guerra concluyó en toda aquella región en noviembre de 1875. El conflicto se concentró a partir de entonces en el escenario del Norte, donde se acusó la progresiva descomposición del ejército de don Carlos, con cambios constantes de mandos, acusaciones de traición y disensiones internas cada vez mayores. La atención internacional, incluyendo el propio Vaticano, dejó ya de ocuparse de los carlistas. La última plaza carlista caída fue Estella, todo un símbolo.

Esta segunda gran guerra presentó algunos extremos nuevos de gran interés. Don Carlos y sus seguidores consiguieron crear ahora una perfilada estructura estatal en el escenario vasconavarro, que ha permitido hablar de la existencia de un «Estado carlista», aunque con capital ambulante. La inestabilidad política del Estado central facilitó esta tarea. El carlismo reclutó combatientes, impuso y cobró impuestos, ejerció una eficaz administración, impartió justicia y hasta emprendió una política cultural como refleja la puesta en marcha de la Universidad de Oñate. Esta estructura tuvo ya un apoyo notable en las disposiciones forales, lo que representaría una orientación importante para el futuro. Carlos VII mostró que era hombre con más cualidades políticas que ninguno de sus antecesores, «un cisne después de muchos gansos», como ha dicho Teo Aronson. Y hasta sus palabras al cruzar la frontera por Arneguy, en febrero de 1876, han contribuido a mantener viva su imagen mitológica, más allá de la cruda realidad. «¡Volveré!», fue la última expresión de don Carlos al abandonar España definitivamente.

4. La reconversión del carlismo (1876-1931)

En los últimos días del mes de febrero de 1876 el pretendiente Carlos VII cruzó la frontera hispanofrancesa junto con una parte de las que fueron sus tropas en la guerra. Este hecho marcaba el final de la segunda guerra carlista (1872-1876). El carlismo había sido de nuevo derrotado, como en 1840, en los campos de batalla. El año 1876 marca el final de una larga etapa en la historia de este movimiento contrarrevolucionario, la de las carlistadas, iniciada en 1833. Con la implantación del régimen de la Restauración y el final de la segunda guerra carlista llegó también a su término una época de la historia española regida por la díada liberalismo-carlismo. En el último cuarto del siglo XIX esta lucha de carácter dual dejaba paso a una nueva situación en la que el carlismo, con la progresiva desintegración de la amalgama contrarrevolucionaria del sexenio democrático y erosionado asimismo en sus bases sociales, debía buscar y afianzar su propio espacio político en un escenario de opciones múltiples.

Los efectos de la derrota

Desde mediados de 1875, a partir de la caída de Cataluña y al ritmo marcado por las derrotas de su bando, los carlistas habían empezado a cruzar en gran número los Pirineos. Aunque resulte imposible en el estado actual de las investigaciones ofrecer cifras exactas de este éxodo, no parece exagerado hacer referencia a unos veinte mil refugiados carlistas. A pesar de que la Administración francesa destinase subsidios a su manutención, la situación era generalmente muy precaria. Esta circunstancia, junto con la desmoralización y las presiones de las autoridades, favoreció que los soldados se acogiesen a los indultos y retornasen a España. Los oficiales lo tenían bastante más complicado. Entre los que no volvieron, la mayoría se instaló en Francia, mientras que el resto escogió otros países europeos o americanos. La existencia en la segunda mitad de la década de 1870 de un considerable número de españoles en el sur de Francia preocupaba a las autoridades de ambos países. Los carlistas convivían en el exilio con republicanos progresistas y federales, con cantonalistas, con prófugos y con desertores. Las posibilidades que se les ofrecían para la formación de partidas constituían un motivo evidente de inquietud. El núcleo teóricamente más peligroso, como mínimo por número, era el que constituían los carlistas. Sin embargo, los desengaños sufridos y la desorientación reinante en el interior de su campo contribuyeron en general a la parálisis. En ocasiones, ayudados por la difusa conciencia del enemigo común o bien por las dificultades del exilio, algunos de ellos fueron inducidos a participar en iniciativas insurreccionales de signo republicano. Los diplomáticos españoles destacados en el país vecino denunciarían exagerada y repetidamente una supuesta conspiración de republicanos y carlistas, contribuyendo a crear un sobredimensionado peligro «carlorrepublicano».

Tras la derrota, las estructuras política y militar del carlismo habían quedado totalmente desmanteladas. El 30 de marzo de 1876 don Carlos nombró una Junta, presidida por el marqués de Valdespina e integrada por militares del ejército derrotado, que debía asumir los poderes repartidos hasta entonces entre comités, juntas y círculos. La corta existencia de este organismo estuvo caracterizada por la inoperancia. Después de su disolución, el pretendiente asumió la dirección de un partido que, pese a las reiteradas demandas de destacados dirigentes, no sería por el momento reorganizado. En este sentido, habría que aguardar hasta 1879 con el nombramiento como representante de don Carlos en España, y, por tanto, como principal dirigente del partido, de Cándido Nocedal. Dos elementos contribuyeron a esta importante decisión: en primer lugar, la institucionalización de un estado de cosas preexistente, es decir, el control ejercido a través del órgano periodístico más influyente del carlismo —el diario *El Siglo Futuro,* de Madrid, dirigido por Ramón Nocedal, hijo de don Cándido— y de una parte de la prensa de provincias, en unos momentos en que ninguna otra alternativa estructural era estable; en segundo, la imposibilidad, o bien la incapacidad, de encontrar una solución a las pugnas que enfrentaban abiertamente a diferentes sectores del partido, expresadas en las columnas de *El Siglo Futuro* y de *La Fe*.

La delegación de Cándido Nocedal fue muy agitada, siendo los conflictos la nota dominante. Este personaje se esforzó en imprimir al carlismo un exclusivo carácter católico, en lucha frontal contra el régimen restauracionista y los católicos liberales. La divisa nocedaliana era la identificación total y exclusiva entre carlismo y catolicismo. Aquellos que no compartían estas posiciones dejaban de ser buenos carlistas y buenos católicos, convirtiéndose en blancos autorizados para las plumas intransigentes. El delegado de don Carlos se afanó también en introducir un poco de orden en la precaria estructura del partido, reforzando su propia autoridad y la del elemento periodístico. Sin embargo, las pugnas internas, con epicentro en los diarios de Madrid, no cejaron, más bien todo lo contrario. La batalla se libraba en la precaria superestructura que poseía el partido, orgánicamente desvinculada de unas bases que después de la guerra optaron en un alto índice por el retraimiento.

A finales de 1881 puede observarse un cambio de actitud del pretendiente con Nocedal y su modo de dirigir el partido. Lo sustentaban un total de cinco elementos: la defección de destacados miembros de la Comunión; el lamentable espectáculo que brindaba la prensa; el alejamiento progresivo de la jerarquía eclesiástica; la ausencia de resultados tangibles de las nuevas orientaciones y, por último, las presiones ejercidas por un núcleo emergente, ajeno tanto a la órbita nocedaliana como a la del diario *La Fe*, encabezado por el marqués de Cerralbo y con un proyecto propio de revitalización y modernización política. Este último personaje era el artífice del malogrado intento, aceptado por el duque de Madrid, de sustituir a don Cándido al frente del carlismo. La habilidad y la influencia que Nocedal conservaba entre las bases católicas, junto con los temores del pretendiente de que la destitución pudiera ser interpretada como un triunfo de *La Fe*, frenaron sin embargo toda tentativa de cambio. El poder del delegado salió reforzado. Pese a que el marqués de Cerralbo siguió insistiendo en su nefasta dirección, Cándido Nocedal se benefició del renovado apoyo de don Carlos, basado en la preponderancia del principio de autoridad.

En los últimos meses de vida de Cándido Nocedal reaparecieron las discrepancias entre él y el duque de Madrid en torno a la dirección del partido, que seguía escindido interiormente y tan desorganizado y retraído como al principio de la delegación. Nocedal llegaría, en esta ocasión, a presentar su renuncia al cargo. Murió, sin embargo, algunos días después, el 19 de julio de 1885, sin haber recibido todavía una respuesta. Este fallecimiento abría muchos interrogantes, entre los que la sucesión del representante en España era, sin lugar a dudas, el más inquietante. La propuesta de los sectores intransigentes para que Ramón Nocedal recogiera la herencia de su padre contaba con la viva oposición de una parte del partido. A fin de evitar una nueva escalada de las tensiones, don Carlos tomó la decisión de asumir la dirección del movimiento. Una de las primeras cuestiones a las que tuvo que enfrentarse fue la muerte sin aparente sucesión del rey Alfonso XII, a finales de noviembre. La crisis consiguiente ofreció a los carlistas esperanzas de cambio. Sin embargo, los apoyos internos e internacionales, las medidas preventivas, el nacimiento póstumo del futuro rey Alfonso XIII y los primeros pasos firmes de la regencia de María Cristina las truncaron prontamente.

Don Carlos terminó de convencerse, a la luz de lo ocurrido entre mediados de los años 1885 y 1886, de la necesidad de propiciar un viraje en la política del partido. La moderación del retraimiento y las distinciones recibidas por el marqués de Cerralbo mostraron que algo se estaba moviendo en las altas esferas. Los sectores intransigentes no se quedaron con los brazos cruzados y la tensión en el interior del partido no cesó de subir. Las colisiones entre la prensa y entre personajes representativos de las distintas corrientes fueron constantes. A principios de 1888 el partido se encontraba en un avanzado estado de descomposición. Desde entonces, y hasta el mes de julio, se vivió en una situación de permanente enfrentamiento. Ante semejante panorama, el pretendiente acudió a Luis M. de Llauder para encargarle la redacción de un documento que fijara sus ideas: *El Pensamiento del Duque de Madrid*. El texto, que vio la luz en abril, recomendaba unidad, moderación y respeto; se pronunciaba a favor de la política de atracción, y también de la sumisión de los carlistas a la Iglesia en el terreno religioso y a su rey en el político. La resistencia y los virulentos ataques de los nocedalistas generaron advertencias, desautorizaciones y, al final, la expulsión de *El Siglo Futuro* y otros periódicos de la disciplina carlista. La escisión se consumó en julio de 1888. Entre los que abandonaron el partido encontramos a notables intelectuales, curas y jesuitas, y a una importante parte de la prensa; las bases, por lo general, no se movieron.

La escisión integrista de 1888 constituye el desenlace de un largo proceso cuyos primeros indicios datan de los orígenes de la Restauración, cuando empezó a erosionarse la amalgama contrarrevolucionaria del sexenio democrático. El eclipse de algunos de los motivos que inquietaban a los tradicionalistas a finales de los años sesenta y en los primeros setenta, o bien su aminoración por parte del régimen canovista, propiciaron de nuevo la emergencia de las diferencias que hasta aquel momento habían sido ocultadas por el escudo reactivo y protector del carlismo. A la escisión de 1888 también contribuyeron los personalismos, una concepción sensiblemente diferente sobre el lugar del carlismo en el universo católico y las actitudes frente a la modernización del partido. Si el conflicto no estalló antes fue como consecuencia del estado de disgregación y desorganización de los primeros momentos de la posguerra y, más adelante, por el titubeo de don Carlos y el control de la estructura que permitía el cargo de jefe delegado ostentado por Cándido Nocedal. Las circunstancias mudaron con su muerte y la instauración de la Regencia. Los intransigentes se vieron entonces desplazados del gobierno de una formación que empezaba a transformarse.

El nuevo carlismo

La escisión integrista no supuso el final de las querellas carlo-integristas. El cruce de acusaciones, ataques e insultos prosiguió tras el verano de 1888, alimentado por los resentimientos acumulados y un más bien poco amistoso desenlace, sin olvidar todos los problemas derivados de la reconstrucción en que se afanaron los dos bandos. En todo caso, el partido carlista había quedado seriamente tocado. Los primeros intentos de reorganizarse datan de la segunda mitad de 1888, con la creación o reconversión de algunos centros y periódicos. El hecho más destacable fue la aparición en Madrid del diario *El Correo Español,* que iba a desempeñar un papel clave en la revitalización carlista. Al año siguiente la organización recibió un impulso decisivo, aprovechando la conmemoración del decimotercer centenario de la conversión de Recaredo y de la unidad católica en España. Los carlistas contribuyeron decisivamente a las celebraciones. A su término, las Juntas del Centenario fueron convertidas en Juntas Tradicionalistas o, lo que viene a ser lo mismo, en una de las piezas clave del nuevo edificio que la formación de don Carlos estaba empezando a levantar. Los esfuerzos del marqués de Cerralbo en el terreno de la organización serían recompensados en abril de 1890 con el cargo de representante en España del pretendiente Carlos VII.

La etapa cerralbista, entre 1890 y 1899, destacó por el notable proceso de reorganización y reorientación llevado a cabo en el seno del carlismo. Vía política, moderada revisión del ideario, política de atracción, propaganda y abandono del retraimiento fueron los pilares que sostenían el intento de dotar a este movimiento de una estructura sólida y adecuada a las reglas del juego político en la España de la Restauración. La estructura del partido era nítidamente jerárquica y centralizadora. La cúspide estaba ocupada por el pretendiente Carlos VII, que, junto con su secretario particular, Francisco Martín Melgar, vivía desde 1882 en Venecia. Melgar desplegó una intensa actividad de enlace con España. La máxima autoridad en el interior era la del jefe delegado, cargo que ostentó en la última década del siglo el marqués de Cerralbo. Bajo su tutela se extendían las diferentes Juntas Tradicionalistas: regionales, provinciales, de distrito, locales y, a partir de la segunda mitad de la década, en las grandes ciudades, de barrio y auxiliares. Las juntas desempeñaron diversas funciones, entre ellas la coordinación y propaganda del carlismo en un territorio concreto o bien la organización de actos y celebraciones. La principal era, no obstante, la preparación y coordinación de los trabajos electorales. En los fundamentos de la estructura, como verdaderos núcleos de encuadramiento de la base social, se ubicaban los círculos tradicionalistas, pieza maestra de la experiencia modernizadora de finales de siglo. Estos organismos se concretaban físicamente en un local, haciendo posible el desarrollo de las múltiples funciones que se les atribuían y que pueden ser sintetizadas en tres apartados: políticas (acogían las diferentes Juntas Tradicionalistas y desde sus locales se dirigía efectivamente el partido, centros de propaganda y base de operaciones propagandísticas); de formación, instrucción y asistencia y, finalmente, de cohesión y recreo. Los círculos tradicionalistas fueron verdaderos y eficaces espacios de sociabilidad política.

El número de asociados de los círculos, auténtica militancia del partido carlista, puede ser estimado en unos treinta mil a mediados de la última década del siglo. Una cifra nada despreciable, a la que deberían añadirse los carlistas no adheridos a ningún círculo o los simples simpatizantes de la causa. Entre los socios destacaban los jóvenes y abundaban los sectores populares, especialmente artesanos, jornaleros y pequeños agricultores y comerciantes. Sin embargo, su presencia en la dirección de la entidad y en cargos de responsabilidad, como las Juntas Tradicionalistas, se reducía a la mínima expresión. Los carlistas pertenecientes a los grupos acomodados copaban estos puestos en función de su poder o prestigio. Se trataba de propietarios y hacendados, seguidos de abogados, comerciantes e industriales. La composición social del carlismo finisecular no era muy diferente de la que hasta entonces había caracterizado al movimiento. Tampoco la geografía había variado, conservando su núcleo principal en el País Vasco y en Navarra, seguido de la España mediterránea.

La organización carlista estaba formada a principios de 1892 por un total de 13 juntas regionales, 37 juntas provinciales, 533 juntas de distrito y locales, 80 círculos, 726 alcaldes y regidores, 2 senadores, 4 diputados a Cortes y 15 diputados provinciales. Cuatro años después, en 1896, momento álgido de la experiencia cerralbista, existían ya en España 2.462 juntas y 307 círculos tradicionalistas. Salían a la calle asimismo 33 periódicos. Las juventudes carlistas y las juventudes escolares tradicionalistas, creadas a partir de 1897 en algunas ciudades como Madrid o Barcelona para penetrar en los medios universitarios, deberían añadirse a esta enumeración. El partido carlista era, a mediados de los noventa, el más adecuadamente renovado, en un sentido estructural, del arco político español. Por su parte, el final del retraimiento constituyó además un importante elemento en la modernización del partido, ya que, además de ser una manera de implicar continuadamente a las bases, permitía la propaganda de las ideas carlistas y posibilitaba el acceso a las Cortes y, en menor medida, a las instituciones provinciales y locales. En las elecciones legislativas de 1891 el carlismo consiguió cinco diputados, siete en 1893, diez en 1896, seis en 1898 y sólo dos en 1899, en una convocatoria marcada por una coyuntura crítica.

En enero de 1897 se dio a conocer el acta de Loredán, el principal texto programático del carlismo en la etapa finisecular. La delicada fase que comenzaba a vivir el país renovaba las esperanzas de expansión de un partido que se encontraba ya, dentro de sus posibilidades, en plena dinámica ascendente. Por consiguiente, el carlismo debía ofrecer una imagen de opción real y creíble a través de una puesta al día en lo ideológico. A diferencia de lo ocurrido en el terreno de la organización, la revisión ideológica fue casi irrelevante. El acta dejaba entrever las limitaciones ideológicas del carlismo finisecular; el posicionamiento ante la cuestión social o ante el auge de los regionalismos era una clara muestra de ello. El ensayo de modernización política llevado a cabo a finales del siglo XIX por el carlismo no halló equivalente en el terreno ideológico. A pesar de mantener su característica vaguedad integradora, la ideología carlista no fue realmente readaptada a una sociedad en proceso de transformación.

El aparato y las concepciones militares del movimiento tampoco se beneficiaron del impulso modernizador. La opción política y pacífica no podía ocultar el mantenimiento de cierto espíritu y jerarquización militar, junto con un enraizado culto a los antiguos combatientes. Tampoco excluía tímidos y aislados intentos de reorganizar el aparato militar, magnificados por la prensa enemiga. Don Carlos y el núcleo dirigente sustentaban posiciones legalistas, aunque fuese por posibilismo. Sin embargo, no todos los carlistas pensaban igual. La coyuntura conformada por el «desastre» de 1898 acabaría por evidenciar la fragilidad de una parte de los cimientos en los que el nuevo carlismo se había asentado. Tras casi dos décadas, el movimiento empezó a concebir nuevos proyectos bélicos. Iniciadas en 1897, las conspiraciones tuvieron sus momentos álgidos entre finales del año siguiente y 1899, con unos postreros rebrotes en 1900. La intención última de esperar al desprestigio y desmoronamiento de la regencia para aparecer como alternativa salvadora acabaría por frustrar todos los preparativos. La estructura militar, basada en un Ejército real, fue entonces claramente privilegiada en relación con la política. Su eficacia, sin embargo, era limitada. Este modelo —el surgimiento de partidas confluyentes en la formación de un ejército—, afianzado durante la primera carlistada, se había repetido durante toda la centuria. Entre la década de los treinta y la de los noventa, no obstante, las circunstancias habían cambiado profundamente, tanto por lo que respecta a la sociedad española como al carlismo en particular, que había dejado de ser una auténtica alternativa.

El fracaso de los preparativos insurreccionales a finales de 1899 no hizo abandonar totalmente las esperanzas de un golpe de fuerza. Desde Venecia, sin embargo, se confiaba más en el desarrollo de los acontecimientos —ya fuese un ingenuamente esperado colapso del sistema o bien iniciativas subversivas de signo anarquista o republicano— que en la propia iniciativa. A pesar de los comunicados de retórica belicista, los ánimos entre los carlistas decaían como consecuencia de la incertidumbre y las indecisiones. Mientras la conspiración seguía su lento camino, algunos carlistas catalanes empezaron a preparar un levantamiento al margen de la jerarquía. La suma de las divisiones internas, las prisas y el conocimiento que las autoridades tenían de todos los movimientos imposibilitaron la intentona. Pese a ello, el 28 de octubre de 1900 una partida de unos sesenta hombres quiso tomar el cuartel de la Guardia Civil de Badalona, fracasando en el intento. Partidas de menor importancia se levantaron en otras zonas de Cataluña y Levante. La «octubrada» resultó un auténtico fiasco, abocando al carlismo a una profunda y anunciada crisis. Una situación agudizada por la represión desencadenada por las autoridades, que aprovecharon para desmantelar la estructura política y periodística del partido.

Las heridas provocadas en el cuerpo del carlismo por los acontecimientos de 1900 no eran superficiales. Lo muestran bien a las claras las destituciones, las desconfianzas insalvables, los cruces de acusaciones y los abandonos que se produjeron por aquel entonces. La «octubrada» provocó cambios significativos en los principales puestos del organigrama del partido. De hecho, ya en el mes de diciembre de 1899 había acontecido el relevo a su frente del marqués de Cerralbo. Vázquez de Mella también perdió la confianza del pretendiente. Más trascendente fue la salida de la secretaría, en noviembre de 1900, de Melgar, que culpó a la segunda esposa de don Carlos, María Berta, de su caída en desgracia. No pocos carlistas la señalarían como la causante de la indecisión y el acomodamiento de su marido ante el «desastre». El desconcierto y el descontento en las filas legitimistas se expresaba también en algunos intentos marginales de implicar al hijo de don Carlos en una operación para controlar el partido dejando al margen al padre.

El líder de la minoría carlista en el Congreso, Matías Barrio Mier, ocupó la jefatura delegada del carlismo entre diciembre de 1899 y el momento de su muerte, en junio de 1909. La principal tarea en la que se empleó Barrio Mier a principios de siglo fue la recomposición de la estructura del partido. La prensa fue reapareciendo y asumiendo de nuevo su papel; los círculos, por su parte, volverían a situarse en el corazón de la vida carlista. Entre las novedades más significativas que presentan los círculos novecentistas sobresalen la proliferación de gimnasios y prácticas de tiro y la incorporación de secciones deportivas. Estrechamente relacionada con todas estas innovaciones hallamos la firme voluntad de la dirección carlista de seguir potenciando las juventudes. Asociados a ellas aparecieron, además, a principios de siglo los batallones de la juventud, que se encuentran en la base de las estructuras paramilitares de las que se dotaría el carlismo en la etapa de don Jaime. Los batallones se entretenían realizando instrucción militar, prácticas de tiro al blanco y marchas los días festivos. Si el carlismo de los años noventa se había esforzado en la consolidación de espacios propios, en la década siguiente se lanzó también a la conquista del espacio público. No se trataba solamente de una conquista física del espacio sino también de una conquista simbólica. En el marco de estas transformaciones el carlismo incorporó definitivamente a su repertorio los mítines, las manifestaciones, los banquetes multitudinarios y los *aplecs* (mitin multitudinario donde se escuchaba a los líderes y se celebraba una fiesta popular).

El partido siguió concurriendo a las elecciones municipales, provinciales y generales. De esta manera obtuvo en 1901 seis actas en el Congreso. En los comicios de 1903 los resultados fueron parecidos; en 1905 el número de escaños se redujo a cuatro. Fue durante esta legislatura cuando ocurrieron hechos como el asalto de los militares al periódico *Cu-Cut!*, la propuesta gubernamental de Ley de Jurisdicciones y el nacimiento del movimiento de Solidaritat Catalana, al que, pese a la oposición de algunos sectores del partido y a las reticencias del propio jefe delegado, el carlismo se adhirió. Las elecciones de 1907, profundamente marcadas por este ambiente, arrojaron excelentes resultados para la formación de don Carlos: catorce escaños. Constituyeron la principal representación carlista en las Cortes de la Restauración, que debe sumarse a seis senadores electos más los dos existentes por derecho propio. Ya en las votaciones de 1910 los diputados se redujeron en una tercera parte, y en dos terceras partes en las de 1914. Si dejamos al margen los momentos de Solidaridat Catalana, el principal bastión electoral del carlismo siguió siendo el país vasconavarro, aunque no debe olvidarse el efecto erosivo que tuvo el Partido Nacionalista Vasco en sus bases.

Jaimismo y mellismo

Dos muertes sacudieron el carlismo a mediados de 1909. En primer lugar, la de Barrio Mier en junio. Bartolomé Feliú asumió la jefatura delegada del carlismo, ostentándola hasta 1912. Este navarro no era sin embargo un dirigente de los más destacados, caracterizándose su etapa al frente de la formación legitimista más por la inercia que por sus iniciativas. El segundo de los fallecimientos, de innegable trascendencia, fue el del pretendiente Carlos VII. Murió en julio de 1909 en Varese y fue enterrado en Trieste. Don Jaime, que estaba a punto de cumplir cuarenta años y seguía soltero, fue proclamado su heredero. Su «reinado» se extendió entre 1909 y 1931, una época en la que el carlismo recibió también, indistintamente, el nombre de *jaimismo*. El nuevo pretendiente confirmó a Feliú en la jefatura delegada. Durante los años de esta jefatura el partido siguió organizándose, participando en las instituciones e intentando imponerse en el espacio público. Feliú, que soportó en su mandato la oposición interna de un sector encabezado por Vázquez de Mella, presentó la dimisión en 1912. Para sustituirle fue nombrada una Junta Nacional integrada por los jefes regionales, diputados y un representante militar, a cuyo frente se situó al marqués de Cerralbo, que se convirtió en la práctica en jefe delegado de nuevo entre 1912 y 1918.

En aquellos años se dio un paso decisivo en la creación de estructuras paramilitares en el carlismo. Entre las lecciones del fracaso insurreccional finisecular descollaba la de la inadecuación y caducidad de las antiguas formas de lucha armada. La nueva estructura política del carlismo no requería un aparato militar paralelo sino de acción complementaria y carácter paramilitar. Esta organización paramilitar urbana se concretaría entre 1912 y 1913 en el Requeté, nombre con el que habían sido ya designados durante el siglo XIX o a principios del siguiente algunos batallones, partidas o agrupaciones de jóvenes carlistas. Juan María Roma había fundado oficialmente el Requeté en 1907, que integraba a los escolares carlistas entre los 12 y los 16-17 años, edad en la que podían pasar a engrosar las juventudes del partido. Este requeté, juvenil y en apariencia pacífico, se convertiría en la etapa jaimista en una organización paramilitar, inspirada en los *camelots du roi* de *Action Française.* Tras la primera guerra mundial, en consonancia con la delicada situación que atravesó el movimiento carlista, el Requeté vivió una fase de desactivación y parálisis, de la que emergería con fuerza en los años treinta.

La segunda delegación cerralbista también estuvo marcada por las discusiones en torno a la unión de las derechas. La polémica sobre el «minimismo» fue la más destacada. Desde el diario católico *El Debate* y desde sectores mauristas se propuso una unión de las derechas españolas basada en un programa mínimo que permitiría hacer frente a los efectos de la crisis del conservadurismo y, en especial, a los peligros de la extrema izquierda. El principal defensor de esta fórmula entre los carlistas fue Salvador Minguijón. Tras una buena acogida inicial, las tesis minimistas fueron combatidas de manera más o menos autorizada. Estas discusiones contribuyeron al afloramiento de antiguas tensiones o pugnas abiertas en algunas regiones. En Cataluña, concretamente, las aproximaciones del legitimismo a la derecha nacionalista provocaron suspicacias no sólo en la dirección nacional sino entre los propios correligionarios catalanes. Desde finales de la primera década del siglo un sector del partido, especialmente numeroso en la ciudad de Barcelona, empezó a radicalizar sus posiciones, tanto en lo que se refiere a la cuestión social y a la lucha callejera como a la oposición a los dirigentes. El periódico *La Trinchera* se convirtió en el portavoz de este grupo. Conflictos similares se dieron coetáneamente en Navarra, amortiguados gracias a la hegemonía, si bien en regresión, que allí detentaba el carlismo. El fortalecimiento de los nacionalismos periféricos obligaría a definir algo más el vago fuerismo que el carlismo mantenía desde los años noventa.

No fue éste el único problema con el que debió lidiar el carlismo por aquellos años. El estallido de la primera guerra mundial en 1914 había tenido efectos inesperados en su seno. Del neutralismo, defendido entre otros por el pretendiente Jaime, se pasaría a una exaltada germanofilia, teñida de anglofobia, que dirigentes como el marqués de Cerralbo y, sobre todo, Vázquez de Mella auspiciaban y que fue difundida en mítines y en la prensa del partido. La voz del pretendiente resultaría además acallada por el confinamiento al que fue sometido durante toda la contienda por las autoridades imperiales austriacas en Froshdorf. A pesar de todo, hubo aliadófilos en el carlismo, e incluso algunos se alistaron como voluntarios. Estas querellas absorbieron muchos esfuerzos entre 1914 y 1918. A principios de 1918 el marqués de Cerralbo manifestó, en misiva a Vázquez de Mella, su propósito de abandonar la vida política, siendo sustituido interinamente al frente del partido por Romualdo Cesáreo Sanz Escartín.

El final de la primera guerra mundial con la victoria de los aliados sobresaltó a los legitimistas: habían apostado por el caballo perdedor. Una vez recuperada la libertad de movimientos, don Jaime se trasladó a París y desde allí pasó revista a la actuación del partido durante el tiempo de su cautiverio. A finales de enero de 1919 dio publicidad a un manifiesto en el que explicaba su retención en Austria, la incomunicación y el neutralismo que había defendido, y anunciaba una depuración de responsabilidades. Ante las variadas reacciones provocadas por el texto, el pretendiente decidió al mes siguiente clarificar su posición en otro manifiesto: atacaba a aquellos que le criticaban, cargaba contra *El Correo Español,* recordaba que él era el único jefe del carlismo y anunciaba que desde entonces reasumía la dirección, disolviendo la junta creada en 1912 y nombrando al aragonés Pascual Comin como su representante interino en España. Las reacciones al manifiesto no se hicieron esperar. Los principales aludidos respondieron con presteza. A su frente, Vázquez de Mella contraatacó con otro manifiesto y selló una importante escisión en el carlismo. El cisma mellista de 1919 no puede atribuirse de manera exclusiva, sin embargo, a las disputas en torno a la posición carlista ante la primera guerra mundial. Lo propiciaron asimismo los personalismos y las diferentes estrategias mantenidas en la segunda década del siglo XX en el seno del carlismo frente al autonomismo, la confluencia con las derechas e, incluso, en torno a la propia defensa de la cuestión dinástica.

El cisma mellista afectó sobre todo a la cúpula del carlismo. Bastantes dirigentes siguieron a Vázquez de Mella. Las bases, en cambio, no le secundaron en número considerable; optaron en gran medida por el retraimiento, víctimas del desconcierto y el desencanto provocados por los hechos que se vivieron en el seno del partido en los primeros meses de 1919. Los mellistas crearon una nueva formación política: el Partido Católico Tradicionalista, que tuvo una vida poco esplendorosa. La disputa por los periódicos y los centros, como en 1888, aunque con resultados menos traumáticos para los carlistas, se desarrolló durante la corta y ajetreada delegación de Pascual Comin entre los meses de febrero y agosto de 1919. Don Jaime nombró para sustituirle a Luis Hernando de Larramendi, que ocuparía la secretaría general entre 1919 y 1921. Su principal ocupación consistió en reestructurar el partido. Para ello organizó varios actos de propaganda y realizó numerosos viajes por España, pronunciando algunos discursos y manteniendo conversaciones con los cuadros que habían permanecido en la disciplina de la formación. La principal iniciativa del nuevo delegado fue la convocatoria a finales de noviembre de 1919 de la Junta de Biarritz, un amplio encuentro que reunió a las principales autoridades carlistas con don Jaime. Pese a que de este encuentro solamente derivaran un conjunto de conclusiones llenas de buenas intenciones, el acto resultó importante a fin de cohesionar el partido tras el trauma cismático. En todo caso, ante los muchos esfuerzos invertidos en la reconstitución del partido y los pocos resultados que obtenía, el abogado Hernando de Larramendi acabó por presentar su dimisión a mediados de 1921.

El marqués de Villores, que ocupaba desde hacía poco tiempo la jefatura regional de Valencia, fue nombrado representante de don Jaime en España. Ostentaría el cargo hasta su muerte en 1932. Entre el momento de su designación y el comienzo de la dictadura de Primo de Rivera intentó sin demasiado éxito que el jaimismo abandonase la languidez en la que se encontraba inmerso. No faltaron en este período las reuniones de alto nivel. Se puso especial énfasis en el desarrollo de las juventudes del partido y los requetés, así como en el intento de recuperar la tradición de las grandes concentraciones al aire libre. Pese a todo lo consignado, nada resulta tan significativo para vislumbrar el estado del carlismo en aquellos momentos como la desaparición en 1922 de su portavoz más oficial, *El Correo Español*. La situación de los mellistas en estos últimos años de la Restauración no era, de todas maneras, mucho mejor. La propaganda superaba largamente a la organización. Con el paso de los años el mellismo se iría disolviendo como agua de borrajas. Ante el poco prometedor arranque de la nueva organización, un sector de los escindidos, con Víctor Pradera a su frente, se sumó a la empresa que conduciría en diciembre de 1922 a la fundación del Partido Social Popular (PSP).

En aquellos años fructificó en los ambientes carlistas una interesante experiencia en el terreno social. En octubre de 1919 se asistió en el Ateneo Obrero Legitimista de Barcelona al nacimiento de los Sindicatos Libres, que se extendieron con posterioridad por el resto de Cataluña y por otras zonas de España. Aunque no se trate de unos sindicatos específicamente carlistas, este movimiento tuvo en su aparición y desarrollo inicial un papel básico. Los orígenes de los Sindicatos Libres deben rastrearse en el seno de aquellos sectores populares urbanos que, beneficiándose de la flexibilidad ideológica que caracterizaba al carlismo, radicalizaron sus actitudes desde finales de la primera década de la centuria definiéndose como obreristas, oponiéndose a la política conservadora de sus dirigentes y defendiendo el uso de la violencia en la calle. Entre sus fundadores hallamos a jóvenes trabajadores y dependientes de comercio. El partido les ofrecería al principio su apoyo. Muy pronto, no obstante, los Sindicatos Libres empezaron a esconder sus orígenes y a proclamar en sus manifiestos su naturaleza puramente obrerista y profesional. Su principal dirigente fue Ramón Sales, carlista y requeté. Los «Libres», que renunciaron al confesionalismo y adoptaron unas formas obreristas agresivas, eran sindicatos controlados y dirigidos por trabajadores. Entre 1921 y 1922 los Sindicatos Libres alcanzaron la cifra de 150.000 miembros. Durante la dictadura primorriverista se convirtieron en la fuerza sindical dominante en Cataluña y la segunda en el resto del país tras la socialista UGT.

El advenimiento de la dictadura en 1923 provocó entre los carlistas más expectación que otra cosa. Ponía fin a un sistema nefasto, si bien conservaba en el trono a la dinastía «usurpadora»; introducía autoridad y orden en un ambiente que los carlistas percibían como peligrosamente revolucionario, aunque no estaba nada claro el papel que les había sido reservado. La situación del partido legitimista, en todo caso, dejaba mucho que desear. Don Jaime hizo pública el día 27 una carta-manifiesto en la que saludaba la acción de Primo de Rivera. La prudente posición de don Jaime, que no fue secundada sin embargo por la totalidad de sus seguidores, contrastó con la abierta colaboración desde el primer momento del mellismo y la adhesión de los integrantes del PSP. Con el paso del tiempo, pese a todo, el desengaño iría cundiendo en el seno del tradicionalismo. El voto de confianza que el carlismo dio al dictador en 1923 fue revocado al cabo de un año y medio en un largo manifiesto en el que se constataba el fracaso del Directorio militar. Su publicación supuso la ruptura entre el partido y el régimen. Si en los primeros meses de la dictadura el carlismo había recibido un trato parecido al de los viejos partidos liberales, quedando al margen de las responsabilidades del Estado mientras su prensa padecía los efectos de la censura, a partir de 1925 estuvo frecuentemente en el punto de mira de las autoridades.

El abandono del poder del dictador en 1930 y su sustitución al frente del Gobierno de la monarquía por el general Dámaso Berenguer introdujeron sensibles cambios en el panorama político español. El paso de la dictadura a lo que vino en llamarse la «dictablanda» permitió una actuación más cómoda de las diferentes formaciones políticas y de sus órganos periodísticos. La estructura carlista era por aquel entonces más bien enteca, fruto de los sucesos vividos en la última década. Se imponía una reorganización. En algunas regiones se notó, ya en el mismo año 1930, un notable aumento de la actividad. Don Jaime prestó un especial interés a la organización de los jóvenes. También en 1930 se creó el partido Derecha Regional Valenciana, liderado por Luis Lucia y continuación de la aventura iniciada en 1919 por algunos valencianos equidistantes del jaimismo y el mellismo. La dimisión de Berenguer y su reemplazo por el almirante Aznar en febrero de 1931 preludiaban la caída de la monarquía de Alfonso XIII, que las elecciones del 12 de abril sentenciaron. La proclamación de la II República iba a propiciar la formación de una nueva amalgama contrarrevolucionaria nucleada por el carlismo, aunque muchísimo más limitada que las del siglo XIX.

5. Hacia una nueva «guerra carlista» (1931-1939)

El vuelco político de abril de 1931 fue visto por el carlismo con una mezcla de satisfacción por el derrumbamiento de la monarquía liberal y de aprensión por la posible deriva revolucionaria del nuevo régimen, pero desde el primer momento se mostró dispuesto a sacar partido de ambas circunstancias. De modo que los primeros atisbos reformadores de la República y las manifestaciones anticlericales provocaron un notable incremento de la actividad política y la afiliación del jaimismo. Como en 1868, la apertura de un nuevo ciclo democrático posibilitó que el partido legitimista volviera a desempeñar su papel de aglomerado contrarrevolucionario de amplia base.

La polémica religioso-estatutista

En la nueva etapa política que se abría con la consolidación institucional del régimen republicano, el gran reto para el carlismo era superar su tradicional enclaustramiento en el país vasconavarro, y transformar el movimiento en una auténtica organización de ámbito estatal mediante tres estrategias convergentes: la reunificación de las diversas tendencias tradicionalistas, el liderazgo del movimiento católico y la unión dinástica con los alfonsinos. El primer objetivo se logró de forma bastante natural. En Navarra, el proceso de conciliación de los jaimistas con los integristas dirigidos por Juan Olazábal y con los mellistas encabezados por figuras como Esteban Bilbao y Víctor Pradera, esbozado en el manifiesto del 23 de abril, se adelantó al del resto del país con el gran mitin tradicionalista celebrado ante 25.000 personas en la plaza de toros de Pamplona el 14 de junio. La muerte de don Jaime el 2 de octubre allanó definitivamente el camino para la reunificación de las tres facciones del tradicionalismo: los mellistas veían desaparecer a un príncipe sospechoso de criptoliberalismo, y los integristas acceder a los derechos dinásticos a otro (el hermano de Carlos VII, don Alfonso Carlos) con especial inclinación hacia su ideario.

Don Alfonso Carlos nombró una Junta Suprema presidida por el marqués de Villores, junto con miembros de todas las tendencias: los carlistas Rodezno, Joaquín Beúnza, Juan María Roma y Lorenzo Sáenz, el ex maurista José Luis Oriol y los integristas Manuel Senante y José María Lamamié. A la muerte de Villores en mayo, la Junta Suprema delegada dirigida por el conde de Rodezno se convirtió en la segunda instancia jerárquica del partido tras el pretendiente, y sufrió una remodelación, pasando a ser integrada además por Oriol y Lamamié, más los ex mellistas Bilbao y Pradera.

La segunda estrategia barajada por el carlismo fue impulsar y liderar una amplia alianza católica contra la democracia republicana. Derrumbado el conservadurismo dinástico, la estrategia de «unión de los católicos» perdió su componente liberal y pudo ser plenamente asumida por la dirección jaimista, que movilizó el partido como la punta de lanza de una opción contrarrevolucionaria que no descartaba el uso de la violencia.

La articulación política de este descontento dio un salto cualitativo con el comienzo de la campaña estatutista en el País Vasco, impulsada a escala local por el Partido Nacionalista Vasco. El carlismo vio entonces la oportunidad de armonizar la defensa de la religión con la reivindicación foral a través de la estructuración de un bloque católico-fuerista que actuó como impulsor del Estatuto de Estella. Esta alianza de conveniencia venía facilitada por el sempiterno foralismo del programa tradicionalista, pero sobre todo por la obsesión por no dejar el monopolio de la causa autonomista a los nacionalistas, y por soslayar la política laicizadora de los gobiernos de Madrid.

El texto del estatuto elaborado por la Sociedad de Estudios Vascos provocó las primeras disensiones graves entre nacionalistas y tradicionalistas. El rechazo constitucional de los aspectos religiosos de la futura autonomía hizo que el Estatuto de Estella perdiera atractivo para los carlistas. Ello, unido a la adopción de los artículos laicizadores de la Constitución —en especial el artículo 26—, hizo que la minoría tradicionalista se retirara de las Cortes en octubre y que el partido empezase una nueva etapa política.

El distanciamiento respecto al PNV se acentuó con la discusión del nuevo estatuto en junio de 1932. El día 19 los representantes de los municipios de las tres provincias vascas aprobaron el llamado Estatuto de las Gestoras por mayoría pero los de Navarra lo rechazaron, destruyendo la posibilidad de un marco de autogobierno que englobase las cuatro provincias y aplazando la realización de la autonomía por cuatro años más. Este nuevo desencuentro entre carlistas y nacionalistas condujo a la disolución definitiva del bloque vasconavarro en agosto.

Dos meses después, la Junta Regional carlista de Navarra adoptó la línea de un estatuto limitado a esa provincia, mientras que nacionalistas, republicanos y socialistas iniciaban una nueva andadura autonómica que desembocó en el estatuto aprobado por la asamblea de municipios vascos el 6 de agosto de 1933. En la votación ulterior, el texto no logró la preceptiva mayoría de dos tercios en Álava, hecho que los nacionalistas atribuyeron a una presunta labor de sabotaje político de los carlistas dirigidos por Oriol. Ello provocó la ruptura definitiva con los nacionalistas, pero, en todo caso, las tortuosidades del proceso estatutista facilitaron la paulatina identificación del nacionalismo español con el cada vez más particularista carlismo navarro, cuyo acendrado foralismo no sólo le enfrentaba a las fuerzas políticas que apostaban por un marco autonómico con las provincias vascas, sino que ponía cada vez en mayores aprietos a la dirección nacional de su propio partido.

Con la consolidación del catolicismo accidentalista y la ruptura con el PNV el jaimismo encontró más dificultades para salir del gueto político. Su reacomodación política, que le llevó a tensar los vínculos con los nacionalistas vascos hasta la ruptura total de agosto, permitió a don Alfonso Carlos emprender una reforma en profundidad de la organización y afrontar el importante desarrollo militante que estaban experimentado algunas jefaturas provinciales y regionales como la andaluza, y organizaciones sectoriales de marcada impronta juvenil, como el Requeté, la Asociación Escolar Tradicionalista (AET) y las Margaritas (Asociación de enfermeras carlistas), surgidas en los primeros años de la Restauración pero desarrolladas en los treinta por María Rosa Urraca Pastor, y que llegaron a contar con cerca de 5.000 afiliadas en Navarra dedicadas a la educación, obras piadosas, beneficencia, propaganda y Socorro Blanco (Asociación homóloga de la Cruz Roja).

Las conflictivas relaciones con los alfonsinos

El proyecto de conciliación dinástica resultó ser una tarea especialmente enojosa. Derrocada la monarquía liberal y logrado un principio de unidad interna en el seno del tradicionalismo, se produjo en los sectores clericales y alfonsinos más ultraconservadores una reacción contrarrevolucionaria que, como en el caso de los neocatólicos durante los años del sexenio democrático, les acercó en un principio a la alternativa carlista más por lo que ésta representaba como único y último bastión de sus intereses espirituales amenazados que por una sincera adscripción a su modelo dinástico y político.

El 23 de septiembre el ex monarca don Alfonso y don Jaime se entrevistaron en París, y el 25 el titular de la rama carlista devolvió la visita a su pariente en Fontainebleau, donde residía, declarando a la prensa que el acuerdo alcanzado era meramente político y que ni uno ni otro habían abdicado de sus derechos. El famoso pacto de Territet (por el nombre de la ciudad suiza donde presuntamente habría sido firmado) entre don Alfonso y don Jaime fue considerado falso por la mayor parte del carlismo, pero no dejó de tener algunos efectos. Poco después moría don Jaime, y una asamblea de jefes regionales carlistas reunida a toda prisa nombró sucesor a su anciano tío don Alfonso Carlos de Borbón y de Austria-Este, un viejo combatiente de la segunda guerra, menos liberal y más proclive al integrismo.

En los dos primeros años de República no se había avanzado gran cosa en las fusiones dinástica y partidaria, y aunque se optó por la creación en marzo de 1933 de la oficina electoral conjunta Tradicionalistas y Renovación Española (TYRE), la idea de una federación de ambos partidos fue pronto abandonada, ya que la mayor parte del carlismo se mostraba contraria a todo acercamiento a los alfonsinos. En mayo de 1934 la estrategia del conde de

Rodezno de transacción con el alfonsismo fue derrotada por la convicción de que ni don Alfonso ni su heredero don Juan darían el paso decisivo hacia el tradicionalismo.

El 22 de agosto de 1935 don Alfonso rindió visita al pretendiente carlista en Puchheim, pero el nuevo hombre fuerte de la Comunión, Manuel J. Fal Conde, cortó en seco todo tipo de especulaciones con una nota de prensa en la que se indicaba el carácter estrictamente personal de la reunión. La entrevista de Puchheim resultó ser la última tentativa de acercamiento entre ambas ramas de la casa de Borbón, que quedó definitivamente frustrada con la carta que el 10 de marzo de 1936 don Alfonso Carlos envió a su sobrino don Javier de Borbón Parma declarando a la dinastía liberal expresamente marginada del proceso de sucesión.

Tras la ruptura de la alianza parlamentaria con el nacionalismo vasco, el segundo suceso decisivo de agosto de 1932 fue la conspiración cívico-militar que desembocó en el levantamiento de Sanjurjo. Cualificados miembros de la Comunión, como Oriol, Bilbao, Olazábal, Pradera y Rodezno se habían relacionado activamente con el grupo de conspiradores alfonsinos y con la tendencia republicana de derecha representada por Sanjurjo y Goded. Ya desde comienzos de 1932 se organizó una Junta de Alzamiento de alfonsinos y carlistas presidida por el general Emilio Barrera. Pero la Comunión no intervino oficialmente en el complot.

A pesar de su inhibición en la gestación y ejecución del golpe del 10 de agosto, la represión también se cernió sobre el carlismo: los círculos fueron clausurados y la prensa suspendida. El fracaso de la «sanjurjada» y el hostigamiento gubernamental subsiguiente obligaron al carlismo a replantearse su estrategia política; más aún cuando las esperanzas de liderar un amplio frente católico antirrevolucionario se iban a esfumar por completo con la aparición de la CEDA en febrero de 1933.

En determinados ámbitos del tradicionalismo no se permaneció indiferente a la aparición de los primeros brotes del fascismo en España. El intento del sector carlista más radical por romper lo que denominaba «rutinarismo y empirismo asfixiante del tradicionalismo de mesa de café» pasaba por el aprovechamiento del impulso provocado por el triunfo de Hitler en Alemania, en una capitalización de la «moda fascista» que fue asumida por las juventudes, especialmente por la AET navarra, que, en contra de la opinión de sus mayores, llamaba a la revolución social contra el capitalismo.

Pero en realidad, a pesar de estos excesos retóricos, el carlismo seguía siendo un movimiento contrarrevolucionario tradicional, confesional y dinástico, que propugnaba el retorno a valores políticos preliberales y a estructuras socioeconómicas precapitalistas y arcaizantes, a pesar de la actualización de sus teorías corporativas, su adecuación al marco católico-social impuesto por las encíclicas *Rerum Novarum* y *Quadragesimo Anno* y la defensa inequívoca del orden y la propiedad llevada a cabo en la práctica por sus representantes parlamentarios.

A pesar del extraordinario desarrollo de la Comunión (cuyo secretariado central —con evidente exageración— decía contar a principios de 1934 con 16 diarios, 18 jefaturas regionales, 48 provinciales, 1.631 juntas locales, 540 círculos, 230 sociedades de Margaritas, 803 secciones de Juventud y un total aproximado de 700.000 militantes distribuidos preferentemente en Andalucía occidental, Navarra, Valencia y zonas de Cataluña), su estructura de mando, liderada por la Junta Delegada, continuó desarrollando una actividad eminentemente parlamentaria y propagandística.

El grupo de carlistas transaccionistas, como Rodezno, Olazábal, Junyent, Pujadas y Pradera, implicados en Acción Española, la TYRE y en los reiterados contactos dinásticos con el alfonsismo, estaba perdiendo desde finales de 1933 su influjo en el aparato del partido en favor de los integristas, vistos de forma cada vez más favorable por las bases y por el anciano pretendiente. En marzo de 1934 se formó una nueva Junta Delegada, también equilibrada por tendencias y que seguía presidida por Rodezno, quien aceptó el mantenimiento de la autonomía de las direcciones regionales como garantía fundamental de la estabilidad interna del partido. Como hombre fuerte del partido, Rodezno trató de calmar las cada vez mayores apetencias de acción de su sector juvenil, impulsando la militarización del Requeté a escala nacional e impulsando los pactos secretos con Mussolini de abril de 1934.

Pero estas decisiones no lograron convencer a las masas carlistas de la auténtica voluntad combativa de la Junta Delegada, y las dudas respecto a la verdadera dimensión de sus vinculaciones con los alfonsinos dieron lugar a los primeros conatos de conflicto interno, que protagonizaron las juventudes navarras vinculadas al semanario *a.e.t.*, insatisfechas con el liderazgo de unos viejos jaimistas nada dispuestos a alentar la lucha violenta contra las organizaciones políticas rivales. En la primavera de 1934 las juventudes —las navarras en primer lugar— reaccionaron contra el excesivo control ejercido desde la jerarquía del partido, empeñada en la prosecución de una táctica política gradualista basada en la transacción con otros grupos de derecha.

Parecía llegada la hora del grupo integrista, donde destacaba con luz propia la figura de Manuel Fal Conde, que deseaba transformar el carlismo en un amplio movimiento contrarrevolucionario antes que reducirlo a un factor político más en una conspiración predominantemente castrense. El 16 de abril Fal envió a don Alfonso Carlos una carta sugiriéndole una drástica reorganización interna, una política más militante y una relegación e incluso un cese de las negociaciones dinásticas. El pretendiente solicitó poco después su aceptación del cargo de secretario general de la Comunión, y tras una reunión con los jefes regionales y la Junta Delegada en Madrid el 20 de abril, esta última presentó la dimisión en bloque dejando vía libre a las iniciativas reformadoras de Fal, cuyo nombramiento como secretario general de la Comunión se hizo público el 3 de mayo.

Fal Conde y la deriva militante del carlismo

El triunfo del sector más «militantista» del carlismo supuso una auténtica ruptura generacional, cuyas repercusiones en la vida interna del partido tuvieron especial incidencia en las juventudes de ambos sexos (AET, Juventudes y Margaritas), la prensa, la propaganda y la formación paramilitar, que desde entonces se organizaron en delegaciones nacionales al margen de las juntas regionales. Por de pronto, tras tomar Fal Conde posesión de su cargo, las relaciones políticas y las negociaciones dinásticas con los alfonsinos quedaron abrupta y oficialmente interrumpidas con una carta de don Alfonso Carlos a Rodezno de 6 de mayo, donde se prohibía cualquier vinculación oficial con R.E. en el Parlamento, la acción política cotidiana, los mítines y toda otra manifestación propagandística, para lo cual se ordenaba la supresión de la oficina electoral de la TYRE.

El 22 de mayo de 1934 se centralizaron las actividades políticas esenciales, hasta entonces desarrolladas sin excesivo concierto por las jefaturas regionales, provinciales y locales, en organizaciones específicas como la Delegación Especial de Propaganda (Lamamié de Clairac), encargada de la preparación de las campañas políticas, reuniones y cursos de estudio; la Delegación de Prensa (Manuel González Quevedo), que amplió la difusión doctrinal a partir de julio con la aparición del *Boletín de Orientación Tradicionalista,* y la Delegación Especial de Juventudes, gestionada por el diputado navarro Luis Arellano, en cuyo ámbito de actuación se incluía a la AET.

En esa línea de mayor centralización también se desarrolló notablemente la organización del Requeté, que obtuvo por vez primera una jerarquía nacional independiente compuesta por un delegado nacional (José Luis Zamanillo desde mayo de 1934), un inspector nacional (el teniente coronel Ricardo Rada Peral) y unos delegados regionales encargados de las tareas de reclutamiento y organización.

Fal continuó su reforma de la organización carlista con la creación el 24 de junio de 1934 de un Consejo de Cultura presidido por Víctor Pradera, donde estaban representadas las máximas figuras intelectuales del tradicionalismo. La secretaría general carlista proyectó también grandes manifestaciones de propaganda e intimidación, la primera de las cuales fue una concentración de un millar de requetés de Álava y Vizcaya en Orduña el mes de junio, a la que siguió una nueva reunión en Urquiola con la «toma» de Durango, y los *aplecs* celebrados en Santo Toribio de Potes (Santander) el 15 de julio, o en Zumárraga una semana después.

Tras la presentación del largamente madurado proyecto calvosotelista de Bloque Nacional, Fal Conde hizo pública a finales de noviembre su rotunda negativa a intervenir en esa iniciativa política, aunque para evitar una ruptura permitió la colaboración a título personal de algunas personalidades carlistas a cambio de que se garantizase la no intromisión del Bloque en los asuntos internos de la Comunión. De este modo, mientras que carlistas contemporizadores como Rodezno, Bau, Lamamié y la mayoría de los diputados de la minoría, salvo Esteban Bilbao, apoyaron el manifiesto del Bloque Nacional y comenzaron a integrarse en él desde finales de 1934, el sector más intransigente encabezado por Fal y los líderes regionales participó de esta efímera alianza en forma bastante fría y reservada.

En abril, la secretaría general informó que la Comunión contaba con 700 juntas y delegaciones locales, 350 círculos, 250 secciones de Juventudes, 300 agrupaciones de Margaritas y 80 secciones locales del Requeté. El 2 de junio se continuó la serie de grandes actos tradicionalistas iniciados un año antes en Potes con un *aplec* del carlismo catalán en Poblet (Tarragona) al que asistieron unas 30.000 personas. Fal Conde fue nombrado jefe delegado de la Comunión el 20 de diciembre de 1935, asesorado por un consejo compuesto por Esteban Bilbao, Lorenzo María Alier, Manuel Senante, Luis Hernando de Larramendi y José María Lamamié de Clairac.

El camino de la insurrección

Durante la segunda mitad de 1935, y en paralelo a la frustración campante en la derecha por los fracasos de la táctica cedista y la impotencia política del Bloque Nacional, el carlismo se fue planteando la viabilidad de una conspiración independiente, para lo cual se impulsaron campañas de propaganda y se aceleraron los preparativos insurreccionales. A la altura de diciembre, la sede de Pamplona ya era un hervidero de militantes adiestrados como suboficiales por jóvenes activistas como Jaime del Burgo. Las maniobras del Requeté en campo abierto comenzaron a hacerse habituales, al igual que los viajes de capacitación de sus oficiales a la Italia fascista en cumplimiento de lo pactado con Mussolini en la primavera de 1934.

La derrota electoral de las derechas en febrero de 1936, la ruptura de relaciones con la declinante CEDA, la retirada del Bloque Nacional el 16 de abril y la caída en desgracia de la política dinástica patrocinada por Rodezno con el nombramiento de don Javier de Borbón como regente de la Comunión, parecieron dar a Fal la oportunidad de emprender una acción insurreccional. El propio Fal Conde declaró que las elecciones habían sido un paso más hacia el «frente a frente» necesario para que se fueran delimitando los campos de la revolución y de la contrarrevolución.

Los carlistas, que ya contaban con una milicia aguerrida, sobre todo los más de 5.000 requetés encuadrados en Navarra y los 1.500 o 2.000 de Álava, y habían acopiado una importante cantidad de armas, pensaron dar un golpe de forma independiente en mayo-junio de 1936. Este proyecto, que fue esbozándose desde mediados de 1935 como un levantamiento en la frontera portuguesa bajo el mando de Sanjurjo en coincidencia con un golpe militar en Madrid, fue madurado en los meses siguientes hasta su elaboración definitiva por la sección militar de la Junta Suprema carlista constituida en San Juan de Luz tras las elecciones de febrero.

Pero la conspiración puso de nuevo en evidencia la fragilidad de esa inestable amalgama contrarrevolucionaria que fue el carlismo de los años treinta. Su participación en la conjura militar no pudo sustraerse a la crisis de tendencias planteada desde 1931, y fue esencial en su desenlace. El mayor potencial armado descansaba en el Requeté navarro, en alerta permanente desde las elecciones de febrero, y que a pesar de todo no mostraba una lealtad a toda prueba a Fal Conde, sobre todo cuando éste comenzó a expresar sus reticencias a la hora de autorizar la participación del carlismo en una conspiración que no tuviese un inequívoco tono tradicionalista.

El jefe delegado se mostraba más proclive a un levantamiento independiente en el que Navarra, con una administración local y provincial controlada por los carlistas, hiciera las veces de Baviera: el foco primigenio de una contrarrevolución ruralista que irradiaría su influjo a otras partes de España y acabaría sometiendo a las grandes urbes democráticas. Frente a este proyecto de rebelión en solitario, Rodezno y la Junta Regional navarra, controlada por José Martínez Berasaín y la familia Baleztena, mantenían la necesidad de plegarse a los dictados del ejército.

La desarticulación el 19 de abril del complot autónomo urdido por la Junta Militar carlista obligó a Fal a buscar un entendimiento con Mola, recién nombrado «director» de la conspiración castrense. Aunque los primeros contactos serios del carlismo con los oficiales integrados en la Unión Militar Española (UME) se habían producido en Pamplona a principios de marzo, el encuentro de Mola y José Luis Oriol en Leiza el 4 de junio fue el paso en firme a partir del cual se emprendieron desde el día 11 de aquel mes unas difíciles negociaciones en las que el delegado nacional de Requetés, José Luis Zamanillo, y Fal Conde (que mantuvo una dura conversación con Mola en el monasterio de Irache el 15 de junio) pusieron como condición previa la adopción de la bandera bicolor y la instauración de un Directorio provisional que diera paso a un Estado autoritario y corporativo como antesala de la instauración de la monarquía carlista. Mola buscaba, simple y llanamente, captar al Requeté navarro como fuerza auxiliar de un levantamiento que seguía sin tener connotación política determinada.

La prolongación de las discusiones sobre los modos de integración del carlismo en el levantamiento precipitó la ruptura entre los notables navarros, favorables a participar en un movimiento bajo dirección militar que salvaguardara su propia hegemonía política, y el jefe delegado, que postulaba una unión de fuerzas bajo dirección carlista y con un programa netamente tradicionalista. El *impasse* planteado se resolvió el 9 de julio con el ofrecimiento de Rodezno y de la Junta Regional carlista de Navarra (más que nunca decidida a mantener su tradicional autonomía respecto a las jerarquías nacionales del partido) a colaborar con Mola en un levantamiento que ofreciera garantías para salvaguardar su poder provincial.

Como respuesta a esta indisciplina, Fal esgrimió la última carta remitida por Sanjurjo el 9 de julio para forzar a Mola a aceptar la adopción de un gobierno cívico-militar de carácter antipartidista, pero la situación ya había escapado a su control. El mismo día, Mola se había entrevistado con el conde de Rodezno en los alrededores de Pamplona, y tras solicitar de 1.500 a 2.000 requetés, recibió aliviado el consejo de tratar en lo sucesivo con la Junta Regional de la Comunión, dirigida por Joaquín Baleztena, para todo lo relacionado con el apoyo del Requeté navarro. A estas alturas del proceso el peso militar de la región foral había volcado la decisión de todo el carlismo.

A la franca rebeldía de Navarra se unían la decidida actitud proinsurreccional de hombres como Rada y Utrilla (coordinadores de la actividad del Requeté con el ejército), el ambiente pasional despertado en toda la derecha por la noticia del asesinato de Calvo Sotelo, y las estrechas vinculaciones del Requeté con los militares conspiradores y otras fuerzas políticas en ciudades como Vitoria, Barcelona, Santander, Granada, Sevilla o Valencia. Para salvar su propia autoridad y la unidad del partido, Fal aceptó el día 15 una vaga nota de Mola asumiendo las no menos nebulosas directrices políticas de Sanjurjo. La dirección carlista renunció a su estrategia insurreccional en solitario y se implicó definitivamente en el movimiento dos días antes de su inicio.

La virtual aceptación del movimiento militar se había hecho a regañadientes, aceptando el hecho consumado de la franca implicación de gran parte de las fuerzas del Requeté y el estado de ánimo preinsurreccional de las bases. El 25 de julio don Alfonso Carlos escribía al jefe delegado mostrando su satisfacción por la decisión tomada y enviando una efusiva felicitación a los militantes del partido que ya comenzaban a movilizarse.

La amarga victoria

Con la concentración a primera hora de la mañana del 19 de julio de más de 6.000 requetés en la plaza del Castillo, Navarra, la provincia rebelde por antonomasia, invadía Pamplona antes de lanzarse por el Guadarrama a la conquista de la capital de la República. En Álava, unos 3.000 requetés ayudaron a controlar Vitoria, y un Tercio ocupó los pasos de Orduña, pasando luego a desempeñar operaciones de «limpieza» en las retaguardias navarra (donde se produjeron no menos de 2.800 muertes violentas), alavesa y riojana.

La Comunión se vio inundada de antiguos cedistas, alfonsinos, albiñanistas, *lligaires* (procedentes de la Lliga Regionalista catalana) o nacionalistas vascos. Además de la movilización total de sus efectivos paramilitares, la mayor preocupación política de la dirección carlista en los primeros compases de la guerra fue su adaptación a un predominio militar cada vez más evidente. La muerte accidental de Sanjurjo el 20 de julio había hecho perder al partido un valedor fundamental en sus futuras relaciones con el mando castrense. Por otro lado, la autoridad de Fal Conde en Navarra se iba diluyendo al mismo ritmo con que se fortalecía el contrapoder de la Junta Regional carlista de Guerra, constituida el 19 de julio a espaldas del jefe delegado, y que en un rapto de soberbia se denominó a sí misma como Central. Mientras el entorno del conde de Rodezno (que controlaba cómodamente el poder local en la provincia con la bendición de Mola) seguía incondicionalmente al lado de los militares y postergaba cualquier consideración sobre el futuro régimen, el equipo de Fal Conde continuaba clamando por la instauración de la monarquía tradicional inmediatamente después del fin de las hostilidades.

Entre agosto y septiembre de 1936 Fal trató de imponer por última vez su autoridad a los díscolos navarros. Su proyecto era crear una organización sólida, adaptada a la situación de guerra y a la nueva correlación de fuerzas políticas que se estaba generando en el bando sublevado. Después de haber desarrollado durante los últimos cinco años un modelo partidario bifronte, mezcla de organismo electoral y de estructura insurreccional, las circunstancias de la guerra civil habían obligado a acentuar la militarización y centralización de los mandos de la Comunión.

El 1 de septiembre la Junta Militar dejó paso a una Junta Nacional carlista de Guerra con sede en Burgos, presidida por Fal y con Lamamié como secretario, que quedó dividida en una sección militar (con delegaciones de Requetés, Intendencia, Sanidad y Armamentos) y otra de Asuntos Generales, en la que se englobaban las delegaciones de Política (Rodezno), Asuntos Religiosos (Valiente), Relaciones Exteriores (Olazábal), Investigación e Información (José María Oriol) y Gremios y Corporaciones (José María Arauz de Robles). La asunción de plenos poderes por esta Junta Nacional obligó a la sustitución de las jefaturas, juntas y delegaciones regionales por comisarios y Juntas de Guerra. Sin embargo, el plan comenzó a erosionarse con el nombramiento de Franco como jefe del Gobierno del Estado el 28 de septiembre, y con la designación el 3 de octubre de una Junta Técnica en la que participaron los carlistas Joaquín Bau y Romualdo Toledo.

Precisamente por esas fechas, don Javier de Borbón Parma pasaba al primer plano tras el fallecimiento accidental de don Alfonso Carlos el 28 de septiembre. Desde su puesto a la cabeza de la Comunión trató de salvaguardar celosamente su capacidad de maniobra aceptando la necesidad de «un gobierno militar fuerte» que abordase la reconstrucción del país antes de abrir el debate sobre el porvenir político. Pero el día 6 el príncipe ratificó todos los nombramientos del anterior pretendiente, y muy especialmente el de Fal Conde como jefe delegado. Este aparente continuismo no pudo ocultar la presencia de graves peligros internos, como la creciente autonomía del carlismo navarro, y externos, como la aspiración al monopolio del poder político por parte de los militares.

El diseño político falcondista de constitución de un «protoestado» carlista avanzó en noviembre con la creación en Burgos de la Obra Nacional Corporativa con el objeto de integrar las agrupaciones gremiales y las secciones obreras de los círculos tradicionalistas, incorporando a patronos y obreros, aunque tras alcanzar el medio millón de afiliados desaparecería seis meses más tarde al crearse la estructura de Falange Española Tradicionalista, por obra del decreto de Unificación del 19 de abril. El envite final vino de la mano del grave conflicto de competencias planteado por el control del Requeté: el 8 de diciembre, el jefe delegado emitió un decreto unilateral de creación de una Real Academia Militar Carlista con la que se pretendía asentar el poder de la Junta Nacional carlista frente a la Junta de Guerra de Navarra e incluso al propio Franco.

Pero estas tentativas de constitución de un gobierno, unos sindicatos y un ejército embrionarios de obediencia carlista era algo que el nuevo caudillo no estaba dispuesto a tolerar. La respuesta de Franco, conminando a Fal a partir el día 20 al exilio en Portugal bajo amenaza de un consejo de guerra, fue el principio del fin de la autonomía carlista, que quedó aún más comprometida a finales de mes e inicios de 1937 con la promulgación de una batería de decretos que confirmaron y acentuaron la sujeción de la milicia a la autoridad castrense. Fal Conde partió al exilio portugués.

Los contratiempos generados por el incidente de la Academia de Requetés no fueron sino el primer acto de una crisis política en la que se vieron sumidas las dos grandes formaciones partidistas de la peculiar coalición contrarrevolucionaria forjada con la guerra, es decir, Falange Española y la Comunión Tradicionalista, cuyo desenlace se produciría abruptamente en abril de 1937. El crecimiento desmesurado de la militancia y de la organización, las rencillas internas, la intromisión militar y la debilidad de un liderazgo heredado de la preguerra eran problemas comunes al carlismo y al falangismo. Las conversaciones preliminares para la unificación espontánea, mantenidas en Lisboa por representantes de ambos partidos a comienzos de 1937, sólo condujeron a un acuerdo de principio por el que ninguno de los interlocutores aceptaría interferencias en sus relaciones, concertaría alianzas con otros grupos políticos o transigiría en la constitución de un gobierno de personalidades civiles que no estuviera bajo su control conjunto.

El alejamiento forzoso de Fal y la ausencia de don Javier, junto con la patente hostilidad dispensada a ambos en el entorno de Franco, aceleraron el inevitable enfrentamiento entre la dirección carlista nacional y la navarra. En enero de 1937 la Junta carlista de Guerra de Navarra se pronunció por una más estrecha colaboración con las autoridades militares y abogó por la sustitución de Fal Conde como cabeza visible del carlismo, al tiempo que Rodezno se declaraba partidario de un acercamiento a los alfonsinos, de la regencia de Franco y de un futuro reinado de don Juan. Para tratar de dirimir el enfrentamiento, los días 13 a 15 de febrero se celebró en Insua, cerca de Lisboa, una asamblea extraordinaria de la Junta Nacional carlista de Guerra en la que se impusieron las tesis falcondistas de reafirmación de la personalidad específica de la Comunión, su independencia respecto al régimen de Franco y la institucionalización de la regencia de don Javier.

Lejos de la intransigencia doctrinal mostrada por Fal y don Javier, las conversaciones a favor de la unificación comenzaron a adoptar un sesgo profranquista e incluso juanista con su asunción por Rodezno, completamente al margen de la Junta Nacional carlista. Las tensiones llegaron a su culmen en el Consejo de la Tradición convocado en Burgos el 22 de marzo con la autorización de Franco y con la presencia de la mayor parte de los comisarios provinciales y representantes de la Junta carlista de Guerra opuestos a Fal. Los allí presentes decidieron continuar por su cuenta las conversaciones de unidad, desautorizar la intransigencia doctrinal de la dirección del partido y presionar para la liquidación de la Junta Nacional, que sería sustituida por un equipo bien visto en el cuartel general del generalísimo.

El 6 de abril representantes de la Junta navarra de Guerra acudieron a San Juan de Luz para conminar al regente en ese sentido. Don Javier les recibió fríamente, pero pareció aceptar la unificación como un hecho inevitable, mientras que Fal mostró su contrariedad porque «eso equivale a la aceptación de nuestra muerte». Al igual que la crisis falangista que se consumaría el 16 de abril en los «sucesos de Salamanca», la querella interna carlista amenazaba con liquidar el partido. A comienzos de abril, entre las presiones de los navarros, la intransigencia de Fal y las dudas de don Javier, se desarrollaron unas precipitadas conversaciones en Villarreal de Álava entre Hedilla y los carlistas Arauz y Lamamié para acelerar el proceso de unión al margen de lo dictado desde Burgos.

El decreto de 19 de abril cambió radicalmente la situación. Salvo el previsible entusiasmo navarro y la aceptación incondicional de vascos y riojanos, el conjunto del carlismo acogió la unificación con actitud resignada y la cúpula falcondista-javierista mantuvo un ostensible silencio. El tradicionalismo fue el gran perjudicado del nuevo marco político en el que desaparecían todos los partidos, se unificaban las milicias y se articulaba un partido único bajo la jefatura de Franco y con el programa de Falange. La unificación también impuso la desaparición de la estructura jerárquica y de las organizaciones sectoriales del carlismo, que mantuvo al regente y al jefe delegado como únicas autoridades legítimamente reconocidas.

La Comunión Tradicionalista quedó integrada teóricamente en la nueva entidad FET y de las JONS, pero de hecho dejaba oficialmente de existir, ya que sus periódicos, círculos y emisoras de radio pasaron a ser propiedad del nuevo partido único. Las Juntas de Guerra y Regionales de la Comunión fueron sustituidas por delegaciones nacionales y jefaturas provinciales de la Falange Española Tradicionalista, de las que el carlismo controló ocho en todo el Estado (las provincias vasconavarras, Burgos, Valencia, Granada y Logroño), aunque sus jefes provinciales eran contrapesados con subalternos falangistas, lo que depararía fuertes tensiones para el futuro en provincias como Navarra, donde los conflictos con los falangistas por el control del poder local y provincial resultaron muy frecuentes.

Aun entonces, los desencuentros de Franco y la dirección carlista no hicieron sino acusarse. Cuando el 22 de abril se dieron los nombres de los diez integrantes del secretariado o Junta Política de FET y de las JONS, se pudo constatar la participación de cuatro tradicionalistas: Rodezno, Luis Arellano, el conde de la Florida y José María Mazón. El 19 de octubre se hizo pública la composición de los cincuenta miembros del Consejo Nacional, entre los que se encontraban doce tradicionalistas, incluido Fal, quien solicitó a Franco que le relevase de su designación. Por su parte, don Javier desautorizó a la mayor parte de los que aceptaron el cargo, expulsándoles de la Comunión, por lo que a su vez fue extrañado del país tras una tensa entrevista mantenida con Franco a finales de año. Cuando se reorganizó el secretariado de FET en marzo del año siguiente la esfera de influencia carlista se hizo aún más exigua.

Comenzaba así la difícil convivencia del carlismo con el nuevo Estado, al tiempo que en su seno se agudizaban las tensiones entre los colaboracionistas (como Rodezno, flamante ministro de Justicia del primer gabinete franquista de enero de 1938) y la jefatura histórica liderada por don Javier y Fal. Estas desavenencias, que siempre tuvieron un fuerte componente personal, trajeron como consecuencia ya durante la guerra el descontento, el desánimo y la desmovilización paulatina de las bases carlistas, salvo en el irreductible bastión navarro. Tras el conflicto civil, el tradicionalismo experimentó un reflujo claro de militancia cuando la «amalgama revolucionaria» acabó por oficializarse y burocratizarse a manos de los militares.

Esta situación tan poco halagüeña fue minando la organización interna del carlismo, que sufrió un evidente proceso de desmovilización incluso en sus feudos norteños más sólidos, al tiempo que sus militantes se recluían en hermandades, asociaciones de ex combatientes, cofradías religiosas y círculos culturales, lo que a su vez mermó la capacidad de influencia del tradicionalismo legitimista en el seno del nuevo Estado.

6. El carlismo crepuscular (1939-2002)

La etapa comenzada en 1939, que corresponde al carlismo que podemos calificar como crepuscular, está marcada por la confusión y las divisiones. La guerra civil había escindido a la sociedad española en vencedores y vencidos, y los carlistas formaban parte del primer grupo. Su situación era, no obstante, contradictoria: la unificación por decreto de 1937 y la actitud de las autoridades franquistas y del propio Franco tras la contienda no estuvieron al nivel de las expectativas creadas. Aunque no todos, los carlistas pasarían pronto a considerarse, paradójicamente, vencidos entre los vencedores. Tras la guerra, unos aceptaron plenamente el nuevo régimen, beneficiándose abundantemente de ello; otros, puede que la mayoría, consideraron que su misión, una vez atajado el «peligro revolucionario», había terminado y se retiraron a sus casas, sin renunciar a la identidad carlista y viviendo sin demasiada incomodidad, y, un tercer grupo, también numeroso, pugnó por ver reconocida su aportación a la victoria y por incidir en el proceso de construcción de una «nueva España».

Carlismo y franquismo

El final de la guerra no clausuró las tensiones originadas por el decreto unificador de abril de 1937 y la consiguiente pugna por el poder, tanto en FET y de las JONS como en las nuevas instituciones. En el reparto, los carlistas pudieron comprobar cómo se les asignaba la peor parte. No puede olvidarse, sin embargo, que el franquismo integró elementos e ideas de origen claramente carlista, ni que en territorios como Navarra los carlistas coparon las instituciones, ni tampoco que algunos personajes ocuparon puestos muy destacados. Eran más la excepción que la regla. Los falangistas les aventajaron inicialmente de manera clara. La batalla por la conquista del poder en el seno del nuevo régimen se prolongó en las calles. Los numerosos enfrentamientos entre carlistas y falangistas de la posguerra tuvieron su punto álgido en agosto de 1942, cuando un grupo de falangistas atacó con bombas una concentración carlista en el santuario de Begoña. Las nuevas autoridades dificultaron asimismo la actuación de los carlistas al margen de FET y de las JONS, no resultando infrecuentes las multas, las detenciones y los destierros.

Los carlistas no colaboracionistas, agrupados en torno al regente Javier y al jefe delegado Fal Conde, ganaban posiciones día a día en el seno del carlismo activo. La brecha abierta entre ellos y el régimen de Franco se extendió un poco más durante la segunda guerra mundial. La desconfianza frente al posicionamiento pro-Eje de algunas figuras del régimen y la negativa carlista a que sus combatientes formasen parte de la División Azul no iban a contribuir a mejorar las relaciones. En 1945 el carlismo vivía aún marcado por la desorganización y la desorientación. La pasividad y el retraimiento de las bases eran la norma, limitándose la Comunión Tradicionalista a una superestructura que intentaba reparar el desmantelamiento padecido a causa de la guerra y de la unificación. Tras comprobar las veleidades totalitarias y la actitud con el carlismo del nuevo régimen, Fal Conde impuso una línea de confrontación antifranquista. Por consiguiente, la actuación del carlismo no fue fácil, siendo frecuentes los altercados con las fuerzas del orden, los cierres de revistas y las prohibiciones de actos públicos. En la segunda mitad de los cuarenta se intentó, pese a todo, un apuntalamiento de la organización. Lo más destacable en este terreno fue el restablecimiento en 1947 del Consejo Nacional de la Comunión Tradicionalista que el estallido de la guerra civil había dejado en suspenso.

Otras cuestiones preocupaban también a los carlistas. El mantenimiento de la Regencia, al que muchos atribuían la culpa de la debilidad del movimiento, era la más delicada. Esta situación fomentó el retraimiento, las pugnas internas y la aparición de disidencias. En 1946, por ejemplo, el conde de

Rodezno se trasladó a Estoril para visitar a Juan de Borbón y reconocerle como rey. Le acompañaron otros dirigentes tradicionalistas, en lo que puede considerarse una reconciliación del carlismo más posibilista con la dinastía liberal. Era una maniobra efectista, pero con poco eco en el interior del carlismo, lo que obligaría a repetirla once años después. Más importantes fueron por aquel entonces las actuaciones de los octavistas o carloctavistas, que promocionaban con amparo oficial a un nuevo pretendiente: el archiduque Carlos de Habsburgo-Lorena y Borbón (Carlos VIII). En los orígenes de esta disidencia encontramos el denominado Núcleo de la Lealtad, que actuó en la época de la II República. Tras el paréntesis bélico, como consecuencia de la abdicación de Alfonso XIII en su hijo Juan y de la inacción de don Javier, un grupo de carlistas se movilizó para evitar que la sucesión recayese en la dinastía de los Borbones liberales. Estos carlistas, encabezados por Jesús de Cora y Lira, presentaron en 1943 a Carlos de Habsburgo como el sucesor legítimo de don Alfonso Carlos. Fal Conde les apartó del carlismo. El episodio carloctavista puede dividirse en dos etapas, separadas por la entrevista que mantuvieron Franco y don Juan en agosto de 1948, que disiparía toda esperanza de restauración monárquica en la persona del archiduque. Mientras que la primera etapa se significó por la propaganda, tolerada y auspiciada por el franquismo, la segunda en cambio estuvo marcada por la descomposición del movimiento, fruto del desengaño, así como de la retirada de apoyos oficiales. Cuando Carlos de Habsburgo falleció, en la nochebuena de 1953, su movimiento andaba ya de capa caída. A las ofensivas juanista y carloctavista debe añadirse la ruptura de Mauricio de Sivatte y de una parte del carlismo catalán con la Comunión Tradicionalista. Sivatte, que fue destituido en 1949 de su cargo de jefe regional de Cataluña y expulsado de la Comunión unos meses después, proclamaría años más tarde la Regencia de Estella.

Las peticiones hechas a don Javier para que pusiese fin a su regencia fueron continuas a lo largo de los años cuarenta, intensificándose más si cabe en la década siguiente. Las muchas presiones recibidas, entre las que destacan las del propio jefe delegado, hicieron que un poco convencido regente proclamase en mayo de 1952 ante el Consejo Nacional que asumía la sucesión de don Alfonso Carlos. El acuerdo quedaba, sin embargo, pendiente de promulgación. Aunque en los años siguientes don Javier ratificó sus palabras, no sería hasta enero de 1965 cuando se designase oficialmente como rey. El acto de Barcelona en 1952 no gustó en absoluto a las autoridades franquistas, que conminaron al regente para que abandonase España. Los efectos que podía haber tenido en el carlismo la decisión tomada en 1952 quedaron anulados por las dilaciones de don Javier.

En agosto de 1955 Fal Conde fue destituido en el cargo de jefe delegado. La situación de crisis y desconcierto que vivía el carlismo, así como los menguados resultados de la estrategia falcondista de enfrentamiento con el franquismo, no eran ajenos a esta decisión. Tampoco lo era la entrevista mantenida en diciembre del año anterior por Franco y don Juan de Borbón, que parecía apear un poco más a los carlistas del tren de la sucesión. Las cuestiones más personales, como la diferente posición de Fal Conde y don Javier frente a la finalización de la Regencia y la estrategia que había que seguir, no pueden olvidarse. Todos estos elementos, que permiten explicar la decisión de don Javier, deben ser combinados con el juego de intrigas tejidas en torno a este personaje, opuestas en los fines —el endurecimiento de la posición antifranquista o la aproximación al régimen— pero coincidentes en el primero de los medios, esto es, la destitución del jefe delegado.

Don Javier asumió la dirección de la Comunión y nombró una secretaría nacional, integrada por José María Valiente, que actuaba como presidente, José Luis Zamanillo y Juan Sáenz-Díez. En 1957 se constituyó la Junta de Gobierno de la Comunión Tradicionalista, integrada por los tres miembros de la secretaría, el delegado nacional del Requeté, los dieciocho jefes regionales y dos consejeros delegados designados por don Javier. A finales de 1960, por último, Valiente fue nombrado jefe delegado de la Comunión y Zamanillo se convirtió en el secretario general. También se creó una secretaría nacional organizada en varias comisiones y la Junta de Gobierno fue sustituida por una Junta Nacional. José María Valiente ganaba posiciones y afianzaba su política posibilista de colaboración con el régimen de Franco, que favoreció una mayor tolerancia hacia las actividades carlistas. Aprovechando esta circunstancia se constituyó en Madrid, en 1959, el Círculo Cultural

Juan Vázquez de Mella. En los años siguientes se crearían centros homólogos en otros puntos de España, como fórmula de reunión y organización de los carlistas. En 1962 se formó asimismo la Hermandad Nacional de Antiguos Combatientes de Tercios de Requetés.

En enero de 1956 don Javier ratificó ante el Consejo Nacional de la Comunión las palabras pronunciadas en 1952, aceptando para él y sus descendientes la sucesión monárquica. A partir de entonces la familia Borbón Parma entró plenamente en la artificiosa batalla por la sucesión del general Franco, que éste permitía y la política posibilista que Valiente sustentaba. El carlismo intentaba erigirse ante el dictador en una verdadera alternativa. Un momento clave de este despliegue estratégico fue el acto de Montejurra de 1957. En aquella montaña navarra se celebraba desde 1939 una peregrinación anual, que con el paso de los años adquirió un lugar central en la vida del carlismo. A Montejurra acudió por vez primera en 1957 Carlos Hugo de Borbón Parma, el mayor de los hijos de don Javier. Allí se dirigió a la nutrida concurrencia haciéndoles saber que aceptaba con todas las implicaciones el título de príncipe de Asturias. Con su intervención en Montejurra se asistió a uno de los principales episodios de lo que ha venido en denominarse la «invención» de un príncipe, consistente en convertir a un universitario francés en pretendiente carlista al trono español. El primer paso fue, evidentemente, el aprendizaje de la lengua y la cultura españolas, y el segundo, el cambio de nombre, de Hugues a Carlos Hugo. Otros pasos más se dieron con el trabajo de incógnito en 1962 en una mina asturiana y con las actividades y giras de Carlos Hugo y sus hermanas. El último y decisivo momento del proceso fue en 1964 con la boda entre Carlos Hugo e Irene de Holanda.

Detrás de todas estas maniobras y estrategias se encontraba un grupo de carlistas, que encabezaba Ramón Massó, erigidos en secretariado de Carlos Hugo. Desde puestos distintos, las estrategias de Valiente y de Massó convergían inicialmente en una estrategia posibilista que permitiese la promoción de su candidato como príncipe alternativa del régimen franquista. Alrededor de esta secretaría política se agruparon sobre todo los núcleos más jóvenes del carlismo, con las diferentes asociaciones estudiantiles tradicionalistas a la cabeza. Las cosas estaban cambiando. Massó y el secretariado abandonaron, no obstante, sus puestos en 1966-1967 al verse vulnerables en tres frentes: una parte de los seguidores que querían llevar más allá la evolución; otros, que la consideraban ya excesiva y, finalmente, el poco eco que su opción sucesoria había tenido en Franco, que si bien recibió a Carlos Hugo y en público mantuvo un silencio táctico sobre estas cuestiones, en privado nunca consideró seriamente esta posibilidad.

Las novedades introducidas en la Comunión desde mediados de los años cincuenta, aunque recogieron adhesiones, también provocaron, como era de esperar, reacciones contrarias, materializadas en disputas, actos simbólicamente notorios y escisiones. En la segunda mitad de 1957 se produjo el desembarco de un conjunto de notables carlistas en las filas del juanismo. Esta operación, que continuaba, tras un intervalo de algunos años, las impulsadas por el conde de Rodezno, empezó días después del Montejurra-57 y finalizó con el desplazamiento a finales de año de cerca de medio centenar de personajes a la residencia portuguesa del conde de Barcelona para reconocerlo como rey. Entre éstos sobresalían los dos principales promotores, Luis Arellano y José María Arauz de Robles. La autoproclamación real de don Javier en 1956 y la irrupción en Montejurra de su hijo, la necesidad de don Juan de afianzar su candidatura a la sucesión de Franco y algunos manejos a favor del régimen dictatorial explican el acto de Estoril. El problema mayor de los «estorilos» era la falta de seguidores. La operación, pese a ser simbólicamente muy destacable, tuvo mínimas repercusiones.

Meses más tarde, en el *aplec* de Montserrat de 1958, se proclamó la Regencia Nacional y Carlista de Estella (RENACE) impulsada por Mauricio de Sivatte. La Regencia de Estella se otorgaba la misión de reemplazar el vacío que, según ellos, dejaba la pérdida de la legitimidad de ejercicio por parte de don Javier, provocada por su inoperancia en una primera fase y, más recientemente, por su política colaboracionista con el régimen de Franco. La Regencia de Estella, apartándose de don Javier, se proclamaba depositaria de los derechos de la dinastía legítima. Sivatte puede ser caracterizado como un ferviente antifranquista y anticolaboracionista. Su movimiento, que recibió un apoyo minoritario aunque en absoluto menospreciable por parte de los carlistas, tuvo que soportar los rigores de la persecución oficial. A pesar de un

El barón de Eroles, jefe del «Ejército de la Fe» en Cataluña (1822-1823), miembro de la Regencia de Urgel y autor de un importante manifiesto realista.

Carlos María Isidro de Borbón, hermano de Fernando VII y su heredero hasta 1830, fundador de la dinastía carlista. Por Vicente López. (© Archivo Arlanza.)

Grabado del rey Fernando VII otorgando poderes de Gobierno a su esposa María Cristina durante su enfermedad, 1832. (© Archivo Arlanza.)

Detención en masa en Madrid de sospechosos de ser carlistas en 1832. (© Oronoz fotógrafos.)

Reclutamiento de voluntarios para la sublevación carlista en una venta rural. (© Oronoz fotógrafos.)

Grabado satírico representando a los frailes sublevados por la religión y don Carlos. (© Archivo Arlanza.)

Estampa popular de mediados del siglo XIX. Un mercado en Bilbao. Grabado de V. Bécquer. (© Archivo Arlanza.)

Retrato del general en jefe carlista Tomás de Zumalacárregui.
(© Archivo Arlanza.)

Zumalacárregui es conducido a la retaguardia por sus soldados tras ser herido en el sitio de Bilbao. Dibujo de Vallejo. (© Archivo Arlanza.)

Don Carlos María Isidro pasa revista a sus tropas en Amurrio. (© Archivo Arlanza.)

El general Baldomero Espartero, principal artífice de la conclusión de la guerra carlista de 1833: primero en el Norte y luego en Cataluña. Retrato de Casado del Alisal. (© Archivo Arlanza.)

Grabado glorificando a Espartero en un ataque a los carlistas. (© Archivo Arlanza.)

Escena de la batalla de Oriamendi, marzo de 1837. Fue un gran triunfo carlista. (© Archivo Arlanza.)

Ramón Cabrera, el caudillo y jefe del ejército carlista en Aragón y Levante durante la primera guerra. (© Archivo Arlanza.)

Fusilamiento por los carlistas de una joven acusada de espionaje para los liberales.
(© Archivo Arlanza.)

El general Rafael Maroto, que ascendió hasta la jefatura del ejército carlista en el Norte después de 1837.
(© Archivo Arlanza.)

Representación del fusilamiento de la madre de Ramón Cabrera como represalia ordenada por el general liberal Nogueras. (© Archivo Arlanza.)

Estampa que muestra la conducción de un convoy militar en la guerra de 1833.
(© Archivo Arlanza.)

Alegoría del abrazo de Vergara, es decir, el Convenio por el que se ponía fin a la guerra en el Norte en 1839. (© Archivo Arlanza.)

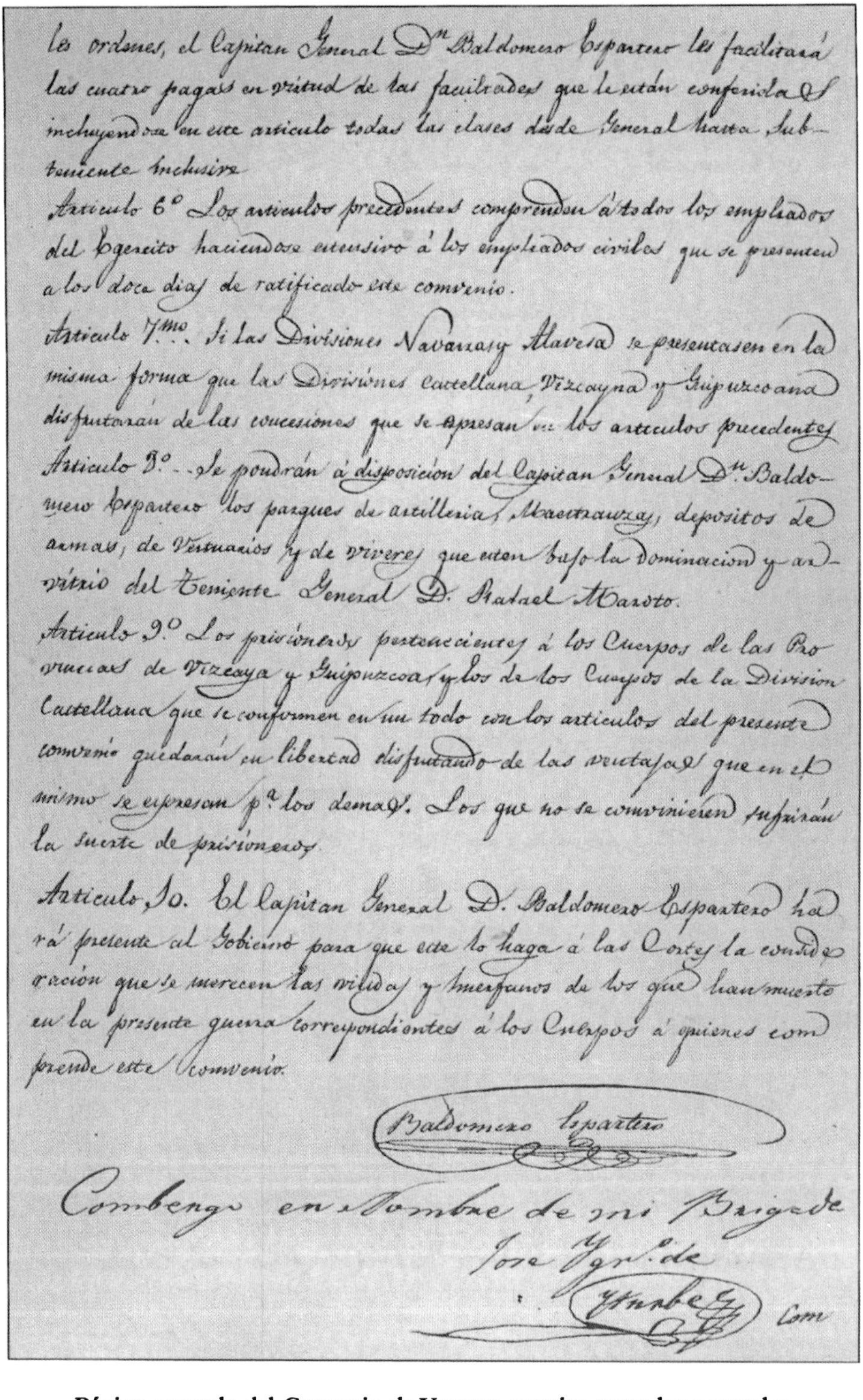
los ordenes, el Capitan General Dn Baldomero Espartero les facilitará
las cuatro pagas en virtud de las facultades que le están conferidas
incluyendose en este articulo todas las clases desde General hasta Sub-
teniente inclusive
Articulo 6º Los articulos precedentes comprenden á todos los empleados
del Egercito haciendose extensivo á los empleados civiles que se presenten
a los doce dias de ratificado este convenio.
Articulo 7mo. Si las Divisiones Navarra y Alavesa se presentasen en la
misma forma que las Divisiones Castellana, Vizcayna y Guipuzcoana
disfrutarán de las concesiones que se espresan en los articulos precedentes
Articulo 8º. Se pondrán á disposicion del Capitan General Dn Baldo-
mero Espartero los parques de artilleria, Maestranzas, depositos de
armas, de Vestuarios y de viveres que esten bajo la dominacion y ar-
vitrio del Teniente General D. Rafael Maroto.
Articulo 9º Los prisioneros pertenecientes á los Cuerpos de las Pro-
vincias de Vizcaya y Guipuzcoa, y los de los Cuerpos de la Division
Castellana que se conformen en un todo con los articulos del presente
convenio quedarán en libertad disfrutando de las ventajas que en el
mismo se expresan pª los demas. Los que no se convinieren sufrirán
la suerte de prisioneros.
Articulo 10. El Capitan General D. Baldomero Espartero ha-
rá presente al Gobierno para que este lo haga á las Cortes la conside-
racion que se merecen las viudas y huerfanos de los que han muerto
en la presente guerra correspondientes á los Cuerpos á quienes com-
prende este convenio.

Baldomero Espartero

Combengo en nombre de mi Brigada
Jose Ygnº de
Yturbe
Com

Página segunda del Convenio de Vergara suscrito entre los generales Espartero y Maroto en 1839. Maroto no llegó a poner su firma en el acuerdo, pero sí la mayoría de los jefes carlistas del Norte. (© Archivo Arlanza.)

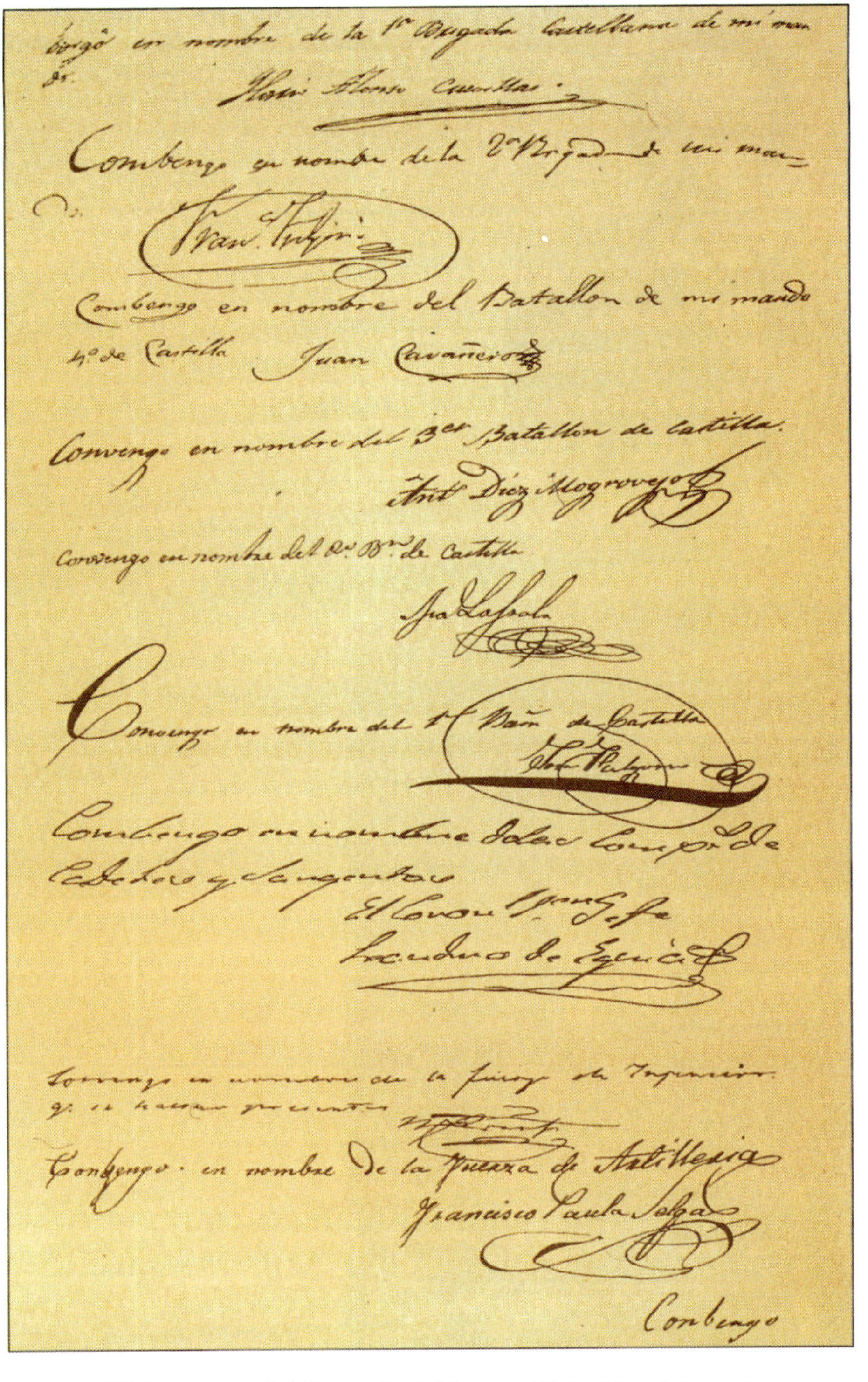
birgó en nombre de la 1ª Brigada Castellana de mi man-
do.
[illegible]

Combengo en nombre de la 2ª Brigada de mi man-
do.
[illegible]

Combengo en nombre del Batallon de mi mando
4º de Castilla Juan Cavañero

Convengo en nombre del 3er Batallon de Castilla.
Antº Díez Mogrovejo

Convengo en nombre del 2º Bn. de Castilla
[illegible]

Convengo en nombre del 1er Bón de Castilla
[illegible]

Combengo en nombre de las compªs de Cadetes y Sargentos
El Coronel [illegible] Gefe
[illegible] de Eguía

Convengo en nombre de la fuerza de Ynfanteria
q. se hallan presentes
[illegible]

Convengo en nombre de la fuerza de Artilleria
Francisco Paula [illegible]

Combengo

Página tercera del Convenio de Vergara. (© Archivo Arlanza.)

Uno de los escasos retratos conocidos de Carlos Luis de Borbón y Braganza, conde de Montemolín, hijo y heredero de don Carlos María Isidro, el Carlos VI de los carlistas.

Carlos de Borbón y Austria-Este, Carlos VII para los carlistas, en un retrato oficial realizado en su madurez. (© Archivo Arlanza.)

Caricatura del periódico satírico *La Flaca* en la que los clérigos pasan a los carlistas el dinero que reciben del presupuesto de Culto y Clero, 1869. (© Archivo Arlanza.)

Otra sátira sobre la connivencia del clero con el carlismo en la época de la segunda guerra carlista. (© Archivo Arlanza.)

Grabado de Carlos VII entre sus tropas en 1875. (© Archivo Arlanza.)

Doña María de las Nieves de Braganza, esposa de Alfonso de Borbón, hermano de Carlos VII, que se convirtió en figura mítica haciendo la guerra en España junto a su marido. (© Archivo Arlanza.)

Rafael Tristany, conde de Avinyó, uno de los principales caudillos carlistas de Cataluña en la segunda guerra y jefe del ejército carlista del Principado. (© Archivo Arlanza.)

Carlos VII junto a los componentes de su Estado Mayor. (© Oronoz fotógrafos.)

Carlos VII en una foto oficial en Estella, rodeado de su guardia y personajes civiles del Estado carlista. (© Oronoz fotógrafos.)

La célebre partida del cura Santa Cruz, al que se ve sentado a la izquierda, rodeado de sus más allegados. (© Archivo Arlanza.)

Escena de la segunda guerra con un jefe carlista dando instrucciones para el combate. (© Archivo Arlanza.)

Tropas carlistas acompañan a clérigos en un traslado durante la segunda guerra. (© Archivo Arlanza.)

Carlos VII rodeado de generales y oficiales de su ejército en una foto tomada cerca del campo de batalla. (© Archivo Arlanza.)

Típica pintura de guerra, por Enrique Esteban. Escena de una batalla en la segunda guerra. (© Archivo Arlanza.)

Una de las pocas imágenes conocidas de Ramón Nocedal, prácticamente fundador del integrismo con su rebelión de 1888 frente a la ortodoxia carlista.

Retrato de Antonio Pirala y Criado, seguramente el historiador que mejor conoció el carlismo en el siglo XIX y autor de obras fundamentales sobre el tema. Fue académico de la Historia. (© Archivo Arlanza.)

Don Jaime de Borbón, hijo y heredero de Carlos VII, conocido como Jaime III desde 1909. (© Archivo Arlanza.)

Juan Vázquez de Mella, principal ideólogo del tradicionalismo en el siglo XX. Murió en 1928. (© Archivo Arlanza.)

Alfonso Carlos de Borbón y Austria-Este, hermano menor de Carlos VII y sucesor de su sobrino Jaime III al morir éste sin sucesión. Fue el último pretendiente de la rama directa de don Carlos María Isidro de Borbón. Murió en 1936. (© Archivo Arlanza.)

Manuel Fal Conde, secretario general de la Comunión Tradicionalista desde 1934 y político fundamental en el carlismo de los años treinta. Llevó el carlismo a la sublevación de 1936. (© Archivo Arlanza.)

Francisco Javier de Borbón-Parma, nombrado regente por Alfonso Carlos de Borbón, que no tenía sucesión, en 1936. Foto con el uniforme del Requeté en 1937. (© Archivo Arlanza.)

Alegoría de Carlos Sáenz de Tejada representando la Unificación de 1937.
(© Archivo Arlanza.)

Una de las célebres alegorías de Sáenz de Tejada que aparecen en *Historia de la Cruzada española*. Ésta representa la Tradición: cuatro generaciones del Requeté. (© Archivo Arlanza.)

El general Mola pasa revista al tercio de Requetés de Pamplona el 19 de julio de 1936. (Foto cedida por J. Lizarza.)

Carlos Hugo de Borbón-Parma, hijo y sucesor de Francisco Javier de Borbón-Parma, en una concentración carlista –con niños vestidos como requetés– en Estella.

LA EVOLUCIÓN HISTÓRICA DEL CARLISMO

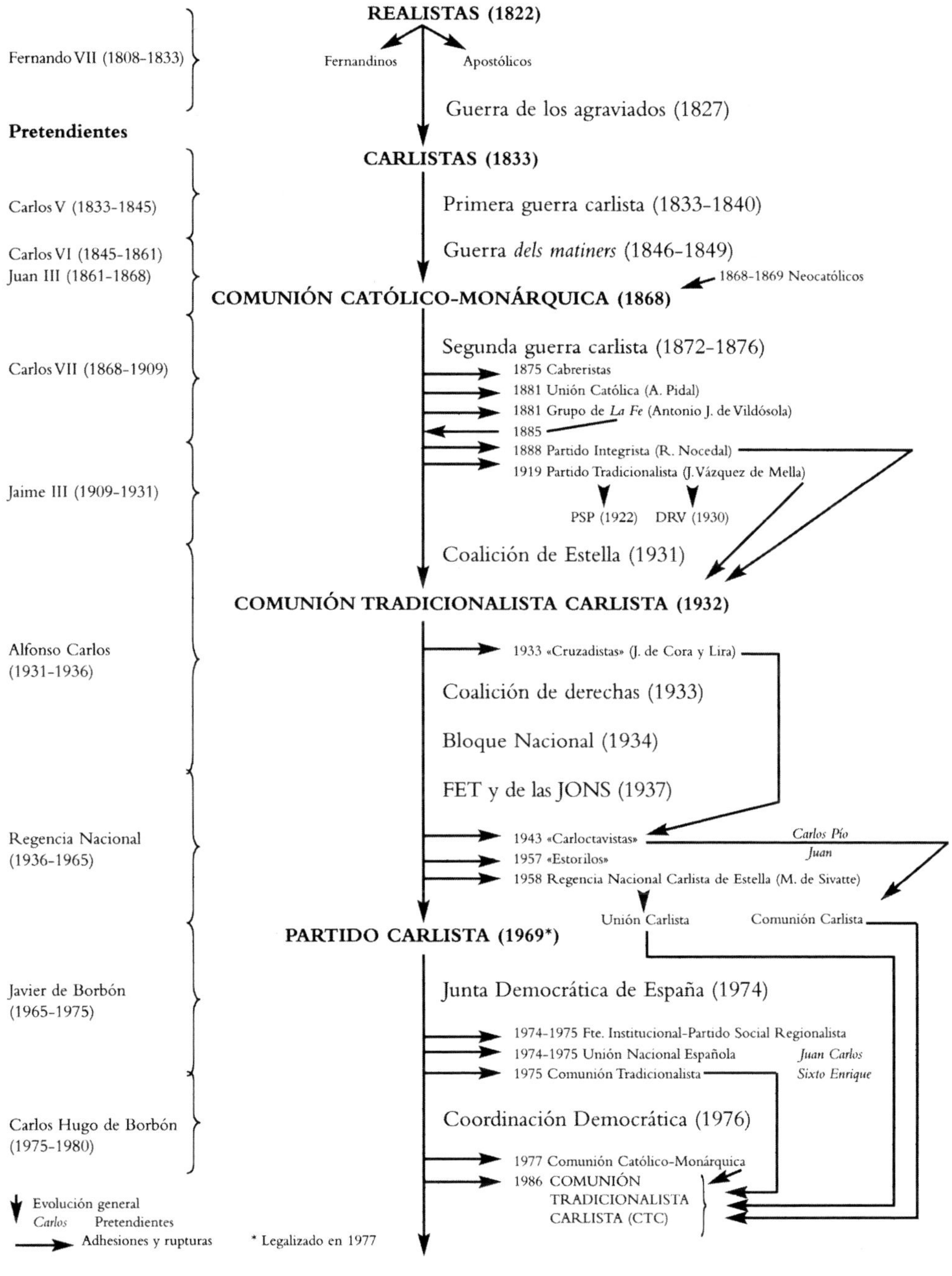

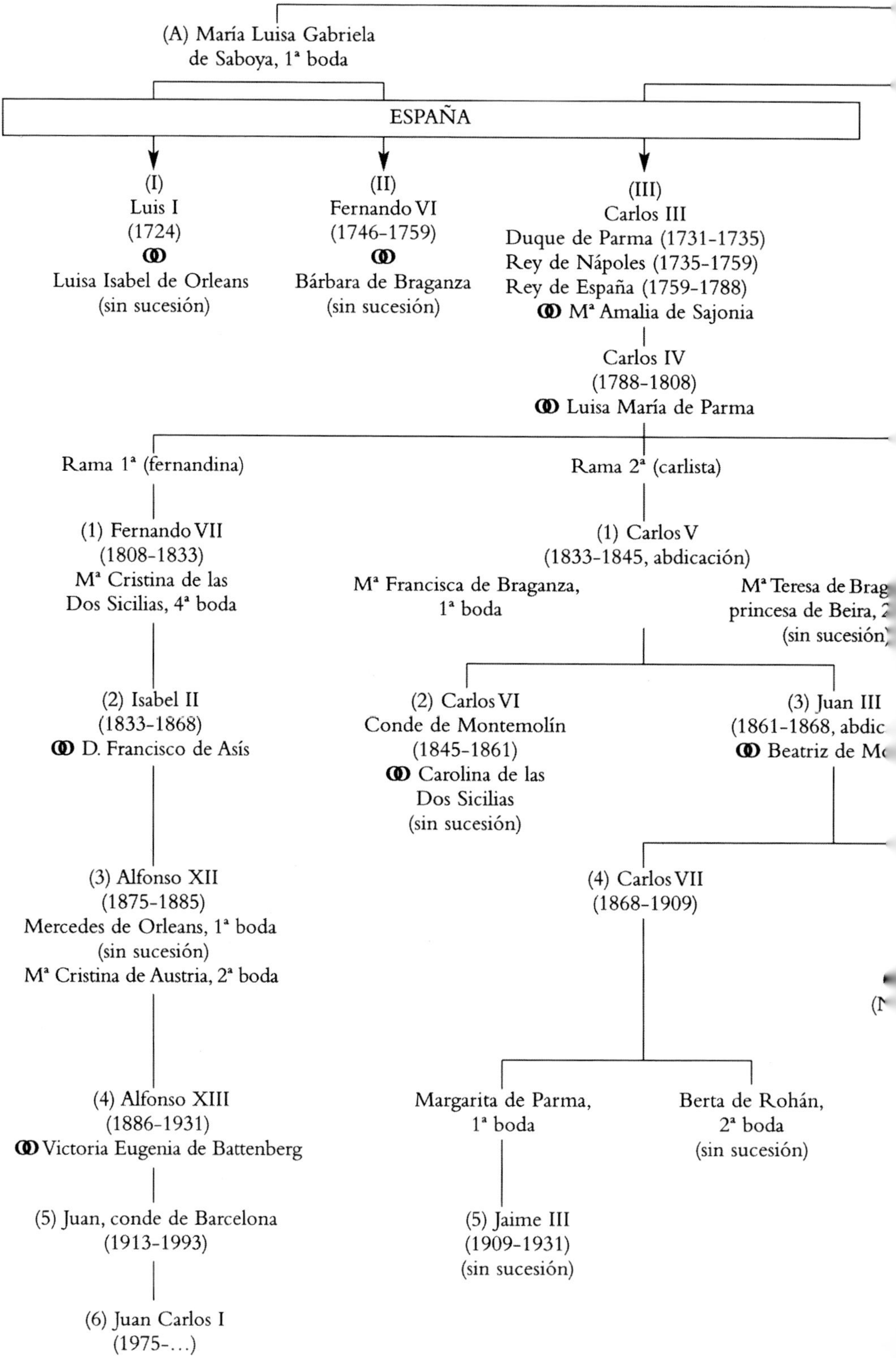

(A) María Luisa Gabriela de Saboya, 1ª boda
ESPAÑA
(I) Luis I (1724) ⚭ Luisa Isabel de Orleans (sin sucesión)
(II) Fernando VI (1746-1759) ⚭ Bárbara de Braganza (sin sucesión)
(III) Carlos III
Duque de Parma (1731-1735)
Rey de Nápoles (1735-1759)
Rey de España (1759-1788)
⚭ Mª Amalia de Sajonia
Carlos IV (1788-1808) ⚭ Luisa María de Parma
Rama 1ª (fernandina)
Rama 2ª (carlista)
(1) Fernando VII (1808-1833) Mª Cristina de las Dos Sicilias, 4ª boda
(2) Isabel II (1833-1868) ⚭ D. Francisco de Asís
(3) Alfonso XII (1875-1885)
Mercedes de Orleans, 1ª boda (sin sucesión)
Mª Cristina de Austria, 2ª boda
(4) Alfonso XIII (1886-1931) ⚭ Victoria Eugenia de Battenberg
(5) Juan, conde de Barcelona (1913-1993)
(6) Juan Carlos I (1975-…)
(1) Carlos V (1833-1845, abdicación)
Mª Francisca de Braganza, 1ª boda
Mª Teresa de Brag
princesa de Beira,
(sin sucesión)
(2) Carlos VI Conde de Montemolín (1845-1861) ⚭ Carolina de las Dos Sicilias (sin sucesión)
(3) Juan III
(1861-1868, abdic
⚭ Beatriz de M
(4) Carlos VII (1868-1909)
Margarita de Parma, 1ª boda
Berta de Rohán, 2ª boda (sin sucesión)
(5) Jaime III (1909-1931) (sin sucesión)

importante intento de reingreso en el javierismo a mediados de los sesenta, la Regencia de Estella se mantuvo, sobre todo en Cataluña, y siguió considerándose como la verdadera representación del carlismo, distanciada tanto del franquismo como de la trayectoria impulsada por el carloshuguismo, que la nutrió de algunos nuevos seguidores.

Carlismo socialista contra carlismo tradicionalista

Los años sesenta constituyen un momento clave en la historia más reciente del carlismo. Este movimiento evidenciaría una gran capacidad de convocatoria, muestra de la cual fueron los diferentes actos de Montejurra de esta década, que reunían a decenas de miles de personas en torno a los miembros de la familia Borbón Parma. En los sesenta se produjo la entrada en este movimiento de una nueva generación que no había vivido la guerra civil. Se dieron las condiciones ambientales y de contexto propicias —renovación generacional, autoritarismo oficial y, en especial, el concilio Vaticano II y sus derivaciones— para un replanteamiento ideológico o, mejor dicho, para una relectura en clave populista, no intransigente y antiautoritaria, de la herencia y el ideario carlistas. Esta relectura conllevó, además de un descenso progresivo de la tolerancia del régimen hacia las manifestaciones y actos carlistas, toda una serie de disputas internas y procesos escisionistas, que marcaron profundamente la década. El debate entre relectura ideológica e inmovilismo se combinó con las ambigüedades estratégicas que mostró el carlismo en su afán de no perder el tren de la sucesión de Franco. Una vez apeado de ella, el carlismo no haría más que profundizar en la relectura.

Entre los años 1965, que empezó con el acto de Puchheim que remataba el de Barcelona de 1952 con la terminación oficial de la regencia, y 1968 se registraron numerosos cambios en la estructura de la Comunión Tradicionalista, así como entre las personas que detentaban cargos. Se trataba de una consecuencia lógica del tenso ambiente que se respiraba. En abril de 1965 fue disuelta la secretaría nacional y una parte de las comisiones anteriormente formadas y algunos dirigentes fueron destituidos. Se creó una Junta de Gobierno en tanto que órgano supremo de dirección, integrada por doce miembros, entre los cuales figuraban el jefe delegado y el secretario técnico de la Junta de Gobierno, un cargo de nueva creación que recayó en José María de Zavala. Con esta reorganización Valiente perdió peso. Su declive sería paralelo al ascenso de Zavala, en un pulso que personalizaba la pugna entre colaboración y posibilismo, de una parte, y evolucionismo y oposición de la otra, en la que el carlismo de aquellos momentos estaba inmerso. En enero de 1968 se destituyó a Valiente, dándose por finalizada una fase colaboracionista que había aportado al carlismo mediocres resultados, y se le sustituyó por una Junta Suprema, con carácter de jefatura delegada colegiada, presidida por Juan José Palomino. La Comunión iba repensándose poco a poco como partido político. El esquema que la organización presentaba en 1968 estaba encabezado por el rey y un Consejo real, por debajo de los cuales se encontraban las dos principales instancias de gobierno: la Junta Suprema y la secretaría general. Zavala ocupaba desde 1966 la secretaría, de la que dependían cinco delegaciones regias y las jefaturas regionales. Las diferentes instancias desarrollaron una notable actividad, con múltiples reuniones y asambleas en las que, además de intentar consolidar estructural e ideológicamente la Comunión, se adoptó una línea de actuación que sustentaba una «política dura» contra el régimen.

La familia Borbón Parma fue expulsada de España a finales de 1968. Primero le tocó el turno a Carlos Hugo y después a don Javier y a sus hijas María Teresa y María de las Nieves. Ni las muestras de protesta de sus seguidores ni las interpelaciones de los cuatro procuradores carlistas en Cortes al Gobierno sirvieron de nada. Empezaba para ellos una etapa de vida en el exilio. El acto político del monasterio riojano de Valvanera, celebrado el 15 de diciembre, en el que don Javier reconoció la personalidad propia de esta región y su hijo vertió críticas a la política sucesoria del régimen, justificó y precipitó la decisión gubernamental. Sin embargo, las causas de la expulsión eran de más calibre: el giro izquierdista y antifranquista que evidenciaba el carlismo y los nuevos planes de Franco en el terreno de su sucesión, que ya no precisaban ambigüedades alentadoras de falsas esperanzas dinásticas. El inminente nombramiento de don Juan Carlos como sucesor de Franco, que se produciría en julio de 1969, no era, en este sentido, secundario.

En los años 1968 y 1969 la estrategia consistente en bascular entre la oposición y el colaboracionismo con el régimen, utilizada por el carlismo desde mediados de los cincuenta, fue aparcada de manera brusca. Esta ruptura fue propiciada por la expulsión de España de los Borbón Parma y la designación de don Juan Carlos como sucesor de Franco. A partir de entonces se dieron pasos agigantados en lo que en la época los propios carlistas designaron como su «clarificación» ideológica, que desembocó en la formulación de un carlismo socialista autogestionario. Se había roto definitivamente con el franquismo. El pretendiente Javier siguió cediendo responsabilidades a su hijo Carlos Hugo en la marcha del carlismo, del que le confió el gobierno, en febrero de 1972 a causa de un grave accidente de tráfico. En mayo del año siguiente ratificaba esta delegación. Entre finales de la década de los sesenta y 1972, a través de asambleas en la base del movimiento y los congresos de Arbonne —los Congresos del Pueblo Carlista—, el carlismo formuló las bases de su revisión ideológica. El Partido Carlista (PC), denominación recuperada a finales de los años sesenta para sustituir la de Comunión Tradicionalista, planteó una alternativa global basada en la autogestión: en lo ideológico y en la dinámica política, a partir de los partidos populares y de masas; a nivel económico y social, a través de la empresa y el sindicato y el control de la planificación, y, finalmente, en lo territorial, es decir, de las comunidades locales y regionales dentro de los países y pueblos que formaban parte de un Estado federal, España. El PC se convirtió, así pues, bajo el liderazgo de Carlos Hugo y una dirección en el interior encabezada por José María de Zavala, en un partido socialista, autogestionario y federal. La imprecisión y la maleabilidad de las bases del ideario carlista permitían una reelaboración ideológica —no era la primera vez en la historia que esto ocurría— forzando en un sentido progresista los componentes del lema Dios-Patria-Rey (y Fueros).

La opción progresista y abiertamente antifranquista apeó a numerosos dirigentes y militantes. Desde mediados de los sesenta se conformó en el seno del carlismo una corriente tradicionalista e integrista, enfrentada con las nuevas directrices y orientaciones, que se iría desvinculando poco a poco de la formación. Esta corriente se articulaba en torno a personajes como el pensador tradicionalista Francisco Elías de Tejada, Miguel Fagoaga, Raimundo de Miguel o José Arturo Márquez de Prado, uno de los afectados por las destituciones de 1965, y a entidades como el Círculo Nacional Vázquez de Mella, el Círculo Aparisi y Guijarro o el activo Centro de Estudios Históricos y Políticos «General Zumalacárregui». En 1972 Ramón Forcadell reorganizó la Hermandad del Maestrazgo, que había fundado diez años antes, y creó la revista *Maestrazgo*. En los años postreros del franquismo, en definitiva, junto a un carlismo definido como socialista, hallamos un puzzle complejo de personalidades y grupúsculos de orientación tradicionalista, que iba desde los seguidores de la Regencia de Estella hasta los más acérrimos defensores del colaboracionismo con el franquismo, pasando por aquellos que seguían más o menos fieles a don Javier como esperanza de freno a la deriva carloshuguista.

En la década de los sesenta hicieron también su aparición los Grupos de Acción Carlista (GAC), núcleo de jóvenes que optaron por fórmulas guerrilleras ante lo que consideraban una demasiado tibia evolución del partido hacia el socialismo. En 1970 atentaron con bomba contra la imprenta de *El Pensamiento Navarro,* y en 1971 asaltaron las instalaciones de Radio Requeté de Pamplona. Los GAC contribuyeron a aumentar la tensión y a intensificar el proceso represivo contra el carlismo. En 1972, tras el III Congreso del PC y la clara adopción de la línea socialista autogestionaria, se diluyeron en la formación política. El fenómeno de los GAC fue excepcional y minoritario. Para impulsar e imponer la línea socialista autogestionaria el Partido Carlista se valió de otros medios, pacíficos y más eficaces. A las asambleas y, en especial, a los tres congresos celebrados en Arbonne, entre 1970 y 1972, debe añadirse la organización de cursillos políticos dirigidos sobre todo a los cuadros. El PC integraba a todos los partidos carlistas regionales, cuyos representantes formaban parte del Consejo Federal de dirección, presidido por Carlos Hugo y que contaba con Zavala en la secretaría general. La militancia desarrolló una gran actividad en los años setenta. A fin de estar presente en los distintos ámbitos de la sociedad, el PC desplegó la política de frentes de lucha, con los frentes obrero, estudiantil, de barrios, profesional y campesino.

La prensa desarrolló un papel fundamental, tanto en la evolución del carlismo en los sesenta como en la lucha política posterior. La revista *Montejurra* fue la más importante del carlismo crepuscular. Los dirigentes del partido intentaron ofrecer al público un amplio conjunto de publicaciones doctrinales, en especial en los años del posfranquismo. Para facilitar la labor de «clarificación» y difusión ideológica se crearon asimismo las ediciones del grupo SUCCUM y, más adelante, la editorial EASA. La evolución y las reformulaciones políticas e ideológicas que el viraje carloshuguista supuso para el carlismo comportaron una reescritura de la propia historia, realizada por miembros del partido y destinada a explicar y legitimar la evolución seguida. Los principales representantes de la historiografía neocarlista fueron Josep Carles Clemente y Evarist Olcina. La historia del carlismo pasó a convertirse en sus plumas en la de un movimiento popular, progresista y autonomista, en continuo enfrentamiento con el liberalismo y el capitalismo, por una parte, y de otra con todos los reaccionarios —desde el absolutismo hasta el integrismo— que querían usar su potencial en beneficio propio.

En abril de 1975 don Javier abdicó en su hijo primogénito Carlos Hugo —el anciano pretendiente falleció en mayo de 1977— que, de hecho, de un tiempo a aquella parte guiaba ya los rumbos de la formación flanqueado por sus hermanas y un equipo de fieles colaboradores. Los contactos entre la dinastía y los carlistas seguían teniendo en el encuentro anual de Montejurra el momento decisivo. A la muerte de Franco, en noviembre de 1975, el Partido Carlista llevaba ya bastantes meses —desde el III Congreso y más claramente aún a partir de Montejurra-73— formando parte de los organismos unitarios de la oposición antifranquista. En la segunda mitad de 1974 el PC se incorporó a la Junta Democrática de España, de la que el Partido Comunista formaba parte, abandonándola a principios de febrero del año siguiente; poco después se sumó a la Plataforma de Convergencia Democrática, que terminaría por fusionarse con la Junta Democrática en 1976 en Coordinación Democrática, la Platajunta. Carlos Hugo de Borbón Parma se trasladó a España en marzo de 1976, pero no fue autorizado a quedarse. No fue el único escollo que hubo que salvar. Los impedimentos interpuestos al reconocimiento de la nacionalidad española de los Borbón Parma, así como los continuos enfrentamientos entre núcleos que se reclamaban herederos únicos y verdaderos del carlismo, actuaron también como frenos a la consolidación del Partido Carlista.

El decidido alineamiento de los seguidores de Carlos Hugo en las filas de la oposición antifranquista provocó la ruptura definitiva con los sectores tradicionalistas. La abdicación de don Javier en su hijo, a quien responsabilizaban del estado de las cosas en el carlismo, fue la gota que colmó el vaso. Un grupo de personalidades tradicionalistas, encabezados por Raimundo de Miguel, rompieron con el nuevo pretendiente en julio de 1975 y reactivaron la Comunión Tradicionalista. No todos los carlistas tradicionalistas se integraron sin embargo en la nueva formación. Los carlistas intransigentes de la Regencia de Estella, los octavistas o bien núcleos estructurados en torno a personajes como Elías de Tejada prosiguieron en su modesta existencia más o menos independiente. Estos grupos no completan, ni mucho menos, el abanico de opciones que se reclamaban herederas del carlismo histórico en su vertiente tradicionalista. Restan aquellos más vinculados al franquismo: la Unión Nacional Española (UNE), promovida en 1974-1975 por Antonio M. de Oriol, José Luis Zamanillo, Valiente y Fagoaga; o el Frente Institucional, creado en 1974 por Forcadell y Lucas María de Oriol a partir de las Hermandades del Maestrazgo. A estos núcleos debe añadirse la Hermandad Nacional de Antiguos Combatientes de Tercios de Requetés, que formaba parte de la Confederación Nacional de Excombatientes. Una parte de los ex combatientes requetés, no obstante, con el marqués de Marchelina al frente, permanecieron vinculados al partido de Carlos Hugo pese a la ilegalización que sufrieron en 1971.

La Comunión Tradicionalista y, con ella, la tradicionalista Hermandad de Excombatientes, volcaron su atención en el hermano pequeño de Carlos Hugo, Sixto Enrique, de reconocido talante ultraderechista. Uno de los principales miembros del primer grupo, Márquez de Prado *(Pepe Arturo)*, había propiciado en los años sesenta el ingreso de Sixto Enrique en la Legión y terminó convirtiéndose en su hombre de confianza en España. Las declaraciones en favor de la pureza ideológica del carlismo y contra el PC provocaron que la Junta de Gobierno de este partido anunciase en noviembre de 1975 que Sixto Enrique había sido separado del carlismo. El menor de los Borbón Parma se convertiría en una pieza clave, especialmente a nivel simbólico, en la operación Reconquista, que tenía como objetivo arrebatar el protagonismo en Montejurra a los carloshuguistas. *El Alcázar* y *El Pensamiento Navarro* publicaron en los días que precedieron el acto del 9 de mayo de 1976 numerosos llamamientos a la «reconquista» de la montaña.

El balance trágico de los enfrentamientos violentos en Montejurra-76 fue de dos muertos (Aniano Jiménez Santos y Ricardo García Pellejero) y numerosos heridos entre los carlistas progresistas, producto de los enfrentamientos que ocurrieron en la explanada frente al monasterio de Irache y durante la ascensión del Vía crucis a la cima. A ella se sumó Carlos Hugo, que había entrado de manera clandestina en España. Los numerosos efectivos policiales no intervinieron en ningún momento ante las agresiones de un heterogéneo grupo «sixtista» conformado por miembros de Comunión Tradicionalista, Hermandad de Excombatientes, UNE y Fuerza Nueva, y de pistoleros de las ultraderechas española, italiana, francesa y argentina. El revuelo provocado por los hechos forzó la detención de algunos de los implicados; Sixto Enrique, por su parte, salió del país con premura. Los sucesos del 9 de mayo de 1976 deben ser inscritos en tres dinámicas convergentes: el proceso de enfrentamiento creciente entre los carlismos, agravado durante el año 1975, que facilitaría la instrumentalización de los contendientes; la impunidad de la extrema derecha durante el gobierno de Carlos Arias Navarro y, finalmente, los altos intereses del Estado por acabar con todo posible estorbo a la consolidación de la monarquía de Juan Carlos I. Los carlistas tradicionalistas, jaleados por el búnker franquista, con una generosa financiación, ayudados por pistoleros fascistas y contando con la protección gubernamental, se verían totalmente sobrepasados por las implicaciones de su acción.

El Partido Carlista no pudo participar en las primeras elecciones de la nueva era democrática, en junio de 1977, ya que aún no había sido legalizado. Lo fue unas semanas después, y a finales de 1977 Carlos Hugo fue autorizado a entrar en España. En 1979 el PC sí concurrió a las elecciones legislativas, obteniendo en total 50.513 votos. Por provincias, destacaba Navarra —en algunas poblaciones fue la primera fuerza— seguida de Guipúzcoa, Barcelona y Valencia. A pesar de estos resultados parciales, tampoco en Navarra, la circunscripción en la que el PC jugaba buena parte de sus cartas con la candidatura de Carlos Hugo de Borbón Parma, se consiguió ni un solo escaño. A raíz del fracaso electoral de marzo de 1979 se sucedieron en el seno del PC una espiral de dimisiones, que empezó en mayo con la del secretario general José María de Zavala para proseguir el mes siguiente con la de todo su equipo y tuvo su colofón en noviembre con la renuncia a la presidencia de Carlos Hugo. Tras causar baja en el Partido Carlista en abril de 1980 y tras su divorcio de Irene de Holanda al año siguiente, Carlos Hugo se instaló en Estados Unidos. Pese a que el PC procediese con premura a la recomposición de su cúpula dirigente, los sucesos de 1979-1980 lo habían herido de muerte.

Las razones que explican el hundimiento del proyecto son múltiples y variadas. Algunas de tipo interno, como las disputas que agitaron el movimiento carlista durante los años setenta, las dificultades que el nuevo carlismo tuvo para superar una imagen y una memoria que lo seguían vinculando a los vencedores de la guerra civil y a una larga trayectoria contrarrevolucionaria, las limitaciones estratégicas y programáticas de los dirigentes del partido y, asimismo, el proceso creciente de desmovilización de sus seguidores. Otras, en cambio, son externas: los fuertes intereses opuestos a la consolidación del carlismo; la progresiva indisociabilidad trabada en la transición española entre monarquía juancarlista y consolidación de la democracia, y, por último, el difícil encaje del PC en un panorama en el que otros partidos sin tanto lastre histórico y más prestigio resistencialista ocupaban ya los espacios socialista o nacionalista.

¿Final de etapa o fin de una historia?

El fracaso en la cita electoral de marzo de 1979 y el proceso consiguiente de descomposición que vivió el Partido Carlista lo abocaron, con la relativa excepción de los territorios vascos y navarro, a una existencia casi testimonial. La década de los ochenta fue muy crítica, añadiéndose a la desorientación y las pérdidas de apoyos y militantes una deuda considerable. La antigua militancia se diseminó. Mientras que la mayoría optó por el retraimiento, ya fuese por cansancio, por desconcierto o por frustración, otros permanecieron en el partido o se integraron en alguna de las demás formaciones políticas. La profunda crisis vivida por el PC no iba a significar, sin embargo, su desaparición. Constituyó, más bien, su total y definitiva marginalización. Un partido testimonial, así pues, que ha mantenido una mínima estructura organizativa, participando esporádicamente en convocatorias electorales; que dispone de algunos boletines informativos y que continúa celebrando, aún hoy, su tradicional encuentro anual en Montejurra (en 2001 se celebró, en concreto, el veinticinco aniversario del Montejurra-76).

El proceso de conformación del proyecto carloshuguista provocó el desgajamiento de núcleos y personalidades que lo juzgaban incompatible con el propio carlismo, considerado por definición tradicionalista. Mientras el Partido Carlista se preparaba para la pugna política en el nuevo marco democrático, la transición pilló a contrapié a los diferentes grupúsculos tradicionalistas. Siempre que tuvieron alguna oportunidad, no obstante, intentaron hacer oír sus voces. Unos años después, RENACE crearía para actuar en la legalidad la Unión Carlista. El carlismo tradicionalista intentó asegurar su presencia valiéndose de los medios editoriales que poseía, en especial la Editorial Católica Española. Coincidiendo con la conmemoración del ciento cincuenta aniversario del inicio de la primera carlistada se dieron los primeros pasos en la convergencia de los grupos carlistas tradicionalistas. Los trabajos de la Comisión Promotora de la Unidad, creada a este efecto en 1983, culminaron en mayo de 1986 en El Escorial en el Congreso para la Unidad Carlista, que supuso la reconstitución de la Comunión Tradicionalista Carlista (CTC). En la renovada formación confluyeron la Unión Carlista, la Comunión Tradicionalista, la Comunión Católico-Monárquica —un grupo creado a finales de 1977 e inicialmente impulsado por Elías de Tejada— y los restos del carloctavismo, integrados en Comunión Carlista, así como algunas personalidades más o menos independientes y algunos tránsfugas del último carloshuguismo.

La CTC ha invertido desde su refundación notables esfuerzos en el apuntalamiento de su estructura organizativa, en renovar sus cuadros, en fijar su doctrina y, asimismo, en la multiplicación de sus actividades. La consolidación de las Juntas Regionales se ha visto acompañada por la creación de algunos nuevos círculos tradicionalistas, de vida generalmente precaria. La CTC convirtió el boletín *Acción Carlista* en su órgano oficial. Unos años después, en enero de 1994, veía la luz la revista *Ahora-información,* convirtiéndose hasta nuestros días en la principal publicación del ámbito tradicionalista en España. Los tradicionales encuentros —Isusquiza, Montserrat, Quintillo, Haro, Pastoriza, Cerro de los Ángeles— han sido retomados y las festividades del particular calendario carlista son objeto de celebraciones. El desarrollo de la estructura en el terreno de la juventud se ha hecho en especial a través de la Asociación Juvenil Cruz de Borgoña, que prepara campamentos de verano, jornadas de convivencia, viajes, actividades recreativas, cursillos y conferencias. Esta revitalización del carlismo tradicionalista resulta inseparable de una ofensiva en el terreno de la historia. De ello se ha ocupado la llamada historiografía neotradicionalista, cuya principal tribuna es la revista *Aportes*. Las actividades culturales, otorgando a esta calificación un arco amplísimo, centran la vida del carlismo tradicionalista, más pendiente de la defensa de una manera de entender la vida, de raíces profundamente católicas y nacionalistas españolas, que de una parcela en el escenario de los partidos políticos. La CTC se convirtió en una especie de ente nuclear que integraba grupos y siglas, al mismo tiempo que otros grupos se alineaban en su órbita.

Hoy, sin embargo, en la CTC ya no están todos los que estaban en 1986. Mientras que Comunión Tradicionalista y Unión Carlista siguen constituyendo su base, Comunión Católico-Monárquica, en cambio, que mudaría su nombre por el de Tradición Española en junio de 1986, se alejó al cabo de poco tiempo de la organización, sin cortar totalmente las relaciones. Se han apartado también del núcleo central el minúsculo Círculo Cultural Vázquez de Mella de Gijón o el Círculo Carlista San Mateo de Madrid, creado tras la separación del partido del ex dirigente Francisco Javier Lizarza. La actividad de este último centro y de los grupos juveniles asociados es muy notable. Hoy, como ayer, las disputas intestinas siguen caracterizando, pese a la precariedad, el universo del carlismo. La reaparición en la escena política de Sixto Enrique de Borbón Parma a mediados de 2001 —en los años anteriores fueron su hermano, sus hermanas y sus sobrinos los que habían multiplicado su visibilidad, tanto en los ambientes del carlismo progresista como en los distinguidos salones y la prensa rosa—, dando a la luz un manifiesto y nombrando a Rafael Gambra como jefe de su secretaría política, ha creado nuevas divisiones en las filas del carlismo tradicionalista.

Tanto la Comunión Tradicionalista Carlista como el Partido Carlista concurrieron en 1994 a las elecciones del Parlamento europeo. Los primeros obtuvieron 5.226 votos, por 4.640 del PC, lo que representaba el 0,03 por 100 y el 0,02 por 100, respectivamente, del total español. Si bien las cifras de la adhesión carlista han sufrido una notabilísima evolución a la baja a lo largo del siglo XX, la geografía del carlismo, en cambio, ha variado muy poco. Navarra, País Vasco y Cataluña, La Rioja y Levante, sin olvidar los núcleos madrileño y sevillano, conforman el grueso de un reducido electorado carlista. Entre todas estas regiones, Navarra destaca tanto numéricamente como sobre todo a nivel porcentual: el PC obtuvo un 0,25 por 100 de los votos en Navarra —en 1989, como única candidatura carlista, un 0,54 por 100—, por un 0,21 por 100 de la CTC. Uno de cada 12 o 13 votantes del PC y uno de cada 9 de la CTC eran navarros en 1994. A pesar de todo, nos encontramos ante unas cifras que reflejan la marginalidad del carlismo en el mapa político de la España de este principio de siglo. Tanto el Partido Carlista como la Comunión Tradicionalista Carlista —y no digamos ya otras formaciones carlistas como el Partido Social Regionalista, heredero de la Hermandad Nacional del Maestrazgo— constituyen hoy, a comienzos del siglo XXI, dos esqueletos de partido. Estos grupos carlistas ocupan un espacio político marginal, además de fragmentado, en la España democrática. Lo cultural ha ocupado, a través de asociaciones, fundaciones, revistas, libros, foros y campañas, el terreno de la simple política. Tienen a sus espaldas, no obstante, una larga e importante historia, refugio seguro ante un difícil presente y un inciertísimo futuro.

Segunda Parte

Los hombres y las ideas

7. ¿Quiénes eran los carlistas?

EN general, los análisis sobre los apoyos sociales del carlismo han oscilado en torno a dos interpretaciones extremas. Por un lado, la defendida por las diversas ramas ideológicas del movimiento (que, por referirnos sólo a las más recientes, van desde la versión carlista del socialismo autogestionario al neocarlismo), que dan por sentada la adhesión mayoritaria de la población española a la causa legitimista, y la paralela carencia de un apoyo social no elitista al liberalismo. Por otro, la historiografía liberal clásica, que relegó el carlismo al rango de simple epifenómeno de la revolución; un movimiento reaccionario sin un auténtico arraigo de masas, cuyo componente popular sería producto de la miseria y de la ignorancia manipuladas por los ideólogos del carlismo, especialmente el clero. De ahí que un autor como Jaume Vicens lo definiera como «el movimiento armado del catolicismo español, intransigente frente a cualquier novedad espiritual», y como «la versión política de una espiritualidad tradicionalista, en un país económicamente pobre, técnicamente atrasado y socialmente conservador».

El análisis de la base social del carlismo nos proporciona un significativo ejemplo de la naturaleza multiforme y proteica de este fenómeno sociopolítico, peculiar por tantas razones, y tanto más excepcional cuando constatamos que, a diferencia de otros movimientos legitimistas europeos coetáneos, como el francés o el portugués, ha gozado de un apoyo social más o menos amplio y estable durante más de cien años, a pesar de su tendencia a la erosión con el paso del tiempo y de su concentración en determinadas zonas geográficas. Ya fuera como opción armada antiliberal a principios del ochocientos o como alternativa conservadora a partir del final de esa centuria, el carlismo ha gozado de mayor respaldo popular que cualquier otro partido conservador español a lo largo de ese siglo.

Los rasgos distintivos del carlismo sociológico

La minusvaloración del carácter popular del carlismo fue asumida sin gran dificultad por ciertas corrientes de análisis de tradición marxiana, que negaron la posibilidad de una colaboración libremente asumida por las capas bajas de la sociedad con una política deliberadamente reaccionaria. Pero el carlismo no fue, en modo alguno, y de forma unívoca, una protesta social subsidiaria, una opción política forzada por las circunstancias bélicas o una resistencia exclusiva de los antiguos grupos privilegiados, sino que poseyó múltiples raíces, populares o no, de suerte que en la contrarrevolución se expresaron de forma más o menos perfecta las reivindicaciones de todos los estratos sociales afectados por la construcción del régimen liberal. El carlismo no puede entenderse, por tanto, como una simple oleada de protesta popular, sino como la convergencia de prioridades e intereses propios de cada grupo social implicado.

En su origen, el carlismo pareció mostrar una caracterización social perfectamente definida. La mayoría de los autores habla de tres grupos básicos: jornaleros, pequeños campesinos y artesanos rurales y urbanos, especialmente afectados por los cambios socioeconómicos de las primeras décadas del siglo XIX. En los cuadros dirigentes se integró una amplia porción de pequeños propietarios rurales, junto con representantes de un ejército a la vez hipertrofiado por las guerras y conmocionado por las sucesivas depuraciones de la época fernandina, además de intelectuales antiilustrados, clérigos o no, cuya importancia en el seno del movimiento se incrementaría a lo largo del siglo.

Pero resulta inevitable que en su devenir histórico el carlismo sufriera mutaciones en la naturaleza y distribución geográfica de ese apoyo social. Sin embargo, los diversos niveles de desarrollo económico y el grado diferencial de implantación de las relaciones de producción capitalistas que experimentaron las diversas regiones del país no sirven para explicar de forma incontestable el nivel de adscripción política de la población a la causa carlista. Como señalan Martínez Dorado y Pan-Montojo, «la vivencia concreta de las mutaciones que erosionaron el Antiguo Régimen desde finales del siglo XVIII hasta 1833, no sólo dependió de su alcance, signo global y beneficiarios, sino de en qué medida afectaron a las relaciones sociales dentro de las comunidades rurales y modificaron las "economías morales" que les otorgaban sentido y límites».

Existen indudables problemas de partida a la hora de abordar, siquiera de forma tentativa, una sociografía del carlismo. El primero y más importante, como ha quedado dicho, es la heterogeneidad inicial y los cambios que experimentó su apoyo social en el tiempo. En las sublevaciones realistas del trienio y de los *malcontents* combatieron unidos campesinos y jornaleros junto con artesanos y clero rural y regular, pero también burócratas, militares, profesionales, algunos nobles, alto clero y colaboradores de Fernando VII, unidos por el común denominador de sentirse directamente afectados en sus intereses políticos, económicos, sociales e ideológicos por ese complejo proceso de transición hacia un régimen liberal, cuya destrucción fue el banderín de enganche de los diversos grupos, incapaces de diseñar un programa sociopolítico asumible por todos.

A partir de los años treinta ni el carlismo ni el liberalismo pueden ser identificados con una clase o con una alianza de clases determinada, sobre todo por la no adecuación de ese concepto sociológico para la España del primer ochocientos. El carlismo fue un movimiento de resistencia popular no expresada en fórmulas de autonomía de clase y de análisis de explotación económica, sino con un componente interclasista impregnado de principios teóricos propios del orden tradicional, como el rey y la religión.

El carlismo tampoco fue un fenómeno exclusivamente rural, un choque del campesinado con psicología social y formas de vida arcaicas, amenazado en sus fundamentos religiosos y en sus realizaciones jurídicas, contra el elemento urbano ilustrado y liberal. El que estuviese compuesto de forma mayoritaria por capas agrarias resultaba perfectamente coherente con la estructura social española del momento. Los apoyos del carlismo suelen ofrecer una imagen bastante fiel de la estructura ocupacional de las comarcas y regiones de procedencia, donde los núcleos urbanos (lugar de residencia habitual de la élite dirigente, ostensiblemente separada de las bases tanto desde el punto de vista social como del de los móviles ideológicos) se integraban con naturalidad en un espacio comunitario predominantemente rural.

En segundo lugar, el carlismo tuvo un impacto territorial muy desigual. Tras unos estallidos que afectaron a gran parte del territorio español, el carlismo se consolidó en determinadas regiones del norte y este peninsular. Se puede hablar de un «país carlista», centrado en Vasconia, Navarra, interior y sur de Cataluña, Bajo Aragón y comarcas del norte de Valencia, mientras que en el resto de España, donde los esfuerzos por consolidar la base territorial y administrativa de la rebelión resultaron baldíos, sólo pudo hablarse, en el mejor de los casos, de un «carlismo militar» bastante disperso y poco operativo. Contradiciendo en parte la tesis neocarlista de una España mayoritariamente favorable al pretendiente, el carlismo sólo tuvo el dominio efectivo de una zona muy reducida (alrededor de la décima parte de la Península), aunque ello no supone negar la existencia de un carlismo ideológico, pasivo o «geográfico», si bien su movilización resultó siempre harto problemática y llena de altibajos.

Para tratar de explicar esta peculiar geografía de la disidencia carlista se aducen causas estructurales, como su vinculación a las zonas del país sometidas a un cambio acelerado en sentido modernizador (entendido éste como el avance diferencial de los procesos de reestructuración de la propiedad agraria, la industrialización, la urbanización y la secularización), donde más intensamente se experimentó el cambio sociocultural y la aparición de nuevas clases sociales. Por ello, desde un punto de vista estrictamente socioeconómico, el carlismo aparece como una respuesta violenta a la amenaza de empobrecimiento que genera en ciertos sectores de la población una sociedad en cambio acelerado, no una reacción a la pobreza misma, y por ello no prendió en las zonas meridionales, con abrumadora mayoría de campesinado sin tierras.

Todo ello nos lleva a concluir que la pregunta esencial a la que debiera responder un análisis integral de los apoyos sociales del carlismo no es quiénes eran los partidarios del pretendiente sino por qué escogieron el apoyo a esa opción contrarrevolucionaria, incluso durante varias generaciones. No hay, naturalmente, una explicación sencilla a la cuestión, ya que no puede hablarse de un carlismo sino de varios que evolucionan de forma no concorde en función del contexto socioeconómico y la coyuntura histórica.

Jesús Millán advirtió que no se puede entender el carlismo desde una variable aislada, sino teniendo en cuenta las relaciones que se establecen entre la composición social, las aspiraciones específicas de los grupos implicados y la manera de traducirse en un lenguaje político concreto. El carlismo fue el lugar de encuentro de un conjunto de percepciones conservadoras, no necesariamente coincidentes, pero basadas en la defensa de unas situaciones que el reformismo liberal amenazaba con destruir. La diversidad de los puntos de partida explicaría el vacío en términos sociales del programa carlista, con una retórica fundamentalmente política, de tipo antiliberal y sin ningún compromiso explícito de cambio social radical.

En definitiva, para comprender cabalmente el carlismo es preciso ir más allá del terreno estrictamente político, ideológico y socioeconómico, y hacer intervenir otros aspectos de orden antropológico y cultural, como la visión del mundo, las prácticas asociativas y de sociabilidad popular, la religiosidad, las lealtades familiares, las banderías, etc., manipuladas con una determinada intencionalidad política.

Carlismo y malestar campesino

Ya en su época, Flórez Estrada opinaba que el carlismo era el producto de la frustración campesina ante las transformaciones de la estructura agraria impuestas por el programa desamortizador del liberalismo. A partir de los años setenta del siglo XX diversos autores reivindicaron el carácter eminentemente popular del carlismo y propusieron una explicación de orden socioeconómico a su impulso de rebeldía. Plantearon el carlismo como un movimiento campesino similar a los que se produjeron en Europa a finales del siglo XVIII y la primera mitad del XIX como consecuencia de las modificaciones en la estructura de la propiedad y el uso de la tierra, las transformaciones en la estructura del Estado y la nueva correlación de fuerzas políticas que impuso la implantación del capitalismo en su fase industrial.

Siguiendo el modelo propuesto por Eric J. Hobsbawm, Jaume Torras planteó la hipótesis de que los levantamientos carlistas eran una fase más de las luchas populares campesinas contra la opresión monárquico-feudal primero, y cuando ésta entró en crisis contra la generalización de las relaciones económicas capitalistas que ponían a este sector social al borde de la indigencia. Torras destacó que la protesta campesina ya existía antes de que cristalizara el partido carlista como opción política explícita, que tenía sus propios motivos y que éstos no debían confundirse con los proyectos políticos difundidos por los dirigentes de la contrarrevolución. Existía un malestar social originado por la baja de los precios agrarios, la renovada presión fiscal, la privatización de la tierra, la crisis de la industria doméstica, etc., pero ello no explica su traducción en una manifestación política específica como fue el carlismo, tanto más cuanto una alianza revolucionaria tan heterogénea difícilmente podía satisfacer las aspiraciones campesinas de abolición de la renta de la tierra y su libre disposición.

En su influyente artículo «Crisi camperola y revolta carlina» (1980), Josep Fontana reiteró que los campesinos no se habían incorporado a la facción por su religiosidad o por su amor a la tradición y al pretendiente, sino que protestaban de forma activa contra un proceso revolucionario que les marginaba. En ese sentido, las zonas de Cataluña donde se alzaron los realistas en 1822, los *malcontents* en 1827 y los carlistas a partir de 1833, coincidían con los territorios que no eran pobres, sino con aquellos donde se había dado cierto grado de adaptación a las primeras formas de comercialización. La inflación desencadenada en el último tercio del siglo XVIII atizó el descontento social, atrajo capitales ociosos y provocó la privatización clandestina de los bienes comunales.

La prolongada crisis económica, la ruina de muchas actividades, el cuestionamiento de los privilegios gremiales o la larga duración de los conflictos bélicos empujaron a un sector significativo de la población a tomar las armas como medio de supervivencia o de promoción social. Fontana señala que los campesinos catalanes no fueron carlistas sino antiliberales, porque durante el trienio y la regencia el nuevo orden económico les trató peor que el viejo. Campesinos y carlistas habrían coincidido en la lucha contra un enemigo común —el gobierno que les agobiaba con sus impuestos—, y aquéllos aprovecharon las formas de organización de los «ultras» y la cobertura ideológica de la Iglesia para dar a la revuelta agraria una textura nacional de guerra civil.

Otros autores han puesto el énfasis en la pervivencia de las economías tradicionales de subsistencia antes que en los presuntos cambios operados en su seno. Fernández de Pinedo o Fernández Albadalejo han interpretado el carlismo vasconavarro como un ejemplo de resistencia campesina frente a la modernización de las estructuras socioeconómicas tradicionales. Para Manuel González Portilla las guerras carlistas fueron el resultado del desequilibrio entre producción y población producido en el seno de una economía agraria que había evolucionado poco desde el siglo XVIII. El crecimiento de la población sin un aumento de la producción incidió en un descenso del nivel de vida y un descontento popular agravado con la paulatina introducción de las estructuras jurídicas y económicas de corte capitalista. Desdeñando el proceso de transformaciones económicas y la endémica conflictividad en el País Vasco desde los siglos XVII-XVIII, Coverdale considera que el carlismo sólo era posible en áreas donde la sociedad agraria y pastoril era aún fuerte y viable, con un liderazgo tradicional de clérigos y propietarios y un terreno apropiado para la guerra de guerrillas. Extramiana asegura que la adhesión de amplios sectores de la sociedad vasca al legitimismo carlista se basaba en la relativa prosperidad y estabilidad de una economía que mantenía sus rasgos tradicionales, y al pretendido equilibrio de las zonas rurales, que se empeñarían en perpetuar este sistema económico.

En todo caso, los estudios pioneros de Torras o Fontana mostraron que la insurrección campesina y la acción contrarrevolucionaria fueron fenómenos de largo alcance que condicionaron toda la historia española del siglo XIX, pero ya entonces se señaló la diversidad de situaciones regionales y de grupos implicados. El carlismo no respondía al modelo de movimiento primitivo o prepolítico formulado por Hobsbawm, Thompson o Rudé, ya que no fue sólo una reacción feudal contra la ruptura de la estabilidad tradicional de la explotación campesina, ni estuvo encabezado por el proletariado rural, sino por el pequeño campesinado propietario, y obedeció a intereses muy diversos como consumidores y como propietarios dependientes.

En los últimos tiempos estos modelos simples basados en el predominio de la mentalidad campesina, la revuelta contra el orden señorial del Antiguo Régimen o la sociedad tradicional amenazada por el liberalismo han comenzado a ser criticados y sustituidos por una interpretación más compleja, que presenta a la sociedad española como una realidad más plural y evolucionada, donde el sistema feudal coexistía con una importante diversificación socioeconómica que permitía la consolidación y la acumulación de la propiedad privada. El mundo rural español de finales del Antiguo Régimen era un entramado de situaciones muy diversas, con divisiones sociales variadas y profundas, que condicionaban las respuestas de un campesinado harto heterogéneo. Como insisten Fradera y Garrabou, las modalidades de acceso a la propiedad y el uso de la tierra y los niveles salariales parecen haber condicionado tanto las formas de acción colectiva del campesinado como los niveles de conflictividad social.

Desde el punto de vista económico, sus rasgos son un equilibrio en la distribución de bienes, una compleja estructura de la propiedad diferente de la del resto del país: bienes comunales, censos enfitéuticos, trabajos prestados a los terratenientes, pequeña y mediana propiedad en modelos de agricultura de subsistencia y escasa presencia de braceros y jornaleros (salvo en La Rioja y Burgos), mientras que en territorios con gran densidad de trabajo asalariado, como Andalucía, éste no optó por el legitimismo carlista sino que escogió formas de protesta de corte revolucionario. Pero las dos zonas con actividad carlista más intensa (Cataluña y Vasconia) fueron a la vez regiones pioneras en la transformación de las relaciones económicas en España, en rápida evolución hacia formas de relación capitalistas.

En Cataluña, las zonas de más intensa actividad carlista fueron, precisamente, las que habían dispuesto de una industria tradicional importante (Berguedà y el Priorato), y aquellas con una industrialización incipiente de nuevo estilo (Baix Camp). Parecidas conclusiones presentan Fernández Benítez para Cantabria y Agirreazkuénaga y Ortiz de Orruño para el País Vasco. Ante esa realidad cobra sentido la tesis de Fontana de que el carlismo no prende en las zonas pobres sino en los sectores empobrecidos y arcaicos de regiones en expansión. Fue, en definitiva, un fenómeno de clases modestas y poco dinámicas.

Por otra parte, la Iglesia como corporación no se sumó al carlismo, aunque sí tuvo un contencioso con el Estado liberal que duró hasta más allá de 1840, ya que las propiedades de la Iglesia fueron la principal moneda de cambio de la revolución. La alta jerarquía mantuvo una posición ambigua, aunque 41 obispos se decantaron por la reina en marzo de 1833 por uno solo en favor de don Carlos. Con la profundización de las medidas anticlericales, muchos otros volvieron sus ojos hacia el pretendiente o mostraron una neutralidad benévola, lo que multiplicó el número de sedes vacantes o con el titular en ausencia forzosa.

El bajo clero intervino desde el primer momento en las partidas, pero su papel fue predominantemente político y administrativo. La exclaustración, la quema de conventos y las matanzas de frailes lanzaron a buena parte del clero regular, y a un número menor de seculares, en brazos del carlismo, aunque, como señala Revuelta, la mayor parte trató de mantenerse al margen de la contienda. Como la nobleza y la burguesía moderada, la Iglesia sólo volvió francamente los ojos hacia el carlismo en 1868, cuando lo reputó como el más eficaz antídoto contra la revolución. En esa coyuntura, la mayoría de los miembros de las órdenes religiosas, clero parroquial y catedralicio militó en las filas del carlismo o simpatizó con él.

Peculiaridades regionales

Como hemos visto, se ha tratado de explicar las causas de la desigual implantación territorial del carlismo por la estructura dominante de la pequeña propiedad agraria y en la diferente evolución económica regional. En el País Vasco y Navarra se daban ambas circunstancias, pero esta confluencia de factores también se produjo en otras partes del norte peninsular. Autores como Agirreazkuénaga y Ortiz de Orruño opinan que ese descontento campesino no hubiera arraigado, o hubiera quedado reducido a una simple revuelta campesina, sin el concurso activo de la pequeña nobleza rural, que —caso único en España— se puso a la cabeza de la insurrección instrumentalizando el malestar campesino y facilitando la necesaria cohesión organizativa e ideológica para transformar la revuelta en una verdadera guerra civil.

En un sistema generalizado de pequeña propiedad, la sociedad vasca estaba muy estratificada y jerarquizada en función de la condición nobiliaria y del patrimonio personal. En la región se fueron formando dos bloques antagónicos a finales del siglo XVIII en torno a la privatización de la economía. Las capas más pobres, sometidas a la presión demográfica y a una importante concentración de la propiedad que tendía a bloquear su acceso a la tierra, vivieron una situación precaria que puso en peligro el futuro de la familia campesina dedicada a la aparcería, el arrendamiento o la pequeña industria rural. Segregados de la oligarquía provincial de grandes terratenientes que controlaba la administración provincial junto con el patriciado urbano de grandes comerciantes, los nobles empobrecidos eran los líderes naturales de la comunidad rural, formada por pequeños propietarios no nobles, arrendatarios y jornaleros de condición muy diversa.

Tras la traumática experiencia del trienio, marcada por la desamortización eclesiástica y civil, el incremento de la presión tributaria, el desmantelamiento de instituciones tradicionales o la derogación de las leyes de vinculación de mayorazgos, la comunidad campesina se reconcilió bajo el liderazgo de esos notables rurales, cuyo endeudamiento amenazaba su posición social, pero que, a diferencia de otras regiones, tenían el control de un sólido aparato institucional en el ámbito local y provincial. Este grupo rompió definitivamente con el realismo moderado a raíz de las medidas hacendísticas antiforales adoptadas por López Ballesteros en 1824, y formó parte de las oligarquías provinciales (hacendados grandes y medios, pequeños nobles, mayorazgos y notables locales) que encabezaron la rebelión en zonas caracterizadas por una fuerte solidaridad social.

En un espacio rural formado por un 60 por 100 de arrendatarios en Guipúzcoa y Vizcaya a inicios del siglo XIX, no es de extrañar en la militancia carlista un predominio abrumador del pequeño campesinado (más que de jornaleros) y de clases bajas rurales o urbanas vinculadas a la incipiente industrialización. Pan-Montojo pone de relieve esta caracterización dual de los ámbitos rural y urbano: mientras que en el campo destaca un 64,7 por 100 de individuos dedicados a la agricultura (54,5 por 100 de pequeños propietarios y 10,2 por 100 de jornaleros) y un 10,2 por 100 de eclesiásticos, en la ciudad de Pamplona sobresalen los artesanos menos cualificados (34,3 por 100) y los eclesiásticos (22,6 por 100) sobre los burócratas (17,3 por 100) y los trabajadores agrícolas (11 por 100).

En Cataluña, Fontana incluye en el campo carlista a una parte del clero, la vieja burocracia fernandina, oficios menestrales en decadencia, miembros de profesiones liberales, letrados y nobleza menor. La rebelión tampoco adoptó una fisonomía exclusivamente campesina, ya que junto a capas rurales empobrecidas apareció un sector de las clases dominantes. De hecho, los primeros dirigentes de la rebelión fueron notables locales, aunque a partir de 1836-1837 desaparecieron para ser sustituidos por cabecillas de más clara extracción popular. Un sector decisivo fueron los *pagesos de mas* (labradores acomodados y burguesía terrateniente) como la familia Tristany, un grupo en enfiteutas que pagaban cargas estables a los señores directos, pero que practicaba relaciones contractuales más duras con los campesinos empobrecidos, se beneficiaban de la acumulación de tierras y basaban su patrimonio en la indivisibilidad hereditaria.

En su análisis de la militancia carlista en varias comarcas tarraconenses, Pere Anguera destaca con profusión de ejemplos dos rasgos que han sido reiteradamente confirmados por las investigaciones realizadas desde finales de los años sesenta. En primer lugar, la fractura que el conflicto abrió entre los sectores más dinámicos y los más inmovilistas de todos y cada uno de los segmentos de población que conformaban la sociedad estamental. En segundo, el carácter socialmente heterogéneo, pero predominantemente popular, de la rebeldía antiliberal. Anguera confirma la tesis de Fontana de que el apoyo al carlismo era mayor no en las zonas más pobres sino en las más empobrecidas por el incipiente proceso de industrialización que quedó frenado por la guerra.

Anguera abunda en una división tripartita, donde el grueso del apoyo procedía de los sectores populares urbanos y rurales más amenazados por el desclasamiento y la marginación propiciadas por las nuevas relaciones sociales y económicas anejas a la revolución liberal. A continuación, aparecería un sector mesocrático de miembros del ejército en diversas situaciones (no sólo en licencia ilimitada) y *mossos d'esquadra,* amén de capellanes de parroquia y de frailes que se apuntaron en las partidas o las dieron apoyo ideológico o táctico. Por último, constata la presencia de una aristocracia comarcal declinante, formada por la nobleza menor urbana y rural, no titulada y a menudo de origen comercial, que en el siglo XVIII había prosperado económica y socialmente por su felipismo y que optó desde el primer momento por la causa de Carlos V, en coincidencia con un sector de terratenientes afín por su posición económica y por un sentimiento social común forjado por la endogamia matrimonial.

En sus trabajos sobre Lérida, Lladonosa confirma esta composición no exclusivamente popular, sobre todo del sector dirigente del carlismo: jornaleros, campesinos pequeños y medianos y artesanos se mezclaban con antiguos funcionarios de la administración absolutista, eclesiásticos, algún militar y un número nada despreciable de propietarios o personas con bienes. Para la comarca de la Segarra, Llobet marca la diferencia entre un 87,9 por 100 de miembros de la facción que no poseía bienes y un 12 por 100 de propietarios, y confirma la abrumadora diferencia entre solteros (68,2 por 100) y casados (29,7 por 100).

En el Levante, la presencia de propietarios rentistas prácticamente libres de la presión feudal consumó el despojo campesino incluso antes de la revolución liberal. Según Ardit, los campesinos estuvieron en principio a favor de la revolución, pero se alejaron de ella al ver que no respondía a sus aspiraciones. Jesús Millán ha destacado que la expansión agraria del siglo XVIII ya había desposeído a los campesinos de las tierras comunales. Los canales de exacción feudal se fueron reduciendo muy significativamente durante el siglo XVIII, y el poder pasó a manos de una oligarquía local de viejas familias hidalgas y labradores enriquecidos que basaban su predominio en la apropiación de tierras, el préstamo a los labradores y el ejercicio exigente de la propiedad mediante el alza de los arrendamientos a corto plazo, la elevación periódica de la renta y el desahucio de los colonos insolventes. De modo que no hubo relación entre las movilizaciones antiseñoriales de principios del siglo XIX y la protesta carlista, que no puede inscribirse en el estrecho marco de la alternativa entre feudalismo y nuevo orden burgués.

En sus estudios sobre Aragón, Pedro Rújula también describe un carlismo formado por campesinos propietarios medianos y pequeños, además de colonos y simples jornaleros. En el Maestrazgo predominaba el pequeño arrendatario, aunque los generosos cánones o el régimen enfitéutico le convirtieran en virtual propietario. En Galicia, Cantabria o Asturias predominaba también el pequeño o mediano arrendatario, y aunque en estas regiones el carlismo adquirió un amplio desarrollo no logró consolidar un control territorial permanente. En el noroeste peninsular los grandes apoyos procedieron del clero y de algunos hidalgos: los «señores medianeros» perceptores de rentas rurales, pero residentes en las ciudades. Barreiro confirma esa presencia de hidalgos y afines (23,7 por 100 del total de una muestra de procesados), y Castroviejo cifra esa adhesión en un 39 por 100 de campesinos, 20,4 por 100 de nobles rurales, 13,9 por 100 de clero, 5,1 por 100 de jornaleros y 6,5 por 100 de menestrales.

Hacia el este de la cornisa cantábrica también se adhirieron activamente a la causa carlista grupos reducidos de notables rurales, con una minoría de nobles titulados y comerciantes urbanos, aunque Sánchez Gómez señala que la composición del carlismo santanderino se asemejaba bastante al esquema social de la Montaña en esa época: un 83,4 por 100 de bajo campesinado, un 8,2 por 100 de nobleza menor y un 5,2 por 100 de clases bajas urbanas. Al sur del Tajo, la situación tampoco cambió en demasía. En La Mancha, Asensio Rubio encuentra miembros del poder local (jueces y alcaldes), clero regular y secular y una amplia base de campesinos, artesanos y bandoleros. Incluso en zonas de jornaleros como la sierra de Córdoba o la serranía de Ronda también se percibió el influjo carlista, con connotaciones de lucha social de pobres contra ricos.

Resulta ilustrativa la aportación al carlismo de representantes de las grandes instituciones vinculadas tradicionalmente con la monarquía absoluta. El papel de las personas con experiencia militar resultó esencial para dar el salto de la protesta política a la rebelión, y de ésta a la guerra civil. Los miembros de las diversas instituciones armadas tuvieron un papel nada desdeñable, especialmente la Guardia Real y los Voluntarios Realistas, la milicia absolutista creada en 1823-1824, y nutrida por los sectores más depauperados, que quedó limitada en su desarrollo a partir de 1827-1828, lo que hizo perder a sus componentes jornal, uniforme y prestigio social.

Interclasismo jerarquizado: la «cultura de comunidad» en el carlismo

Con el paso del tiempo, y sobre todo a partir de la segunda mitad del siglo XIX, el carlismo fue perdiendo un parte de ese apoyo «popular» (trasvasado a opciones como el republicanismo o el anarquismo, y más tarde a los nacionalismos) y aglutinando a un número más amplio de personas acomodadas, donde la identificación católica fue esencial, especialmente durante el sexenio de 1868-1874. La extracción social siguió mostrando un acusado componente interclasista: entre los cuatro centenares de vitorianos incorporados en 1872 a las filas de Carlos VII encontramos jornaleros, peones, artesanos y tenderos, al lado de clérigos, propietarios, profesionales liberales y un número importante de estudiantes, un tercio de los cuales procedía del seminario diocesano.

En el tracto finisecular, a medida que el carlismo fue relegando su componente de rebeldía popular por un discurso moderado de conservación a ultranza del orden social amenazado por la democracia y el socialismo, patente en el acta de Loredán de 1897, se produjo una transformación gradual de su base de apoyo. Menudearon las referencias a la heterogeneidad social del movimiento, y en el proceso de constitución de un partido «moderno» el carlismo fue renovando su composición con relación a la que mostraban los combatientes de las anteriores guerras civiles.

En efecto, a medida que se fue implantando en los núcleos urbanos el «nuevo carlismo» captó otras capas sociales que podríamos calificar como sectores bajos urbanos (artesanos, tenderos, obreros), y luego grupos burgueses posibilistas, hasta transformarse en un ejemplo de partido-comunidad de carácter interclasista, la confluencia de cuyos miembros se explica en el marco de las transformaciones económicas, sociales, políticas y culturales de la consolidación del Estado liberal. En el amplio consenso burgués de la Restauración el carlismo mantuvo su capacidad movilizadora y organizativa porque su aislamiento resultaba atractivo para los conservadores desencantados con la deriva oligárquica del régimen.

Una de las claves de la supervivencia del carlismo fue la gran capacidad de comunicación y transmisión de la lealtad a la «Causa» mediante procedimientos narrativos o vivenciales antes que por el simple adoctrinamiento ideológico. Esta reproducción, con métodos implícitos o explícitos, de los símbolos, mitos, ritos y valores políticos carlistas, forjadores de identidad común desde la primera hora (lealtad a la dinastía proscrita, exaltación de la familia, canciones e himnos, lugares sagrados, boinas rojas y blancas, cruces de Borgoña, conmemoraciones bélicas y religiosas, etc.) se realizó básicamente en el marco familiar de la casa-hogar o en espacios donde se proyectaban alguna de sus estructuras o funciones, como los círculos tradicionalistas, las parroquias o los establecimientos escolares católicos.

Si el mito del «pueblo sano» había sido el modelo cohesivo elaborado frente a la ofensiva laicizadora del sexenio, en el «largo verano» liberal de la Restauración la actitud defensiva del carlismo se tradujo en la incorporación del arquetipo familiar como ejemplo de contrasociedad igualitaria ideal y tradicional. Durante la República se optó por el modelo de cohesión de la «comunión» como amalgama de las tendencias tradicionalistas entonces dispersas en torno a la defensa de la religión católica.

Esta socialización política se hizo también por tramos de sexo y edad. La gran importancia de la mujer en el fomento de la sociabilidad familiar y privada se tradujo en el espacio público en el impulso a partir de 1919 de la organización sectorial de las Margaritas, mientras que el natural instinto de rebeldía de la juventud (que desembocó en «conflictos paternofiliales» trasladados al campo político en coyunturas críticas de relevo generacional, como el impulsado por el jaimismo radical catalán en la primera década del siglo XX, el ascenso al poder de Fal Conde en 1934 o el impulso socialista autogestionario impuesto por Carlos Hugo de Borbón Parma en los años setenta) quedó sublimado en el mito medieval de la continuidad de la vida a través de las tres edades o generaciones, representado de forma ideal durante la guerra civil en los dibujos de Carlos Sáinz de Tejada o en el diálogo *Unificación* (1937) de Jacinto Miquelarena, y aún vigente treinta años después en la novela de Francisco López Sanz *¡Llevaban su sangre!* (1966).

Esta percepción del carlismo como microsociedad inmutable y políticamente autosuficiente tuvo su máxima representación en los círculos tradicionalistas. Éstos constituían la proyección concreta del ideal de vida carlista, y a ellos acudían artesanos, jornaleros o pequeños agricultores y comerciantes, aunque los cargos directivos correspondían a propietarios, hacendados, abogados, comerciantes e industriales. La base popular del carlismo logró preservarse en buena parte gracias a la función polivalente de estos círculos, entendidos como espacios de sociabilidad política masculina.

Creados a finales del siglo XIX y comienzos del XX como centros de actividad partidista (en 1896 llegó a haber 307 círculos y 2.462 juntas distritales carlistas en toda España), desempeñaron también el papel de centros de instrucción (con gabinetes de lectura, biblioteca, academias y escuelas primarias), de esparcimiento (en el círculo, con el café como lugar central de confraternización, se practicaban juegos lícitos —cartas, ajedrez, damas, billar—, diversiones honestas —la esgrima, pero no el pecaminoso baile— y artes como el teatro, el canto o la fotografía), de prestación de servicios asistenciales (hermandades, cajas de socorros mutuos, montes de piedad, agencias de gestión) o de propaganda.

El carácter popular del carlismo logró mantenerse en líneas generales, pero el pequeño propietario y el trabajador rural fueron dejando paso al proletario urbano, sobre todo al recientemente emigrado desde zonas de tradición carlista, como fue el caso del dirigente sindical leridano Ramón Sales. Los efectos de la industrialización transformaron en obsoletos tanto la caridad como el mutualismo propios de los círculos y las organizaciones carlistas, y propiciaron desde 1919 la aparición en Cataluña de un peculiar obrerismo apolítico, profesional y confesional (los Sindicatos Libres), nutrido de trabajadores del sector servicios, artesanos, obreros semiespecializados y dependientes de comercio, que se autodefinió en su hostilidad frente a la política conservadora de los dirigentes carlistas y al talante revolucionario de los sindicatos de clase, especialmente la CNT.

En definitiva, el componente popular del tradicionalismo político en el primer tercio del siglo XX no deja lugar a dudas, aunque perdiese nitidez con el paso de tiempo. Otra cosa es que, en coyunturas de crisis del sistema liberal, el carlismo actuase como polo magnético de lo que Jordi Canal definió como «amalgama contrarrevolucionaria». Así había sucedido en 1868 y volvió a suceder en 1931.

El aporte urbano en el «nuevo carlismo» de los años treinta

En la II República los grupos sociales en los que el carlismo basó su resurrección política no diferían en demasía de los que habían constituido la anterior «amalgama contrarrevolucionaria» del sexenio. En el campo navarro seguía predominando un campesinado de pequeños propietarios o arrendatarios y el clero rural. Los sacerdotes navarros ejercieron en sus comunidades aldeanas una función patriarcal que fue más allá de la mera asistencia espiritual: monopolizaron las funciones de propaganda desde los púlpitos y dirigieron de hecho la vida política en los pueblos y valles más apartados.

En Pamplona, el apoyo provenía de la pequeña burguesía comercial e industrial y de sectores populares formados por obreros (10 por 100), artesanos (15 por 100) y empleados (12 por 100), además de un importantísimo contingente femenino (31 por 100). En Álava, la Comunión dominaba el medio rural con una altísima proporción de labradores y en Guipúzcoa las clases populares (artesanos, labradores, obreros industriales y jornaleros) constituían el 69 por 100 de la afiliación, por un 20 por 100 de pequeña burguesía urbana y un 11 por 100 formado por los sectores sociales más privilegiados, como los profesionales liberales, los industriales y los propietarios.

El Requeté navarro en la guerra civil (con un total de 7.608 voluntarios, el 61,8 por 100 del total de milicianos de la región estudiados por Aróstegui) mostraba una estrecha correspondencia con la estructura de oficios de la población masculina, con una extracción mayoritariamente campesina (un 36 por 100 de labradores o propietarios agrarios junto con un 35,5 por 100 de jornaleros o braceros), en la que de sur a norte aumentaba la presencia de propietarios muy pequeños de explotaciones familiares poco rentabilizadas. A pesar de un número nada desdeñable de componentes del incipiente proletariado industrial de la región (7,6 por 100) y de empleados de comercio y oficios artesanales (7,5 por 100), la correlación entre campesinos y no campesinos era del 72 por 100 frente al 28 por 100.

El estudio de otra área de gran dinamismo carlista como fue Andalucía occidental no arroja sino pequeñas variaciones a esta radiografía de la militancia tradicionalista. Según Álvarez Rey, uno de cada tres afiliados era empleado, uno de cada cinco propietario, otro de cada cinco se dedicaba a actividades mercantiles, y uno de cada 7-8 era profesional liberal, mientras que militares, industriales, artesanos, obreros y labradores estaban poco representados. En concreto, de los 423 socios del Centro Tradicionalista de Sevilla en 1934, un 23,4 por 100 eran empleados, un 15,6 por 100 propietarios y un 14,2 por 100 comerciantes, frente a sólo un 0,5 por 100 de labradores y un 2,1 por 100 de artesanos y obreros. En cuanto a los dirigentes, la mayoría (34 por 100) eran propietarios rústicos y urbanos y profesionales liberales (27,8 por 100), especialmente abogados. Casi la mitad de los dirigentes sevillanos eran propietarios, que junto con los profesionales liberales sumaban un 70,7 por 100 del total de la élite política del carlismo local.

Entre los 1.168 voluntarios censados en el Requeté activo y de reserva de la ciudad de Sevilla en 1936-1937 destacan el sector de empleados y dependientes (35,8 por 100) junto con los pequeños comerciantes y artesanos (15,7 por 100), seguido por los estudiantes (11,1 por 100). La extracción socioprofesional de los 351 afiliados a la Comunión censados por ese entonces en Huelva y provincia se componía de empleados y dependientes (33,6 por 100), profesionales liberales (19 por 100), comerciantes y artesanos autónomos (13,1 por 100). Una estructura muy similar a la que puede deducirse de la muestra de 196 afiliados a la Comunión enumerados en Cádiz capital en 1937: un tercio de profesionales liberales, un 18 por 100 de empleados, un 13 por 100 de comerciantes y un 10 por 100 de propietarios.

En definitiva, en el transcurso de la guerra el carlismo continuó siendo un movimiento esencialmente interclasista, aunque se percibió una procedencia urbana y un aburguesamiento crecientes, sobre todo por la incorporación de profesionales ultracatólicos, aunque la clase dirigente se siguió extrayendo de los sectores económicamente más poderosos. El agotamiento del carlismo como opción política durante la dictadura franquista determinó su enquistamiento en un tipo de contrasociedad que seguía caracterizada por el victimismo, la mística guerrera y el sentimiento religioso.

El mantenimiento a ultranza de los rasgos distintivos de la cultura política carlista posibilitó la reproducción del sentimiento tradicionalista en el espacio privado y su manifestación esporádica en rituales multitudinarios de acusada carga simbólica, como las romerías a Montejurra. Pero el proceso de secularización impulsado desde los años cincuenta-sesenta y la crisis interna que estalló a finales de esa década acabaron por agotar este modelo político a la defensiva. El declive del carlismo se hizo entonces inevitable.

8. La dinastía

En el lenguaje político español las palabras carlismo y carlista aparecieron, como se ha dicho, en la última etapa del reinado de Fernando VII, fruto de la vinculación de una amplia y heterogénea corriente contrarrevolucionaria preexistente a la figura de un pretendiente al trono, Carlos María Isidro de Borbón, que iba a convertirse en el Carlos V de los carlistas. Ser partidario de Fernando, el rey, o de su hermano Carlos empezaba ya a dividir a los españoles en los años veinte, antes incluso de la promulgación de la Pragmática Sanción (1830) y de la posterior muerte del primer personaje. Con carlismo pasaría a designarse el movimiento y con carlista al adepto o combatiente, así como también a las guerras fratricidas de 1833-1840 y de 1872-1876.

Pese al origen de las palabras carlista y carlismo y pese a que algunos historiadores y escritores, tanto liberales como tradicionalistas, hayan subrayado con gruesos trazos, a fin de explicar la naturaleza y las causas del surgimiento del carlismo, la cuestión dinástica, es decir, la defensa de unos supuestos derechos al trono español, no es ésta ni la única razón ni tampoco la principal. La cuestión dinástica no fue esencial en el carlismo, que nunca constituyó una exclusiva defensa de los «derechos» al trono de los Borbones carlistas. Las continuidades respecto a los movimientos contrarrevolucionarios precedentes y las dimensiones de las guerras civiles españolas del siglo XIX invalidan toda tentación de interpretar el carlismo como una simple cuestión dinástica.

Los carlistas se movilizaron, en todo caso, por una idea o unos principios que el rey carlista personificaba y, lo que resulta más trascendente aún, emblematizaba, constituyéndose en punto de referencia permanente para los seguidores. Lucharon, así pues, en los campos de batalla o en la arena política no por la persona de un rey sino por lo que la figura de éste encarnaba, esto es, una determinada visión del mundo y los proyectos posibles para su materialización. Pero si no fue nunca una exclusiva defensa de una dinastía o de unos pretendientes, el carlismo, su cultura y su pervivencia tampoco resultan explicables sin ella o sin ellos. La figura real y simbólica del rey-pretendiente contribuyó permanentemente a la cohesión del conglomerado contrarrevolucionario. No puede olvidarse que el carlismo fue, aunque no de manera exclusiva, un movimiento legitimista, como el miguelismo portugués o como el chambordismo en Francia.

Carlos V, Carlos VI y Juan III

Entre 1833 y 1840 se vivió en España una auténtica lucha fratricida, que ha recibido la denominación de primera guerra carlista. Las razones que condujeron a esta larga contienda, que debe enmarcarse en el doble proceso de crisis del Antiguo Régimen y de revolución liberal, fueron múltiples y complejas. Cada uno de los bandos en litigio se alineó tras la figura de un aspirante al trono: unos, junto a la hija de Fernando VII; otros, junto a su hermano. La guerra carlista no constituyó, no obstante, un simple conflicto dinástico. Isabel II y Carlos V fueron los emblemas del enfrentamiento en tierras españolas entre revolucionarios y contrarrevolucionarios. Carlos María Isidro, segundo hijo de los reyes Carlos IV y María Luisa, nació en Aranjuez en 1788. Su vida política estuvo ligada a la de su hermano mayor, Fernando. Ambos pasaron los años de la guerra de la Independencia en Francia, juntos volvieron a España y en 1820 los dos juraron la Constitución; incluso contraerían matrimonio al mismo tiempo, en 1816, y con dos hermanas, hijas de los reyes de Portugal. Carlos María Isidro y María Francisca tuvieron tres hijos: Carlos Luis, Juan y Fernando. El infante era un católico fervoroso, algo mediocre y próximo a los postulados extremos del absolutismo.

En 1830 ocurrieron algunos hechos decisivos. En mayo del año anterior había fallecido la reina Amalia, tercera esposa de Fernando VII. Viudo y sin descendencia, éste decidió contraer un nuevo matrimonio. El enlace con la joven María Cristina de Nápoles, que era su sobrina, se consumó en diciembre, y pocos meses después se anunció que estaba encinta. En marzo de 1830 el rey hizo publicar la Pragmática Sanción, que ponía en vigor lo acordado pero no promulgado en las Cortes de 1789. La Pragmática, al anular la ley sucesoria del reino vigente desde el Auto Acordado de 1713, en el reinado de Felipe V, introducía cambios sustanciales en la cuestión sucesoria, anulando la preferencia masculina. Fuese niña o niño, el hijo de Fernando y María Cristina iba a heredar el trono. Cuando en octubre de 1830 nació Isabel, su tío y, en especial, los sectores ultras, empezaron a ver peligrar sus aspiraciones al poder. Tensiones, miedos y conspiraciones se sucedieron. El infante manifestó su intención de no reconocer la Pragmática a la muerte de su hermano, cuya salud se deterioraba con rapidez. Poco a poco se formaron dos bandos irreconciliables. Don Carlos emprendió, en marzo de 1833, junto con sus allegados, un viaje —una suerte de destierro— a Portugal, un país que padecía una guerra civil que presagiaba la española, y desde allí se negó públicamente a acatar a Isabel como heredera del reino amparándose en sus supuestos derechos legítimos en ausencia de un hijo varón de Fernando.

En Portugal iba a recibir la noticia del fallecimiento, el 29 de septiembre de 1833, del monarca. Inmediatamente reclamó el trono y empezó a actuar como si fuera rey en ejercicio. Las autoridades, no obstante, con contadas excepciones, no le obedecerían a él sino a la reina María Cristina, regente durante la minoridad de Isabel II. El pretendiente carlista no pudo cruzar la frontera e incorporarse a la guerra que había estallado en España. En 1834, tras la derrota de los miguelistas portugueses, Carlos se dirigió a Inglaterra. Con premura se trasladaría a España, quedando su familia en el extranjero. A la muerte de María Francisca, su hermana, la viuda princesa de Beira, pasó a convertirse en una madre para los hijos de Carlos María Isidro de Borbón, y, más adelante, al casarse con él en 1838, en madrastra.

Don Carlos permaneció en España, al frente de sus ejércitos y del embrión de Estado creado en el país vasconavarro, entre 1834 y 1839. La presencia física del «rey» junto a los suyos fortalecía la significación simbólica.

En 1837 se puso al frente de la expedición real, que recorrió una parte de la península Ibérica y llegó a las puertas de Madrid. Tras el acuerdo de Vergara iba a asistir a la descomposición de su ejército y, al igual que miles de combatientes, se vio en la obligación de penetrar en el país vecino a mediados de septiembre de 1839. El gobierno galo acordó su inmediata internación y confinamiento en Bourges. La guerra entre liberales y carlistas, que continuaba en tierras catalanas y valencianas, terminó definitivamente al año siguiente. En 1845 don Carlos abdicó en su hijo primogénito, Carlos Luis, y tomó el título de conde de Molina, con el que deseaba ser conocido. Tras serle permitido abandonar Francia y tras los sucesos que agitaron Europa en 1848, el ex «rey» Carlos V se instaló en Trieste, donde fallecería en 1855. Fue enterrado en la catedral de San Justo, destinada a convertirse en el mausoleo de los reyes carlistas. A partir de 1896, el día 10 de marzo, aniversario de la muerte del pretendiente Carlos V, se convirtió en una fecha señalada para los carlistas, que la siguen celebrando en nuestros días: la fiesta de los Mártires de la Tradición.

La abdicación de Bourges, en 1845, convirtió a Carlos Luis, que contaba entonces veintisiete años, en el Carlos VI del carlismo. Eligió para sí el título de conde de Montemolín. Entre mayo de 1845 y su muerte en enero de 1861 regiría los destinos de este movimiento. Nacido en 1818, hijo primogénito del infante Carlos María Isidro y de María Francisca de Braganza, Carlos Luis vivió, tras su infancia en Madrid, una adolescencia y juventud por tierras portuguesas, inglesas, austriacas, españolas y francesas. Pasó una pequeña temporada en el Norte durante la carlistada —aunque fue preservado siempre de los combates, dedicando una buena parte de su tiempo a la música—, junto a su padre y su nueva madre, la princesa de Beira.

Varias son las razones que explican la abdicación de su padre don Carlos. Una de ellas era el proyecto, existente desde finales de la guerra de los siete años y nuevamente barajado en algunos medios entre 1844 y 1846, de matrimonio de la hija del difunto Fernando VII y del hijo de su hermano, esto es, de Isabel y Carlos Luis, como medio de superación del conflicto entre liberales y carlistas. El acceso precipitado de Isabel a la mayoría de edad, en 1843, dio a esta cuestión un interés palpitante. Sin embargo, el enlace entre

Isabel II y Francisco de Asís en 1846 desbarató todos los planes. La guerra de los *matiners* no tardó en estallar. Carlos Luis huyó de Bourges, donde seguía residiendo bajo vigilancia, y abandonó Francia con la ayuda de los legitimistas de aquel país. Tras pasar por diferentes ciudades europeas se instaló en Londres rodeado de sus colaboradores. No conseguiría sin embargo pisar suelo español.

Meses después del final de la contienda, el conde de Montemolín tomó esposa. El matrimonio supuso el cierre de la crisis personal que vivió el pretendiente tras la derrota de 1849, paralela a la crisis política que vivía el carlismo en su conjunto. Al término de la contienda Carlos Luis se había lanzado a los brazos de una joven inglesa, Adeline Horsey. Los rumores de matrimonio y el descuido de las tareas políticas escandalizaron y preocuparon a sus colaboradores. Incluso llegó a presentar su abdicación, que no se le tuvo en cuenta a la espera de que recapacitase, como finalmente hizo, abandonando las islas Británicas. A fin de evitar que siguiera haciendo tonterías y asegurar la continuidad dinástica le buscaron una esposa: la princesa napolitana María Carolina de Borbón. La boda se celebró en julio de 1850 y la pareja fijó su residencia en las cercanías de Nápoles.

En los años siguientes se combinaron los manifiestos, los contactos con la dinastía reinante y los intentos insurreccionales. Los frutos fueron escasos. En 1860 el pretendiente Carlos VI pasó a la acción, junto con su hermano Fernando, incorporándose a la expedición que capitaneó el general Jaime Ortega. El 2 de abril desembarcaron en San Carlos de la Rápita. La intentona resultó un fracaso. Los infantes se dieron a la fuga, pero fueron detenidos el día 21. El conde de Montemolín redactó, dos días después, una carta de renuncia a sus derechos al trono —Fernando hizo otro tanto—, así como otra dirigida a su prima Isabel II pidiéndole la gracia de los implicados en el pronunciamiento y la posibilidad de abandonar el país. Los indultos, acompañados de una orden de expulsión, llegaban poco después. Una vez a salvo en Trieste, el conde de Montemolín reconsideró la renuncia, que su hermano Juan estaba dispuesto a validar y aceptar para convertirse en el nuevo rey carlista. Convocada una reunión en Londres entre los tres hijos del difunto Carlos V no hubo acuerdo, pues las veleidades liberales de don Juan eran un obstáculo insalvable. Carlos Luis y Fernando se retractaron de las actas del 23 de abril y las declararon nulas. Por espacio de unos meses, un par de hermanos reclamaron para sí la cabeza del carlismo: Carlos Luis, que intentaba apagar los fuegos del fiasco de San Carlos de la Rápita, y Juan, que escribía cartas y manifiestos proclamando sus derechos y haciendo declaraciones liberalizantes.

Las muertes, en enero de 1861, con pocos días de diferencia, del infante Fernando y de los condes de Montemolín truncaron la disputa familiar. La enfermedad y el contagio del primero a los segundos explican los hechos, mas las circunstancias eran propicias a todo tipo de rumores, entre los que el envenenamiento, por parte de partidarios de Juan o agentes del Gobierno español, resultó el más extendido. El segundo de los pretendientes, su esposa y don Fernando fueron enterrados en San Justo de Trieste, junto al cuerpo del primer rey carlista. La ausencia de descendientes comportó que al final, con o sin retractaciones, la sucesión de la dinastía carlista pasase a don Juan.

Nacido en 1822, segundo hijo del infante Carlos María Isidro y de María Francisca, el nuevo pretendiente Juan III residía en Londres desde principios de los años cincuenta, cuando se separó de su esposa, la archiduquesa María Beatriz de Austria-Este. De este matrimonio, que se celebró en 1847, nacieron dos hijos: Carlos y Alfonso. Tras el fallecimiento de sus hermanos, don Juan dirigió un manifiesto al partido carlista en el que se ratificaba en todas sus anteriores declaraciones, que repitió en las semanas y meses siguientes. Los carlistas no se cruzaron de brazos. Pocos fueron los que le siguieron fielmente, predominando la desconfianza o la oposición abierta. Muchos empezaron entonces a depositar sus ilusiones en sus dos hijos, que habían sido educados lejos de él y de su influencia, en un ambiente rígidamente tradicionalista. María Teresa de Braganza, princesa de Beira, dirigió una carta a su sobrino e hijastro instándole a renunciar a sus posiciones liberales o bien a abdicar. Don Juan no solamente hizo caso omiso a esta petición, sino que en los dos años siguientes protagonizaría un auténtico sainete, ofreciendo reiteradamente su renuncia y reconociendo a Isabel II. El carlismo vivió, en la primera mitad de los años sesenta, una de sus innumerables crisis, producto en esta ocasión de la suma del espectáculo ofrecido por su rey más las sucesivas derrotas sufridas en la etapa de entreguerras.

La princesa de Beira, erigida en cabeza interina del movimiento, dio a conocer en 1864 un extenso manifiesto que pretendía fijar la posición oficial carlista, tanto sobre la legitimidad como sobre los principios. La *Carta de la Princesa de Beira a los españoles* era la continuación de las enviadas por la princesa a su hijastro a finales de 1861. A la pregunta de quién era el rey de los carlistas, la carta señalaba que no podía ser don Juan ya que no poseía la legitimidad de ejercicio; sus actos le despojaban del derecho a ocupar el trono, aunque la legitimidad de origen recayese efectivamente sobre él tras la muerte de su hermano. De esta manera, el infante Carlos pasaba a convertirse, con dieciséis años, en el nuevo pretendiente. Tanto su juventud como las pocas noticias que sobre él tenían los carlistas, junto con el hecho de que para algunos, como Ramón Cabrera o el conde de Chambord, Juan era el rey —y lo seguiría siendo hasta su abdicación—, aconsejaron una campaña de noticias y rumores para ir construyendo la imagen de Carlos VII. En 1866 mandó una carta a su padre solicitándole explicaciones sobre sus actos pasados y postulándose como jefe del carlismo. No obtuvo respuesta. Al año siguiente, tras entrevistarse en París con él, obtuvo una abdicación. En octubre de 1868 Carlos se convirtió para todos los carlistas en Carlos VII. Tras la abdicación, don Juan siguió viviendo en Inglaterra, donde formó una nueva familia. Falleció en 1887, siendo enterrado, como rey carlista, en San Justo de Trieste.

Carlos VII, Jaime III y Alfonso Carlos I

Carlos de Borbón y de Austria-Este, don Carlos —como su abuelo, el don Carlos de la primera guerra—, el Carlos VII de los carlistas, había nacido en 1848 en una Europa en plena efervescencia. Era el hijo primogénito de don Juan y de María Beatriz. Pasó sus primeros años en Inglaterra y Módena —sus progenitores se separaron y allí quedó con su madre y su hermano Alfonso, mientras su padre se volvía a Londres— y la adolescencia y juventud en Praga, Venecia y Viena. En 1867 Carlos contrajo matrimonio con Margarita, que, tras la muerte de sus padres, los duques de Parma, se encontraba bajo la tutela de los condes de Chambord. La pareja tuvo cinco hijos: Jaime, Elvira, Blanca, Beatriz y Alicia.

El año 1868 resultó decisivo tanto para el movimiento carlista como para el joven pretendiente. El trono se tambaleaba, abriendo las puertas a un cambio revolucionario, pero los carlistas no estaban en condiciones de aprovechar eficientemente esta situación. De ahí que en julio de 1868 se convocara en Londres una reunión de notables. De este encuentro se derivaron la instalación en París de don Carlos y la formación de una secretaría y un consejo privado del nuevo pretendiente. Paralelamente, se hizo público un documento programático en forma de Carta-Manifiesto dirigida por don Carlos a su hermano Alfonso, fechada en París el 30 de junio. En septiembre estalló la revolución, un hecho que ayuda a entender, en parte, la abdicación en octubre de don Juan en su hijo Carlos. Con su flamante rey Carlos VII al frente, los carlistas combinaron, hasta el estallido de la guerra en 1872, la acción propagandística y política y la preparación militar. Con todo, los problemas no faltaron, destacando entre ellos las difíciles relaciones entre el pretendiente y Ramón Cabrera. Este último ocuparía la dirección política y militar del carlismo entre 1869 y 1870, procediendo a una reorganización a fondo y estableciendo las bases de la Asociación Católico-Monárquica. Tras la dimisión de Cabrera en marzo de 1870 el pretendiente convocó otra magna asamblea, en Vevey (Suiza), y decidió asumir la dirección del movimiento.

Don Carlos, que había adoptado el título de duque de Madrid, hizo una breve incursión en España a principios de mayo de 1872. Sin embargo, el fracaso en el intento de encender la guerra en el Norte le forzó a salir del país. Meses después empezaría efectivamente la segunda guerra carlista. El pretendiente Carlos VII hizo su entrada en España en julio de 1873 a fin de ponerse al frente de su ejército y de una estructura estatal en proyecto de construcción. La corte tuvo un carácter itinerante, destacando entre sus ubicaciones Estella y Durango. Su esposa, Margarita de Parma, se instalaría en Pau. Si bien entre junio y julio de 1874 pasó unos días en territorio carlista, buena parte del tiempo residió en el sur de Francia, volcada en tareas asistenciales. A su iniciativa se debe la creación de La Caridad, una institución dedicada a atender a enfermos y heridos de la guerra, que, con centro en Pau, disponía de varios hospitales en el Norte.

La segunda carlistada terminó en febrero de 1876. El pretendiente Carlos VII cruzó la frontera francesa y se trasladó a Inglaterra. Tras permanecer unos días en Londres, emprendió un viaje a Estados Unidos y a México, que constituyó el primero de una larga lista a diferentes partes del mundo que llevaría a cabo en los años siguientes. De vuelta al continente europeo, don Carlos se instaló en París. De esta ciudad fue expulsado varias veces por las autoridades galas, presionadas por las españolas; en 1881 fue definitivamente alejado de territorio francés. En estos años de la posguerra llevó una vida disipada, salpicada de escándalos, que pusieron en peligro su prestigio y su matrimonio. A lo largo de los ochenta hubo, no obstante, un proceso de recuperación de la imagen pública de don Carlos. Las diferencias con Margarita terminaron de manera oficial en 1881, aunque vivirían desde entonces cordialmente separados, y don Carlos pasó a ocupar a partir de 1882 el palacio Loredán, en Venecia. Don Carlos estaba de nuevo en condiciones de convertirse en el eje del carlismo. Y lo hizo, en especial a partir del fallecimiento de Cándido Nocedal en 1885. A fin de evitar una escalada de las tensiones, permanentes tras el final de la contienda, tomó la decisión de asumir la dirección del carlismo. Redujo asimismo el ritmo de sus viajes y su promiscuidad. Don Carlos, ayudado por el marqués de Cerralbo —jefe delegado carlista entre 1890 y 1899—, se situó decididamente al frente de la formación.

Tras la muerte de doña Margarita en 1893 don Carlos no tardó en volver a contraer matrimonio. Su nueva esposa, María Berta de Rohán, ha tenido muy mala prensa entre los carlistas, que le crearon una imagen negativa, contraponiéndola a su ejemplar predecesora y a la enérgica princesa de Beira. La han señalado, entre otras cosas, como culpable de la pasividad de don Carlos ante el «desastre» de 1898 y como responsable del distanciamiento de éste y de su hijo. No fue fácil, en todo caso, hacer compatible la felicidad personal con la entrega que exigían sus abnegados partidarios. Don Carlos falleció en julio de 1909 en la ciudad italiana de Varese y fue enterrado el día 24 en San Justo de Trieste. En 1909 murió el que ha sido, sin ningún lugar a dudas, el más notable de los pretendientes carlistas.

El heredero fue su hijo Jaime. Nacido en 1870 en tierras suizas se había formado en varios países europeos y sirvió en el ejército zarista, en cuyas filas combatió en China contra los bóxers en 1900, y posteriormente en 1904 en Manchuria. En los años de entre siglos viajó por diferentes partes del mundo y visitó España de incógnito en más de una ocasión. Sucedía a su padre cuando estaba a punto de cumplir los cuarenta y seguía soltero, aunque deben anotarse un par de serias tentativas de matrimonio con Matilde de Baviera y con la hija de la regente María Cristina. El carlismo recibiría también entonces el nombre de jaimismo.

Don Jaime, que intentó introducir algunas modificaciones en el partido en los primeros años que estuvo a su frente, fue confinado durante la primera guerra mundial por las autoridades imperiales austriacas en su residencia de Froshdorf. Su defensa del neutralismo fue acallada por la dirección carlista, que impuso una exaltada germanofilia. Una vez recuperada la libertad de movimientos, don Jaime se trasladó a París y desde allí pasó revista a la actuación del partido durante el tiempo de su cautiverio. A finales de enero de 1919 dio publicidad a un manifiesto dirigido a sus «leales» en el que explicaba su retención en Austria, la incomunicación y el neutralismo que había defendido para el carlismo. Anunciaba una depuración de responsabilidades y una reorganización del partido. Ante las diversas interpretaciones que se hicieron de sus palabras, los intentos de evitar la publicación del texto, las divisiones en la dirección interior del partido y el lógico asombro de buena parte de los correligionarios, el pretendiente clarificó su posición en otro manifiesto, fechado el 15 de febrero, en el que criticaba en especial a la prensa carlista, a los que habían ocultado sus instrucciones durante la guerra y a todo aquel que pusiera en duda su autoridad como jefe del carlismo. Las reacciones al manifiesto no se hicieron esperar. Juan Vázquez de Mella, el principal aludido, contraatacó con otro manifiesto y selló una importante escisión en el carlismo.

La caída de la monarquía, tras la dictadura de Primo de Rivera, y la proclamación de la II República en 1931 no sólo abrieron nuevos horizontes al carlismo sino que también facilitaron los contactos a alto nivel entre monárquicos, ya que las dos ramas de los Borbones españoles se encontraban en el exilio. La cuestión sucesoria era un tema de preocupación creciente en el seno del carlismo ante las perspectivas de futuro ofrecidas por la pertinaz soltería de un pretendiente sexagenario y las de su virtual heredero, su tío don Alfonso, nada menos que octogenario y sin descendencia. De las conversaciones telefónicas entre el destronado Alfonso XIII y el pretendiente Jaime y, sobre todo, de los contactos mantenidos desde mayo por sus hombres de confianza, nació un documento que ambos reyes supuestamente firmaron, fechado en Territet el 12 de septiembre de 1931. Este pacto de familia abogaba por la unión monárquica y dejaba en manos de unas Cortes la proclamación, en el futuro, de un rey. En el caso de que don Jaime resultase el elegido, las Cortes se ocuparían también de designar un sucesor, figura para la que los promotores del acuerdo pensaban en el tercer hijo de don Alfonso XIII, Juan. El pacto fue ignorado por casi todo el mundo, muy especialmente por los dirigentes y seguidores carlistas que nunca llegaron a darle crédito o bien lo tildaron de maniobra proalfonsina. Del pacto suizo sólo quedarían unas buenas relaciones entre los dos primos, que intercambiaron visitas y cumplidos, y esperanzas en algunos sectores carlistas, minoritarios, partidarios de la fusión dinástica.

En todo caso, la muerte a principios de octubre de 1931 de don Jaime, al que su corazón jugó una mala pasada, frustraría el acuerdo. Tras unos concurridos funerales en París, el cuerpo de don Jaime fue trasladado a la Tenuta Reale de Viareggio, en Italia, para recibir sepultura junto a la tumba de su madre, doña Margarita, como había dejado especificado en el testamento. La muerte sin vástagos de don Jaime hizo que fuese proclamado como pretendiente carlista al trono su tío Alfonso, un anciano de ochenta y dos años.

Don Alfonso, que había contraído matrimonio en 1871 con María de las Nieves de Braganza, hija del rey-pretendiente portugués Miguel I, tampoco tenía descendencia. Esta circunstancia pendería sobre el carlismo como una espada de Damocles. El infante Alfonso adoptó el título de duque de San Jaime y el nombre de Alfonso Carlos I. Entre los carlistas, el nuevo pretendiente no era demasiado conocido por haberse mantenido desde el final de la guerra de 1872-1876 en un segundo plano. No resulta sorprendente, pues, la celeridad con que se pusieron en circulación sus retratos, algunos de la última carlistada y otros recién terminados de hacer. Nacido en 1849 en Londres, hermano de don Carlos, sirvió como zuavo pontificio y, posteriormente, combatió en la segunda guerra carlista en los territorios de Cataluña y del Centro, acompañado por su esposa. Las principales ocupaciones de don Alfonso en la media centuria siguiente fueron los viajes y la impulsión en toda Europa de las ligas contra el duelo.

La aparición en escena de don Alfonso Carlos en 1931 facilitó, por una parte, la integración de integristas y mellistas en una nueva amalgama contrarrevolucionaria tradicionalista, y, por otra, reabrió la cuestión del pacto firmado en Territet. Hubo algunos intentos para que don Alfonso Carlos lo aceptase y le otorgase validez. Éste rechazó el acuerdo por no considerarlo en armonía con la doctrina tradicionalista, pero aceptó nombrar una comisión para que elaborase un nuevo pacto. El pretendiente estaba convencido de que su sobrino Jaime había reconocido al tercer hijo de Alfonso XIII como sucesor. En enero de 1932 un nuevo proyecto de pacto se encontraba encima de la mesa. Los dos «reyes» se comprometieron a hacer públicos sendos manifiestos, que debían preludiar la firma del documento. Don Alfonso Carlos reconocía en un largo texto a la línea de su sobrino Alfonso como su sucesora, siempre y cuando se reconociese la legitimidad de la dinastía carlista y fuesen aceptados los principios tradicionalistas. La respuesta de Alfonso XIII fue sin embargo decepcionante, pues no entraba ni en una cuestión ni en la otra. La espera presidió su actitud, dando por hecha la unión tras la más o menos próxima muerte del anciano pretendiente carlista. Éste se mantuvo firme en su posición, persuadiéndose poco a poco sin embargo de que los otros no darían ningún paso. El acuerdo puede considerarse roto en 1934.

En los primeros meses de 1936 ocurrieron dos acontecimientos que ocuparían mucho tiempo a los carlistas y marcarían la trayectoria futura de la Comunión. En primer lugar, la preparación para un alzamiento inminente, que se produciría en el mes de julio. En segundo, la instauración de la Regencia. El problema sucesorio seguía encima de la mesa, sin solución y generando inquietud. La avanzadísima edad del pretendiente, a la que había que sumar algunos problemas de salud, la entrada del partido en una decisiva espiral conspirativa y, asimismo, la actividad de proalfonsinos y cruzadistas —promotores de la candidatura de Carlos de Habsburgo-Lorena y Borbón— aconsejaba actuar lo más rápido posible. Don Alfonso Carlos se inclinaba por una regencia de su sobrino Francisco Javier de Borbón Parma. El decreto de creación de la Regencia de enero de 1936 estableció que éste sería designado regente sin que ello le impidiera optar a la sucesión. Don Alfonso Carlos transmitió a don Javier su voluntad de excluir a los Borbones liberales del orden sucesorio ya que no disponían de legitimidad de ejercicio, y de que la Regencia no debía privarle de su sucesión.

La vida de don Alfonso Carlos, último miembro de la dinastía de los Borbones carlistas, se extinguió el 29 de septiembre de 1936. Junto a su esposa, pasaba una parte del año cerca de la frontera francoespañola y la otra en Austria. El día 28 fue atropellado por un vehículo en Viena, falleciendo de resultas de las heridas poco después de la medianoche. Los funerales se celebraron en la misma ciudad, presididos por su viuda y por don Javier; posteriormente se trasladaron al castillo de Puchheim, en cuya capilla recibió sepultura el cuerpo del pretendiente.

Los Borbón Parma y los otros

En octubre de 1936 se estableció la Regencia y se nombró príncipe regente a don Javier. Éste acometió sus nuevas ocupaciones con firmeza, si bien no entraba en sus planes a corto plazo optar a la sucesión. Era, sin embargo, el candidato ideal del difunto pretendiente y de una parte de los dirigentes del partido. Capitaneó, con la ayuda de Fal Conde, el carlismo no colaboracionista con Franco, que tuvo que enfrentarse al decreto de Unificación, a las presiones de militares y falangistas, a la instauración de la dictadura y al arrinconamiento del carlismo en la construcción del nuevo Estado inspirado por Franco. Francisco Javier de Borbón Parma y de Braganza había nacido en 1889 en tierras italianas. Era hijo del duque Roberto de Parma y de su segunda esposa, María Antonia, hija de Miguel I de Portugal y, en consecuencia, hermana de la esposa de don Alfonso Carlos. Casado con María Magdalena de Borbón-Busset, tuvo seis hijos: María Francisca, Hugo, María Teresa, Cecilia, María de las Nieves y Sixto Enrique. Los Borbones de Parma descendían de Felipe, duque de Parma, hijo del rey Felipe V. Una vez aplicada la ley de preferencia absoluta de los varones y descartados los matrimonios morganáticos, las paternidades dudosas y las ramas liberales, la dinastía de los Borbón Parma se erigía en una sólida opción para suceder al último «rey» de la primigenia dinastía carlista.

Durante la segunda guerra mundial don Javier optó claramente desde Francia por el bando aliado e incluso colaboró con la Resistencia. La Gestapo le detuvo en 1943 y fue trasladado al campo de concentración de Dachau. Parece que los gobernantes españoles, advertidos por sus homólogos alemanes, se desentendieron del asunto. El campo fue liberado en 1945. El regente intentó restablecer rápidamente la comunicación con sus seguidores, pese a que tardaría todavía algún tiempo en recuperarse de las secuelas físicas del internamiento.

La Regencia creó muchísimos quebraderos de cabeza a los carlistas. El estado de indefinición y la falta de un referente de alto poder simbólico y movilizador como era el rey estimularon el retraimiento y fomentaron las disputas entre partidarios de uno u otro pretendiente: don Javier y don Juan, pero también el archiduque Carlos de Habsburgo-Lorena y Borbón, que adoptó el nombre de Carlos VIII. A partir de 1943 los carloctavistas irrumpieron con fuerza. El archiduque Carlos, nacido en 1909, era hijo de Leopoldo Salvador de Toscana y de doña Blanca y, por tanto, nieto del pretendiente Carlos VII. Ya durante la II República un grupo de carlistas, a fin de evitar que la sucesión recayese en los Borbones liberales, había promovido la candidatura del archiduque, presionando a don Alfonso Carlos para que lo nombrase su sucesor. El estallido de la guerra civil aparcó la cuestión, que volvió a removerse en 1941 como consecuencia de la abdicación de Alfonso XIII en su hijo Juan. La operación fue estimulada e inicialmente financiada desde el propio régimen. Carlos de Habsburgo llegó a España en 1944, eligiendo como residencia la ciudad de Barcelona. Cuando murió en 1953, víctima de una trombosis cerebral, su movimiento estaba ya en franco retroceso. Pese a los intentos de buscar nuevos candidatos en la familia del difunto el octavismo se fue difuminando, aunque sin desaparecer del escenario carlista.

Las peticiones hechas a don Javier para que pusiese fin a su Regencia fueron continuas a lo largo de los años cuarenta y principios de los cincuenta. Las muchas presiones recibidas hicieron que, pese a estar poco convencido, el regente proclamase el 31 de mayo de 1952 que asumía la sucesión del último rey carlista. El acuerdo quedaba, sin embargo, pendiente de promulgación. Si bien en los años siguientes don Javier ratificó sus palabras —sobre todo en 1956—, no sería hasta 1965, en el castillo de Puchheim, cuando dio oficialmente por terminado el mandato de don Alfonso Carlos y se designó como Javier I. El acto de 1952 no gustó a las autoridades, que le forzaron a abandonar España. Los posibles efectos que a corto y medio plazo podía haber tenido la decisión de 1952 quedaron anulados por las dilaciones de don Javier y la tardanza en dar el siguiente paso.

Los Borbón Parma entraban decididamente en la «batalla» por la sucesión de Franco. El acto de Montejurra de 1957, al que acudió por vez primera Carlos Hugo comprometiéndose ante la concurrencia a actuar como príncipe de Asturias, fue, en este sentido, un momento clave. Nacido en París en 1930, Hugo, el mayor de los hijos de don Javier y Magdalena, se casó en 1964 con Irene de Holanda. La pareja ha tenido cuatro hijos: Carlos Javier, Margarita, Jaime y María Carolina.

La popularidad de los Borbón Parma aumentó, incluso más allá de los círculos carlistas.

En 1957 se produjo el desembarco de un conjunto de notables carlistas, muy influyentes pero sin seguidores, en las filas del juanismo. Esta operación empezó días después del Montejurra-57 y finalizó con el desplazamiento a finales de año de cerca de medio centenar de personajes a la residencia portuguesa del conde de Barcelona en Estoril para reconocerlo como rey. En el hijo de Alfonso XIII y Victoria Eugenia de Battenberg, nacido en 1913, se reunían la legitimidad de origen y, tras unas vagas declaraciones tradicionalistas, también la de ejercicio. La autoproclamación real de don Javier y la irrupción en Montejurra de su hijo en 1957, así como la necesidad de don Juan de afianzar su candidatura a la sucesión del dictador, explican el acto de Estoril.

El último decenio franquista, entre el acto de Puchheim de 1965 y la abdicación de don Javier en 1975, resultó muy agitado en el seno del movimiento carlista. La familia Borbón Parma fue expulsada de España en 1968 y Juan Carlos de Borbón fue nombrado en 1969 sucesor de Franco. A partir de entonces se dieron pasos agigantados en la ruptura con el franquismo y en lo que, en la época, los carlistas designaron como su «clarificación» ideológica. Don Javier siguió traspasando la dirección del partido a su hijo primogénito. El Partido Carlista se convirtió bajo el liderazgo de éste en socialista, autogestionario y federal. Carlos Hugo, que recibió en aquellos años el apodo de «príncipe rojo», privilegiaba cada vez más su función como presidente del partido por encima de la de pretendiente.

En abril de 1975 don Javier abdicó en Carlos Hugo. Los primeros gobiernos del posfranquismo le crearon numerosos problemas, retardando su incorporación al nuevo escenario de la transición española. El decidido alineamiento en las filas de la oposición antifranquista y la abdicación de don Javier provocaron paralelamente la ruptura definitiva con los sectores tradicionalistas del carlismo. El enfrentamiento entre socialistas y tradicionalistas tuvo su momento culminante en el Montejurra-76 y encontró su simbolismo fratricida en el cara a cara entre Carlos Hugo y su hermano Sixto Enrique. Este último, nacido en 1940, había ingresado en los años sesenta en la Legión y era un convencido ultraderechista. Sus declaraciones contra el Partido Carlista provocaron su expulsión de este grupo en noviembre de 1975. Los carlistas tradicionalistas, ayudados por toda la extrema derecha, le convertirían en «Sixto-Rey». Tras los hechos de Montejurra, Sixto Enrique salió rápidamente de España; instalado en Francia, ha mantenido hasta hoy estrechos lazos con los ambientes «ultras». Carlos Hugo, por su parte, siguió al frente del Partido Carlista. En las elecciones de 1979, en las que era candidato por Navarra, no se obtuvo ningún escaño. A raíz de esta derrota empezó una cascada de dimisiones, cuya guinda fue la renuncia a la presidencia de Carlos Hugo.

El anciano Javier de Borbón Parma falleció en Suiza en mayo de 1977 víctima de un infarto, tras unas semanas en las que los conflictos entre sus dos hijos varones se habían agudizado. Sus restos fueron enterrados en la abadía de Solesmes. La esposa de don Javier, Magdalena, hizo responsables de esta defunción a Carlos Hugo, María Teresa, Cecilia y María de las Nieves, impidiéndoles en 1984, a su propia muerte, el acceso al castillo de Lignières. Únicamente Francisca y Sixto Enrique pudieron permanecer junto al cadáver de su madre.

En los últimos años, tras casi dos décadas de ausencia, los Borbón Parma han vuelto a vincularse con el carlismo. Sixto Enrique, que reside en Francia y está ligado al Frente Nacional, dio a conocer en 2001, tras recuperarse de un grave accidente, un manifiesto, y su causa es representada en España por Rafael Gambra. Por otra parte, Carlos Hugo, que reside actualmente en Europa, y tres de sus hermanas han participado en numerosos actos del Partido Carlista, al mismo tiempo que aterrizaban en Parma a la búsqueda de honores. Les han acompañado frecuentemente los hijos del primero, que ya fueron presentados en sociedad en Múnich en 1994. Dos de ellos, Carlos Javier y Jaime, han hecho últimamente promesas de atender los asuntos carlistas. A principios de julio de 2002 Carlos Hugo entregó su archivo al Estado español. El hecho de que el príncipe Felipe haya sido una de las personas que han intervenido en esta donación y la presencia en el acto de María Carolina de Borbón Parma han desatado rumores, no confirmados, de boda real. Hoy, como ayer, en definitiva, a pesar de su marginalidad, sigue siendo difícil imaginar el carlismo sin la figura emblemática de un «rey».

9. La ideología

La ideología del carlismo ha representado durante mucho tiempo la variante española dentro del amplio espectro de doctrinas contrarrevolucionarias aparecidas frente a la expansión de las ideas ilustradas y enciclopedistas en el siglo XVIII que inspiraron, a su vez, las grandes revoluciones en las postrimerías de ese siglo. Las doctrinas del carlismo tienen, por otra parte, su hueco mejor tallado entre las de los «legitimismos» monárquicos, doctrinas contrarrevolucionarias que en este caso estaban ligadas explícitamente al mantenimiento de las específicas formas de la «legitimidad» monárquica prerrevolucionaria. En el caso español, a la doctrina contrarrevolucionaria clásica se suma la vertiente política de su encarnación en una opción dinástica concreta, aunque, de hecho, este mismo fenómeno se daría en Portugal y más tardíamente (desde 1830) en Francia.

Más allá de los intentos de hacer del carlismo la continuación modernizada de un pensamiento «tradicional» español, de querer convertirlo en una corriente renovadora del conservadurismo de raíz antiliberal, o de presentarlo como una alternativa «hispánica» al liberalismo laico y democrático de cuño extranjero (y de todo ello hay ilustres y variados ejemplos), lo cierto es que la ideología carlista, y la contrarrevolucionaria en general, no tiene su origen, como han pretendido los propios carlistas, en los teólogos y juristas del Siglo de Oro sino que es, sencillamente, la continuación del pensamiento antiilustrado del siglo XVIII de notable presencia en España como arquetipo de resistencia frente a la obra innovadora de la revolución liberal. El pensamiento político concreto que cristalizaría en el carlismo produce sus primeras formulaciones ni más ni menos que en el debate ideológico y político suscitado en el entorno y en el interior de las Cortes de Cádiz a partir de 1810.

Pero dicho esto, es preciso también hacer dos matizaciones importantes. La ideología del carlismo ha estado sujeta desde sus orígenes a reformulaciones y acomodaciones sucesivas en el curso de una historia de casi dos siglos de duración, manteniendo, sin duda, supuestos inamovibles, pero introduciendo algunas «actualizaciones». En consecuencia, contra lo que a veces parece, el monolitismo no es una de las características del pensamiento carlista, aunque su inspiración tenga zonas inamovibles. De otra parte, es cierto que el carlismo recoge un amplio espectro de influencias que permiten mantener que se convirtió en la más genuina expresión, acrisolada con el paso del tiempo, de las doctrinas del tradicionalismo, pero, especialmente en el siglo XX, existen otras, aunque no enteramente desligadas de ella (integrismo, monarquismo conservador, protofascismos, etc.).

De la reacción absolutista a la doctrina del carlismo, 1810-1846

La primera formulación pues de las doctrinas contrarrevolucionarias en España se fue gestando con anterioridad a la aparición de un concreto problema dinástico. La confluencia entre el pensamiento contrarrevolucionario y una de las opciones dinásticas surgidas en el conflicto español del primer cuarto del siglo XIX se operó posteriormente dando lugar al nacimiento del carlismo, alimentado ideológicamente por el pensamiento antiliberal anterior. Por tanto, el origen de las doctrinas que luego caracterizarían el carlismo se encuentra en el amplio debate y enfrentamiento que rodeó a las Cortes de Cádiz, dentro y fuera de ellas, en las intervenciones parlamentarias pero también en el periódico, el folleto o panfleto, los discursos o los sermones eclesiásticos. Los más caracterizados diputados antiliberales, Inguanzo, Ostolaza, Lázaro del Dou, clérigos todos, el obispo Quevedo y fray Rafael Vélez, arzobispo posteriormente, Mozo de Rosales (después marqués de Mataflorida), Lardizábal y otros muchos más, junto a publicistas como el Filósofo Rancio (Padre Alvarado) o fray Diego de Cádiz, son, sin ninguna duda, el precedente directo del pensamiento realista y carlista.

Sin embargo, existe un documento sobre todo, el llamado *Manifiesto de los Persas,* elevado al rey Fernando a su regreso en 1814, que ha sido señalado por cierta historiografía proclive al carlismo como la mejor expresión de un supuesto pensamiento absolutista «renovador», que sería el recogido por el carlismo. Una atribución discutida y por demás dudosa. El redactor del texto parece que fue su primer firmante, Bernardo Mozo de Rosales, marqués de Mataflorida, personaje cuya importancia hemos visto ya en relación con la rebelión realista y la Regencia de Urgel en los años veinte. El Manifiesto rechazaba categóricamente la obra de las Cortes y abogaba, en todo caso, porque la monarquía del futuro estuviese basada en las «Leyes Fundamentales del Reino», las antiguas leyes del reino. La propuesta iba poco más allá de pedir que el monarca respetase el precepto de contar con las viejas Cortes estamentales de las que los reyes se habían acostumbrado a prescindir. El célebre decreto de 4 de mayo de 1814 por el que el rey Fernando declaraba nulo todo lo efectuado por las Cortes entre 1810 y 1814 prometía algunas reformas que parecen inspirarse en lo que el Manifiesto pedía. Reformas que, excusado es decirlo, jamás se pusieron en marcha.

El pensamiento antiliberal de la época de las Cortes de Cádiz fue igualmente el fundamento de la posición política anticonstitucional asumida posteriormente en toda su plenitud por los sublevados realistas del trienio liberal. La ideología del realismo era la continuadora de la de los «serviles» de las Cortes y fue, asimismo, el precedente o, mejor, la matriz de la que saldría el fundamento político que alimentaría la opción dinástica de don Carlos de la que siempre se dijo, con razón, que representaba algo más que la mera disputa de la corona. Muchos textos realistas reconocían, ciertamente dentro de su absolutismo, la necesidad de reformas en las estructuras políticas de la vieja monarquía. Es el caso de los nuevos escritos de Mataflorida *(Manifiesto que los Amantes de la Monarquía...)*, del Manifiesto del barón de Eroles a los catalanes, de los de la Regencia —redactados por estos mismos— y de algunos otros cabecillas.

El lenguaje contrarrevolucionario pareció adoptar también términos y expresiones que proceden del liberal, Constitución, por ejemplo, y habla de tener en cuenta las libertades de los súbditos, viéndose en algunos casos, como en el escrito del barón de Eroles las primeras reivindicaciones foralistas frente al uniformismo de cuño liberal *(... recurriremos a los fueros de nuestros mayores...)*. Pero en todos los textos realistas anteriores a la existencia del partido de don Carlos se advierte una defensa a ultranza del viejo sistema y, como ocurre ya en los escritos de los *malcontents* catalanes, un rechazo visceral de las soluciones a la francesa del tipo de la Carta Otorgada y las Cámaras no únicamente ya estamentales pero tampoco inorgánicas y representativas.

¿Cuáles fueron los elementos esenciales de la ideología del realismo-carlismo en ese primer tramo de su existencia? En líneas generales se refieren al origen divino del poder, la soberanía exclusiva del monarca, la legitimidad basada en las tradiciones, la religión como sustrato fundamental de todo ordenamiento social y político, la negación de la libertad de conciencia y la de imprenta, por tanto, consolidado todo ello por la alianza imperecedera entre el poder espiritual y el poder terrenal bajo la repetida fórmula de «Altar y Trono». Éste es el conjunto de argumentaciones contenidas en libros absolutistas tan difundidos como la *Apología del Altar y del Trono* publicado en 1825 por fray Rafael Vélez, arzobispo de Santiago, pero bastante antes en los documentos que ya hemos aludido. Este pensamiento contrarrevolucionario enlazaba perfectamente con el producido en otros lugares de Europa.

La deriva del realismo, o de una importante parte de él, hacia la adhesión a don Carlos, cuya propia posición personal evolucionaría en línea del absolutismo más cerrado, tendría más implicaciones políticas y sociales, y sobre todo dinásticas, claro está, que propiamente ideológicas. En los años veinte y treinta del siglo no habría ninguna novedad en la práctica en las ideas contrarrevolucionarias y el lenguaje cambiaría muy poco. Si acaso, las novedades estribarían en la aparición en los textos de la condena de la masonería, como ocurre con los de los *malcontents* catalanes. El grueso de la publicística de procedencia carlista en los años treinta la absorbe la polémica jurídica, histórica, a la que no faltan algunos ribetes teológicos, sobre el derecho de sucesión. Las doctrinas contra la «democracia» y la representación, contra la «irreligión» y demás extremos ocupan un amplio lugar en los escritos, de origen eclesiástico siempre, aparecidos en la publicación oficial de la corte de don Carlos, la *Gaceta Oficial* llamada después *Boletín Oficial de Na-*

varra y Provincias Vascongadas. Hay en todo caso un hecho claro: la desaparición práctica en los escritos carlistas de los años treinta de cualesquiera propósitos de reforma de los que abundaba el lenguaje realista de los años veinte. La única cuestión que siguió incidiendo en la división de los carlistas fue la posibilidad o no de alguna forma de entendimiento político con los liberales.

El carlismo como «alternativa» al liberalismo, 1846-1897

La conclusión de la guerra civil en 1840 y, en mayor medida, la marcha hacia un régimen de liberalismo moderado, a tono con los signos de eclecticismo político que advino en Europa antes de las revoluciones de 1848, favoreció la aparición de propuestas ideológicas a las que cabría el apelativo de «intermedias», ahora sí, entre ciertas posiciones liberales y el mantenimiento de las instituciones del viejo régimen. No es éste, sin embargo, el caso de un libro que tuvo influencia, el del fraile mercedario fray Magín Ferrer, *Las Leyes Fundamentales de la Monarquía Española,* aparecido en 1843. Las tesis de fray Magín constituyen la negación radical de todo entronque del liberalismo en la tradición política española y son demostrativas de lo que el pensamiento absolutista en estas fechas creía que eran las «leyes políticas fundamentales»:

> No me propongo el inútil empeño de ofrecer las verdaderas leyes fundamentales como escritas en nuestros códigos; porque éstas en su origen no son obra del legislador, pues provienen de las costumbres, de los usos y de los hábitos de los pueblos: de modo que cuando ocurre escribirlas como leyes fundamentales es cuando ya están escritas de antemano en el corazón de los habitantes del país.

Por tanto, las leyes fundamentales del absolutismo deberían «escribirse» también, por muy ligadas que estuviesen a la ley natural, a la voluntad del monarca, a su responsabilidad y prudencia, como decía la doctrina tradicional. Las instituciones en que debía basarse ese sistema serían unas Cortes en las que perviven aún los estamentos medievales pero bajo la forma de «clases», palabra que el carlismo seguiría utilizando posteriormente.

Los escritos doctrinales del momento se centran mucho más en la crítica del liberalismo que en la exposición de claras propuestas contrarias a él. Pedro de la Hoz, un notable periodista director del periódico carlista más caracterizado de la época, *La Esperanza,* arremete contra el sistema de gobierno «monárquico-parlamentario» *(Tres artículos políticos),* Vicente Pou *(España en la presente crisis)* hace una crítica del eclecticismo político propio del moderantismo liberal y una defensa cerrada de don Carlos como única solución, Mariano Roquer *(La teoría de los gobiernos civiles)* entiende malamente lo que significa un gobierno con oposición institucionalizada, o, en fin, Atilano Melguizo y Félix Lázaro García publican *El sistema liberal impugnado por sí mismo.* Otro asunto que ninguno de estos autores entendía, y al que todos criticaban severa y significativamente, era el de la «publicidad» de las deliberaciones de las asambleas políticas y, en consecuencia, la libertad de imprenta, cosas rigurosamente ajenas al sistema político absolutista.

Los escritos «conciliatorios» son de origen no propiamente carlista sino producto de plumas como la de Jaime Balmes, cercano al «vilumismo» moderado, que buscaron la conciliación en la línea del eclecticismo. Ello coincidiría con la instauración del régimen moderado a partir de 1843 y con la abdicación de don Carlos en 1845. La posición de Balmes representaba un difícil equilibrio entre algunas de las aportaciones liberales —un Estado de fundamentos burgueses, sin duda, dotado de unas Cortes— y el mantenimiento de una monarquía de base tradicional, católica, con derechos limitados de los ciudadanos. Se dice que Balmes redactó el Manifiesto firmado por el conde de Montemolín en 1845 y, en todo caso, él fue uno de los más firmes defensores de una solución política transaccionista y conciliatoria al tiempo que una dinástica mediante matrimonio. Tener, en todo caso, el pensamiento balmesiano por carlista no deja de ser otro abuso histórico en un tema en el que hay muchos.

Nada fundamentalmente nuevo produjo la ideología carlista tampoco en los años cincuenta del siglo XIX. El documento carlista anterior al sexenio revolucionario que suele ser considerado sobresaliente es de los años sesenta, la *Carta de la Princesa de Beira a los españoles* de 25 de septiembre de 1864. Como ya sabemos, el origen inmediato de ese documento fue la necesidad de enfrentar el pleito dinástico planteado por la actitud de don Juan de Borbón, en quien habían recaído los derechos sucesorios según la opción carlista, pero que se había declarado liberal y aceptado a Isabel II el año anterior. El documento, pues, tiene como eje esa cuestión. Firmado por la princesa fue realmente redactado por Pedro de la Hoz y el obispo de Seo de Urgel, José Caixal, personaje de notable influencia.

La Carta de 1864 exponía que sus objetivos eran responder a tres preguntas: quién era el rey, la naturaleza del liberalismo y la «divisa» para el futuro. En cuanto al primer asunto lo nuevo era la doctrina de la legitimidad de ejercicio, una proposición que, sin emplear ese nombre aún, intenta resolver la aporía de que el poder político pueda llegar a ejercerse por una persona «divinamente ungida» por la herencia pero indigna o incapacitada para ello. La Carta dejaba claro que la legitimidad no sólo la concede el origen sino también la trayectoria, es decir, el ejercicio. Don Juan se había negado a jurar las leyes fundamentales y, en consecuencia, perdía la legitimidad de su derecho heredado por nacimiento y era preciso proclamar rey a su hijo Carlos VII.

La diatriba contra el liberalismo resulta lo más apocalíptico de todo el documento. Las condenas que se hacen al liberalismo se apoyan en la hecha «por el Sumo Pontífice y los obispos católicos» en 1862 (se trataba, pues, de Pío IX y su reacción antiliberal que acabaría dos años después en la *Quanta Cura* y el *Syllabus):* la soberanía nacional que niega el origen divino del poder, la autonomía de la razón, la ley de las mayorías, la relación con la Iglesia y el despojo de los bienes de ésta, la opinión pública, etc., son condenados sin paliativos según la más reciente doctrina antiliberal del papado. El liberalismo era «un puro protestantismo aplicado a la política». En fin, acababa aclamando «nuestra antigua divisa: religión, patria y rey... como ley fundamental de nuestra España católica», una de las primeras formulaciones hechas de ese trilema. Un rey «por la gracia de Dios y no por la gracia de la soberanía nacional», pero también «legítimo», cuyo poder era de origen divino y que «antes que rey es padre de los pueblos que Dios le ha confiado». Comparada con la doctrina de la legitimidad de origen francés que circulaba entonces en Europa, o con otras doctrinas antiliberales, como la de Donoso, por ejemplo, el documento resultaba además notoriamente anticuado.

Mayores novedades entre las concepciones antiliberales iban a traer el conjunto de escritores que serían conocidos como «neocatólicos», a los que nos hemos referido ya y que, en su mayor parte, acabarían ingresando en el carlismo al enconarse los radicalismos en 1868. Estos pensadores, desde Nocedal a Aparisi y Guijarro y Gabino Tejado eran, asimismo, estrictamente deudores de las doctrinas pontificias y florecerían cuando en el otro extremo del espectro intelectual apuntaba precisamente un pensamiento muy distinto, el del krausismo. El neocatolicismo suele considerarse como una versión particular del pensamiento carlista y, en buena medida, así es, aunque su origen es liberal, pues la procedencia de muchos de sus hombres es el ala más conservadora del moderantismo.

La abundante publicística carlista del sexenio es tal vez la que menos rezuma su procedencia eclesiástica. Seguramente ello está estrechamente relacionado con el hecho de que el remozamiento ideológico es resultado de la «amalgama contrarrevolucionaria» de la que hemos hablado. En la ideología que el carlismo hace suya ahora hay numerosos elementos que representan un acercamiento a ciertas conquistas de la sociedad de su tiempo. Un documento de interés indudable, entre otras cosas por su novedad, es la *Carta-Manifiesto a su hermano Don Alfonso,* que firma don Carlos y cuyo redactor fue Aparisi y Guijarro. Como extremos doctrinales más novedosos aparecían la disposición a dar «con unas Cortes, una ley fundamental» mientras el texto hablaba con cierta insistencia de la necesidad de reformas. Pero abogaba resueltamente por «la unidad católica», cumpliendo, desde luego, lo establecido en los Concordatos anteriores. Se hablaba con lenguaje relativamente nuevo de la descentralización estatal, de la hacienda y se llegaba incluso a declarar funesto el librecambismo.

En este orden de ideas y con similitud de lenguaje se mantendrían todos los manifiestos firmados por don Carlos en la época. Pero seguramente el más trascendente de todos ellos fue el firmado en Morentín (Navarra) el 16 de julio de 1874, conocido generalmente como *Manifiesto de Morentín,* cuyo redactor fue el periodista y publicista Valentín Gómez, importante también en futuras discordias dentro del carlismo. El documento era una declaración de la política general del carlismo y de sus objetivos en la guerra. Algunos párrafos esenciales merecen ser transcritos porque el carlismo no había hecho nunca una declaración realmente tan cercana a «los principios del siglo»:

> Hay principios eternos, inmutables como Dios, de quien proceden. Pero hay doctrinas políticas sujetas a la mutabilidad de las cosas humanas y a la variedad de las circunstancias y de los tiempos. [...] España es católica y monárquica [...] pero ni la unidad católica supone un espionaje religioso, ni la integridad monárquica tiene nada que ver con el despotismo. No daré un paso adelante ni más atrás que la Iglesia de Jesucristo. Por eso no molestaré a los compradores de sus bienes. [...] He reconocido siempre que los pueblos tienen derecho a que su rey les oiga por medio de sus representantes libremente elegidos. [...] Quiero, pues, la legítima representación del pueblo en Cortes. [...]

Sin duda, se contenía aquí el más «progresivo» pronunciamiento que el carlismo alcanzó en todo el siglo XIX. Los escritores carlistas del período abordaron una amplia gama de cuestiones: desde los derechos del pretendiente hasta el análisis de los males del país para llegar a las propuestas políticas y económicas concretas. La sucesión y la fusión dinástica (Aparisi y Guijarro, marqués de Pérez-Fiel), la personalidad del pretendiente (Navarro Villoslada), los males del liberalismo (Aparisi, Pallés y Beltrán, Valentín Gómez), la situación política del momento (Manterola, Tejado, Llauder, Martorell y Feliú) fueron tratados entre otros temas, y, lo que es más importante, muchos de ellos planteaban las «alternativas» políticas al liberalismo (Aparisi, Comin, Múzquiz, Valentín Gómez), aceptando algunos presupuestos traídos por éste.

Seguramente fue Aparisi y Guijarro, muerto muy tempranamente en el período, el autor que dejó la obra más sólida, variada y duradera en medio de la marea de escritos repetitivos. Aparisi aportaría concepciones que serían la base para la doctrina más homogénea del tradicionalismo posterior. Él marcó el paso desde añejas soluciones tipo Antiguo Régimen a propuestas que encajaban mucho mejor en la sociedad y la política del último cuarto del siglo XIX. Su *En defensa de la libertad* contiene algunas de estas propuestas. Según él, era preciso que la «tradición» se acomodara «a las verdaderas necesidades, a las legítimas aspiraciones y hasta al gusto presente». Él hizo el primer bosquejo de unas «Cortes orgánicas», corporativas, no estamentales, donde estuviesen representados los grupos: Iglesia, propietarios urbanos y rurales, ciencias y artes y «los procuradores especiales de los humildes y los pobres». Un lenguaje aún más claro, en el que aparecen la soberanía nacional, la democracia, la relativa separación de Iglesia y Estado, es el que se muestra en el libro de Luis María Llauder, *El desenlace de la Revolución Española,* aparecido en 1869.

Sin embargo, los tiempos de la posguerra posteriores a 1876 vieron diluirse en buena medida algunos de los elementos ideológicos que habían caracterizado la amalgama contrarrevolucionaria y ello fue especialmente cierto hasta 1885, tiempo en que la jefatura del partido estuvo encomendada a un estrecho conservador de cuño teocrático como fue Cándido Nocedal. Un variado género de enfrentamientos internos, desde lo ideológico a lo personal, culminó en la disidencia «integrista» que estalló en 1888. El integrismo capitaneado por Ramón Nocedal —hijo de Cándido— arrastró consigo a una buena parte de la prensa carlista y de la militancia y se consumó en la *Manifestación de la Prensa Tradicionalista* aparecida en agosto de 1888. El integrismo representaba el rechazo de las propuestas «modernizantes» del carlismo de los años del sexenio, entre las que ocupaban un lugar destacado las hechas en el *Manifiesto de Morentín,* una denuncia del «cesarismo» y el rechazo del acercamiento del catolicismo a las posiciones liberales. Uno de sus productos más notables sería el célebre texto del canónigo catalán Sardá y Salvany *El liberalismo es pecado.*

En los años noventa las diversas vicisitudes políticas y sociales, estudiadas en la primera parte de este libro, que afectaron al carlismo y marcaron su trayectoria hacia la transformación en un partido político mucho más a tono con los tiempos, tuvieron, obviamente, un reflejo doctrinal muy directo, aunque es verdad que esta modernización no alcanzaría el fondo mismo de los presupuestos esenciales de su pensamiento. Pero las doctrinas del carlismo tendieron a expresarse, en todo caso, a través de más elaboradas síntesis y a producir verdaderos programas políticos que le situarían en una posición peculiar en las «extremas derechas» españolas —la expresión es de Vázquez de Mella—, entre la exacerbación integrista y la transigencia y acomodación del liberalismo católico, el «pidalismo», por su dirigente Alejandro Pidal.

El documento que puede considerarse tal vez como el comienzo de ese nuevo recorrido y que sería básico para la evolución operada en el siglo XX es el llamado acta de Loredán de 1897, que se debe casi con toda seguridad al nuevo astro ideológico, Juan Vázquez de Mella, aparecido en la política carlista en los años ochenta. El acta, que firmaría el nuevo jefe, marqués de Cerralbo, tenía la forma de un verdadero programa. Tras una introducción general, en la que se hablaba de la nación «regida por la constitución interna que para ella ordenaron los siglos» —concepto tomado claramente del liberalismo doctrinario— pero donde se advertía que «las invenciones son imposibles en la esencia de las doctrinas», se desarrollaba un programa dividido en epígrafes.

Comenzaba enfatizando la «unidad católica», la monarquía «legitimada por el derecho histórico» —el persistente historicismo es otra de las connotaciones de este pensamiento— y se diseñaban luego unas Cortes, en la línea de lo expuesto años antes por Aparisi, que se decía que respondían a las viejas tradiciones medievales —como había pretendido igualmente el liberalismo— de claro contenido corporativo, compuestas por los representantes de «fuerzas e intereses», por procuradores «de cada clase» y gremio, con mandato imperativo. El regionalismo y los fueros ocupaban también un epígrafe, al tiempo que se insistía en la «unidad política nacional», se hablaba de la descentralización económica, del ejército, la marina y las colonias y, por fin, de la cuestión social, dividida en la cuestión obrera, la cuestión agraria y la enseñanza. La articulación del texto, que recogía los extremos más comunes de los programas políticos, la claridad de su exposición —con independencia de la ambigüedad de muchos conceptos— y ese carácter de amalgama de ideas conceden al documento una importancia innegable y un carácter de definidor de una nueva era en el pensamiento carlista.

La versión carlista del tradicionalismo, 1897-1936

Desde finales del siglo XIX la palabra tradicionalismo se fue empleando progresivamente en los medios carlistas para designar su identidad ideológica y actuó como palanca para la pretensión no abandonada desde entonces de ligar su pensamiento a lo tradicional en las manifestaciones ideológicas y políticas españolas y, en todo caso, a las autóctonas, frente a la ideología «nueva y foránea» que representó siempre el liberalismo, por no decir otras posiciones aún más distantes, como serían el socialismo o el anarquismo, por ejemplo. Ni qué decir tiene tampoco que semejante pretensión se basaba en no pocas mistificaciones y visiones mitológicas, compartidas en gran manera por otras expresiones del pensamiento «tradicional». Pero lo cierto es que esa designación no sólo contribuyó a facilitar un nuevo nombre al partido, el de Comunión Tradicionalista, sino que sería tenida en ciertos círculos, hasta bien avanzado el siglo XX, incluidos los creadores de la ideología de otra fehaciente amalgama, el franquismo, como una doctrina fundamentada y homogénea, por más que no fuera en realidad sino un simple acarreo de conceptos y presuposiciones cimentados en su oposición común a la filosofía política del liberalismo.

El tradicionalismo, pues, si es que puede hablarse realmente de ello como doctrina política coherente, tenía en realidad dos vertientes: una era la más general que se mantenía esencialmente en el plano del pensamiento: el intento de construcción de una filosofía política antiliberal que, por vez primera, aportaría ciertas concepciones «en positivo» sobre las fundamentales cuestiones relacionadas con la sociedad y la política, más allá de la mera reacción antiliberal propia de la mentalidad «Antiguo Régimen», pero impregnadas siempre del pensamiento religioso. De ahí la pretensión de ahondar sus raíces en las concepciones católicas de la Contrarreforma.

Pero, junto a ello, existe un segundo contenido que permite hablar de que el carlismo representó una versión propia y limitada de ese gran magma de las posiciones tradicionalistas, intentado construir una política específica de partido. Desde comienzos del siglo XX la ideología carlista se adentraría en un laberinto intelectual y publicístico que tenía como denominador común, más que otra cosa, la definición de un pensamiento político católico lejos de cualquier contaminación de los presupuestos liberales. Pero el exacto grado de tal lejanía fue motivo de amplias y duraderas disputas. Aparecería entonces una nueva generación de ideólogos, a cuya cabeza estaría indudablemente Vázquez de Mella, cuyas posiciones iban a divergir progresivamente en torno a tres orientaciones. La que podríamos llamar más ortodoxa (Mella, Polo y Peyrolón, Gil y Robles), la que estaría más cercana a las posiciones del integrismo (Roca y Ponsa y antes Mateos Gago y muchos publicistas jesuitas) y la que plantearía la «crisis del Tradicionalismo» (Minguijón, Arboleya, Severino Aznar, Víctor Pradera), orientaciones cuyas divergencias se acusarían como consecuencia de la actitud del partido en la primera guerra mundial comenzada en 1914.

En el seno del carlismo, especialmente a comienzos del siglo XX, se discute con calor la posibilidad de elaborar un «programa mínimo», tendencia conocida como minimismo, que trataría, partiendo de que el comportamiento carlista clásico estaba en crisis, de encontrar también algún *modus vivendi* con el pensamiento conservador ajeno al carlismo pero con el que había coincidencias indudables en algunas cuestiones básicas: el orden social capitalista, la unidad religiosa estricta, la necesidad, aunque fuese limitada, de representación política de los ciudadanos y la descentralización del aparato del Estado. El planteamiento más conocido es el de Salvador Minguijón en *La crisis del Tradicionalismo*. De ahí se derivaría la gran cuestión de la «unión de las derechas», en la que se embarcarán personajes como el propio Minguijón, Severino Aznar o Víctor Pradera y con posterioridad a 1919 el mismo Mella. La conexión de esta tendencia con la aproximación ideológica a la democracia cristiana por un lado y a los movimientos perifascistas en los años veinte y treinta es ostensible.

Sin duda, el hombre más representativo del pensamiento tradicionalista de cuño carlista en este tiempo sería Juan Vázquez de Mella hasta su silencio definitivo al llegar la dictadura de Primo de Rivera (moriría retirado en 1928). Mella fue un pensador completamente asistemático, mucho más orador que escritor o dirigente, cuyo pensamiento es bien conocido gracias a la recopilación póstuma de sus ideas en unas *Obras completas*. Aun así, se trata del mejor expositor de la ideología tradicionalista en versión carlista. Más que por aportar ideas enteramente nuevas, su obra se caracteriza por la amplitud del espectro de las cuestiones abordadas, por su irreductible oposición a capitulación doctrinal alguna con el liberalismo (de donde la imposibilidad de entendimiento con posiciones como las de Maura, con quien tuvo contactos), por el intento de argumentar las supuestas hondas raíces históricas del pensamiento tradicionalista y, en definitiva, por presentar en su obra el panorama más completo del pensamiento contrarrevolucionario.

Hay no pocos temas básicos en su pensamiento que quedaron instituidos como doctrina inalterable del carlismo «ortodoxo» posterior, pese a su disidencia final con el jaimismo y su alejamiento del partido, llegando a fundar otro. La monarquía confesional católica a ultranza, la negación de la democracia inorgánica y su insistencia en el apoyo en los «cuerpos sociales intermedios», las «clases» y gremios, el regionalismo y la descentralización, cierta forma de «imperialismo» hispánico, la atención a la cuestión social siempre dentro del pensamiento eclesiástico son, con algunos otros, los extremos que más insistentemente aparecen en su pensamiento.

En relación con ello, es preciso reparar en la posición, no exenta de ambigüedades, que el tradicionalismo mantuvo con una realidad política e intelectual de creciente presencia en España como fue el regionalismo, el foralismo y la relación de ello con los nacientes nacionalismos. Que el carlismo tiene una relación muy escasa con las corrientes nacionalistas nacidas en ámbitos donde su propia influencia era antigua e importante, las provincias vascas, Navarra (en cuanto al foralismo), Cataluña o zonas de Levante y Aragón, parece hoy fuera de discusión. Sin embargo, no se puede negar la progresiva asunción por el carlismo de las reivindicaciones forales y su apuesta por la regionalización de la monarquía —una visión historicista también— y el reconocimiento de personalidad histórica a las regiones. En la primera guerra carlista pueden ya encontrarse, si se rastrean, algunos pronunciamientos foralistas, y el caso de las empresas de Muñagorri muestra que ello podía ser un arma importante. En la segunda guerra, el apoyo del carlismo en las reivindicaciones forales fue indudable. En el país vasconavarro ello es un elemento importante del soporte del carlismo en esas fechas. Carlos VII procedería a un reconocimiento universal de los derechos forales, al menos como declaración política.

Pero el regionalismo foralista tenía unos principios bastante diferentes de los de los nacionalismos regionales. La «Nación» española era básica para el carlismo, la unidad de la monarquía también. La cuestión no iba más allá del reconocimiento de personalidades históricas, de privilegios, exenciones y descentralización. De hecho, el propio Sabino Arana dedicó una importante atención a negar que el carlismo fuera defensor de los fueros en la amplia polémica mantenida en 1897 con el carlista alavés Eustaquio de Echave-Sustaeta. Ello no obsta para que algunos de los primeros nacionalistas pudiesen proceder del carlismo o el integrismo y que, con el paso del tiempo, se hiciesen más evidentes las profundas concomitancias entre carlismo, fuerismo y nacionalismo en ámbitos como el vasco, o que la reacción ante todo ello fuese también problemática en Cataluña, como muestra la obra del obispo Torras y Bagés o las posiciones de Vayreda o Bardina, entre otros.

El final: de la confusión a la marginalidad, 1936...

El advenimiento de la II República al comenzar la década de los años treinta tuvo para el carlismo en el terreno ideológico, y en los demás, una primera derivación: la reunión de nuevo en un solo movimiento de las tres corrientes desgajadas con anterioridad, jaimismo, integrismo y mellismo. Ello debía suponer una única ortodoxia. De hecho, a partir de 1932, y dadas las nuevas condiciones políticas en que se desenvolvió la Comunión Tradicionalista, la influencia doctrinal preponderante en él fue la del integrismo. Antes de 1936 el carlismo hubo de hacer frente en el terreno ideológico a la creciente influencia de las posiciones tomadas de la ideología fascista que aparecían en grupos como el de Acción Española e impregnaban al monarquismo alfonsino en general.

Pero la historia misma de los años treinta, la participación decidida pero subordinada de la Comunión Tradicionalista en el alzamiento antirrepublicano de julio de 1936, tuvieron una consecuencia trascendental: la imposición del régimen dictatorial del general Franco, y de una amalgama ideológica cuyo mejor nombre es el de franquismo, imprimieron a la ideología del carlismo una deriva sin retorno, un principio del fin, el de su marcha indeclinable hacia la marginalidad. En ningún terreno el carlismo obtuvo ventajas de su incorporación a una aventura que no podía controlar. En el tiempo de la guerra se vio ya obligado a acomodar sus presupuestos a la confusa doctrina imperante, que cimentaría la construcción del nuevo Estado, de lo que sería un ejemplo, entre otros, el *Ideario,* con varias ediciones, que elaboraría el dirigente navarro Jaime del Burgo. Pero las consecuencias negativas de la guerra y la disconformidad, en definitiva, del carlismo con ellas tendría su expresión en el significativo documento que el más importante dirigente, Manuel Fal Conde, firmó y envió en 1939, la *Manifestación de los Ideales Tradicionalistas a su Excelencia el Generalísimo...* Un texto que recogía la más clásica doctrina tradicionalista en versión carlista. No tuvo efecto alguno.

El carlismo vivió una ambigua situación en todos los terrenos hasta que a finales de la década de los cincuenta empezaron a producirse en su interior reacciones cuyos efectos reales fueron la dispersión, la disputa ideológica, la aparición de corrientes diversas en relación con su actitud ante el régimen —incluyendo también el reverdecimiento de la cuestión sucesoria no resuelta— y una nueva producción ideológica con facetas dispersas también. Al carlismo ortodoxo e intransigente habían venido representándolo, entre otras, figuras como Fal Conde, Melchor Ferrer y el regente Javier de Borbón Parma. Ya en los años sesenta la efervescencia doctrinal reflejaría el mismo fenómeno que se estaba produciendo en otros movimientos tanto de oposición al franquismo como de intentos posibilistas de convivir con él.

Con anterioridad a 1970 pueden señalarse varias tendencias. Una de ellas fue la que insistiría en los principios tradicionalistas con la vista puesta, no obstante, en buscar compatibilidades o interpretaciones que hicieran posible su inmersión en las doctrinas del Movimiento Nacional. Con diversos matices éstas serían las posiciones representadas por algunas entidades nuevas, los Círculos Vázquez de Mella o el Centro de Estudios Históricos y Políticos «General Zumalacárregui». Se trataba de posiciones que alimentarían intelectuales ejercientes en la Universidad como Francisco Elías de Tejada, Francisco Puy o Luis Vallet de Goytisolo, entre otros. Sus doctrinas, juridicistas e historicistas insistían en el enlace entre este pensamiento y el clásico español de la Contrarreforma, con algunas incrustaciones del fascismo y en las que desempeñaba un papel esencial el problema de la unidad religiosa suscitado por las nuevas corrientes eclesiásticas manifestadas en el concilio Vaticano II. Resultado de ello fueron las publicaciones derivadas de los Congresos de Estudios Tradicionalistas de 1964 y 1968, las publicaciones del centro «General Zumalacárregui», como el libro *¿Qué es el carlismo?* de 1971. En esta corriente se inscribirían también escritos como los de José María Valiente o Rafael Gambra.

Pero junto a ello apareció otra vertiente de carácter más innovador. La que intentaba extraer del ideario carlista los extremos que, pretendidamente, podían hacer de él una doctrina popular y «populista», incluso democrática, federalista y defensora de las autonomías *(El carlismo y las autonomías regionales* de Evarist Olcina), lejos del autoritarismo y cesarismo, con ribetes de posiciones sociales anticapitalistas, etc. Ello era, indudablemente, el reflejo de la gran frustración de los resultados de la guerra civil y, también, del nuevo ambiente de oposición al régimen franquista ampliamente difundido en la década. Autores como Josep Carles Clemente, Evarist Olcina, son ejemplos de ello, pero seguramente lo son aún en mayor medida publicaciones como las del movimiento Carlismo 68, alguna en forma de catecismo en la que pueden leerse cosas como:

> *¿Qué es la Tradición?:* Conjunto de soluciones creadas por los hombres, acreditadas por la Historia como eficaces y acordes con la Ley de Dios. [...] *¿Qué es la democracia?:* Un proceso histórico que, reconociendo al Pueblo como mayor de edad, promociona gradualmente su participación en el poder, en la riqueza y en la cultura. [...] Una Monarquía estable tiene hoy que ser democrática. [...] *¿Qué es el carlismo?:* Un movimiento de pensamiento y acción, que propugna para España un régimen al servicio del hombre concreto y capaz de realizar históricamente la justicia y la libertad. [...]

En los ambientes universitarios aparecieron asociaciones en esa línea como el SUCCUM en Zaragoza. Se perfilaba aquí una especie de «carlismo de izquierda» que no sería, como veremos, el último paso en esa dirección.

En efecto, ligada estrechamente a la propia evolución de la familia Borbón Parma y cuando el protagonismo en la reivindicación dinástica fue pasando de don Javier de Borbón Parma a su hijo Carlos Hugo, el carlismo emprendió su última aventura ideológica: la de la proclamación del socialismo autogestionario como doctrina propia. Con independencia de los precedentes de tal pirueta, su definitiva materialización puede verse en las declaraciones de los llamados Congresos del Pueblo Carlista, de los que se celebraron tres entre 1970 y 1972 en Arbonne (Francia), residencia de don Javier de Borbón Parma. En el primero de ellos se hacían declaraciones como:

> La concepción carlista de la revolución social se opone tanto a la revolución individualista capitalista como a la comunista. [...] La revolución social que propugnamos, necesaria, pretende que las estructuras de la sociedad deben ser de representación diferenciada, tanto de las realidades ideológicas como laborales y regionales. [...]

El régimen social que se proponía se concretaría luego en ese socialismo autogestionario —donde la imagen de algunos experimentos como el yugoslavo era patente— y en el mismo sentido se redefinirían conceptos como el de poder, pacto corona-pueblo, libertad, partido político, etc. Ello llevaba necesariamente al abandono de toda idea de Comunión para adoptar claramente la de partido, el nuevo Partido Carlista, estructura con la que el grupo carlista que siguió a la familia Borbón Parma actuó en la época de la transición posfranquista.

Esto no significó la desaparición de toda otra serie de corrientes que se reclamaban carlistas y que en modo alguno dejaron de proclamar las viejas doctrinas tradicionales. El panorama tenía todo el aspecto de un cisma. Pero semejante situación tenía como base la pérdida progresiva y definitiva de peso social e ideológico del carlismo de siempre, de su atomización completa y de su marginalidad creciente en el panorama de los grupos y del pensamiento político español al terminar el siglo XX.

10. La violencia y la política

Los movimientos políticos y sociales extraen de su acervo cultural los modos de protestar y de organizarse, de forma que los repertorios de acción colectiva cambian en función de las identidades de los contendientes y de su modo de responder a la historia acumulativa de las luchas colectivas. Estos repertorios de protesta dependen, entre otros factores, de las costumbres y rutinas diarias de la gente, de la organización estructural de la población, de su concepción del derecho y de la justicia, de la experiencia previa acumulada en anteriores acciones colectivas y de las prácticas de represión más habituales.

Pero los *stocks* culturales no son algo estático, y los repertorios de protesta crecen y cambian con el tiempo, siempre dentro de un número limitado de opciones impuestas por el entorno histórico y cultural en que ese movimiento se desenvuelve. Como fenómeno político y social, el carlismo presenta una serie de peculiaridades que le hacen especialmente interesante en cuanto punto de observación de un modo específico de acción colectiva: la violencia como estrategia de disputa de poder.

Sobre los repertorios violentos del carlismo

Ningún otro movimiento político de la España contemporánea ha mostrado una predisposición tan franca y tan persistente a la violencia política como el carlismo, hasta constituirla en parte indisociable de su praxis política, de su identidad colectiva y de su acervo cultural. El recurso a la lucha armada ha sido, en efecto, una de las características más persistentes de la acción política del carlismo, sobre todo en el siglo XIX, en el que el movimiento legitimista mantuvo con todo vigor su amenaza de guerra por considerar que la violencia era la estrategia más eficaz para relacionarse con el naciente liberalismo y poder influir en su programa de reformas. Como señalaba un artículo aparecido en *El Correo de Guipúzcoa* el 17 de agosto de 1908, «quítese al partido carlista su carácter de amenaza, de violencia y habrá perdido todo su enorme peso sobre las orientaciones revolucionarias».

Como típico movimiento protopolítico, el carlismo desarrolló un repertorio tradicional de protesta donde el malestar campesino era liderado y canalizado a través de las redes clientelares dominadas por los grupos privilegiados que acumulaban poder e influencia, y que dirigieron la acción reivindicativa popular hacia objetivos políticos. La progresiva construcción de una cultura política beligerante y victimista, tan deudora de las hazañas militares de un pasado glorioso, condujo a que en ocasiones los repertorios violentos se acabasen fijando en arquetipos casi inmutables cuya preservación legitimaba la ejecutoria del propio movimiento, que difícilmente pudo prescindir de ellos a pesar de constatar su creciente ineficacia y su falta de adaptación a la realidad social y política del país.

Si bien el carlismo no inventó casi nada en lo referente a la violencia, sí introdujo y perfeccionó alguna de las más innovadoras técnicas de confrontación que se han podido experimentar en España en los últimos dos siglos. De modo que en la historia del carlismo se podrían compendiar casi todas las tácticas de violencia política utilizadas en nuestro país a lo largo de la época contemporánea.

Los arquetipos insurreccionales: Ejército real y «partida latrofacciosa»

La guerra civil de 1833-1840 fue el conflicto donde cristalizaron dos de los arquetipos violentos más persistentes del carlismo: la partida armada y el Ejército real, concebidos como los puntos inicial y final de un proceso de insurrección a gran escala. Aunque en los prolegómenos del conflicto se dieron otras modalidades de confrontación física, como la protesta campesina (el carlismo prolongó las anteriores tradiciones de movilización campesina, pero trató de dar a la contrarrevolución una organización y una dirección política estable), la rebelión urbana o el motín militar, no cabe duda de que la insurrección a campo abierto, de la que la guerrilla fue su manifestación más frecuente, acabó por transformarse en la táctica de resistencia por antonomasia de los carlistas, a mitad de camino entre la lucha irregular y el bandolerismo, y que podía resumirse en el apelativo denigratorio oficial de «partida latrofacciosa».

En ocasiones, las partidas fueron el reflejo, espontáneo y poco articulado, de luchas populares como la rebeldía contra las quintas o la protesta contra el deterioro de la situación económica. Pero en otros casos no se ingresaba en las bandas por voluntad de protesta social sino por mercenarismo, afán delictivo (pillaje, robo a mano armada, secuestro o contrabando fronterizo), tentaciones especulativas o para burlar la persecución del Estado por pequeños o grandes delitos. Resulta perfectamente constatable la mezcolanza entre el bandolerismo y la reivindicación política en las actividades de las partidas, que fluctuaban sin excesivo esfuerzo desde los hechos bélicos hasta el bandidaje puro y simple, en cuyo contexto las exacciones se empleaban para financiar la guerra pero también para labrarse una fortuna personal.

La táctica guerrillera no era una novedad en la España de la cuarta década del siglo XIX. Ya se había desplegado con éxito indudable durante la guerra de la Independencia y en el trienio liberal. La guerrilla reapareció durante la revuelta de los agraviados de marzo-octubre de 1827. En los albores del conflicto civil comenzado en 1833 la guerrilla alumbró al Ejército real, pero con la evolución de las necesidades de la guerra y las luchas faccionales en la cúpula del carlismo ambos procedimientos de lucha armada acabaron por entrar en colisión y hacerse difícilmente compatibles, salvo en el reducto semiautónomo del Maestrazgo, gobernado con mano de hierro por el cabecilla Ramón Cabrera.

Tomás de Zumalacárregui, con sus indudables dotes de mando, logró transformar unas masas campesinas sin instrucción militar en un aguerrido ejército con el que intentó poner en práctica un proyecto subversivo que —dicho sea con las debidas prevenciones respecto a un anacronismo que ha sido aprovechado con pocos escrúpulos por el radicalismo *abertzale* en los últimos años— recuerda en el plano estrictamente técnico a la guerra prolongada que Mao preconizaría en Yenán un siglo después: un despliegue secuencial de resistencias campesinas dispersas que, merced a la capacidad organizadora del caudillo político-militar y a la simbiosis lograda entre el combatiente y la población, se vertebraron en una auténtica «resistencia estratégica» (la guerrilla desplegada entre finales de 1833 y la primavera de 1834) que debía desembocar en la formación de un ejército regular.

Cuando esta fase pareció alcanzarse hacia abril-mayo de 1835 Zumalacárregui creyó llegado el momento de iniciar una audaz guerra de movimientos, que desde el reducto vasconavarro asestara un golpe al corazón del Estado liberal que confirmase la «superioridad estratégica» obtenida en el norte de España. La obstinación mostrada en el cuartel real por dilatar esta acción decisoria empantanando a las fuerzas carlistas en el primer asedio de Bilbao —resultan sintomáticos los problemas militares de los carlistas ante las grandes ciudades en ambas guerras civiles— frustró la mejor ocasión para extender y hacer hegemónica esta modalidad de lucha eminentemente popular.

En los años cuarenta aparecieron guerrillas o partidas en Cataluña y el Maestrazgo, sobre todo en esta última región en 1844. Muchas volvieron a confundirse con fenómenos como el bandolerismo de los *trabucaires* (llamados así por el uso del trabuco), hombres escondidos en el monte, inadaptados a la vida de paz, que veían en la delincuencia con coartada política una forma más o menos cómoda de vida. Estas partidas con trasfondo carlista se mantuvieron en Cataluña hasta la guerra de los *matiners* de septiembre de 1846 a mayo de 1849. El fenómeno de la partida a campo abierto, concebida como un elemento central impulsor de la insurrección, fue el predominante también en la lucha del tradicionalismo contra la democracia durante el sexenio.

Además de ser el preludio prematuro, degenerado y anacrónico de intentos insurreccionales fallidos, las partidas carlistas levantadas al comienzo de la Restauración aparecen como catalizadoras de las secuelas sociales y políticas (bandidaje, clandestinidad, emigración) que trae aparejado todo conflicto civil prolongado. Debido a su progresivo desarraigo de las estructuras políticas y comunitarias de las que se nutría durante las grandes conflagraciones de la pasada centuria, la guerrilla degeneró fácilmente en las tortuosas circunstancias de la posguerra y la emigración política, en manifestaciones de delincuencia común como las partidas, nutridas por desertores, vagabundos, exiliados y delincuentes comunes que se dedicaban al pillaje, el robo a mano armada, el secuestro o el contrabando fronterizo y que utilizaban indistintamente la cobertura seudopolítica del carlismo o el republicanismo.

La crisis del insurreccionalismo y la modernización de la estrategia violenta

La derrota final en la guerra de 1872-1876 fue el ocaso definitivo del sueño carlista de constituir un ejército regular que decidiera a su favor un conflicto civil de gran magnitud. Durante la primera etapa de la Restauración los carlistas antepusieron la ortodoxia doctrinal y la unidad partidista a cualquier veleidad insurreccional, y se situaron a la espera de las acciones republicanas. Fracasaron en una cosa y en otra, pues no pudieron evitar ni las rupturas internas ni los levantamientos armados, frutos ambos del mismo ambiente de confrontación que afectaba a un partido en crisis de liderazgo y en curso de reestructuración, y que seguía además sin definir claramente su táctica, ora en la legalidad parlamentaria, ora en la rebeldía centrada en métodos tradicionales como la partida, la guerrilla y la insurrección en campo abierto.

La agitación carlista a final de siglo coincidió, por su parte, con el punto más bajo del prestigio del pretendiente Carlos VII y de las formaciones republicanas, incompetentes para actuar como eficaces *partenaires* subversivos. A pesar de los planes elaborados minuciosamente por los responsables del brazo militar del partido, los comités carlistas no actuaron de forma coordinada, y en su mayoría fracasaron estrepitosamente como incitadores políticos y sociales de la rebelión. El asalto frustrado de una partida carlista a Badalona el 28 de octubre de 1900 fue el exponente de este fracaso estratégico y abrió profundas heridas en el seno del movimiento, suscitando un intenso debate político que conllevaba también el replanteamiento de las viejas tácticas de lucha armada.

Aunque los veteranos de las guerras civiles seguían defendiendo con ardor los añejos métodos de combate —la partida y la guerrilla como fase previa y complemento a las operaciones de un verdadero Ejército real—, el fracaso de la «octubrada» de 1900 mostró que el peso político y social del país se inclinaba ya hacia los grandes centros urbanos. Desde allí, los tentáculos de un Estado moderno podían abortar de modo casi fulminante todo tipo de rebelión en despoblado, que medio siglo antes hubiera podido extenderse o, en el peor de los casos, permanecer agazapada por tiempo indefinido. A comienzos de la nueva centuria la guerrilla fue pasando de los manuales tácticos a las novelas de época.

A pesar de su creciente marginación y falta de mordiente subversivo, el carlismo siguió conservando un vago tono militar en su organización y en la mentalidad de sus bases. El talante insurreccional del movimiento legitimista y la guerra civil eran mitos que se mantuvieron con enorme fuerza entre los carlistas de base —especialmente los más jóvenes, los exiliados o los ex combatientes del anterior conflicto civil— durante este último cuarto del siglo XIX. Nunca se destacará lo bastante el papel desempeñado por los círculos tradicionalistas en la socialización de este talante violentamente insurreccional propio del carlismo.

Como resultaba patente en el legitimismo francés contemporáneo —esencialmente el grupo político-intelectual de *Action Française*—, la eficacia de la acción pública pasaba por la renovación doctrinal, la reforma organizativa basada en un mayor esfuerzo de propaganda ideológica, la captación y el encuadramiento de las juventudes y la autonomía táctica del partido respecto al pretendiente, sin renunciar a los principios esenciales del tradicionalismo. Y, lo que resultaba más importante, un nuevo enfoque, más agresivo e innovador, de la acción política, a medio camino de la legalidad y la rebeldía, mediante la creación y el desarrollo de una milicia u organización política armada. El carlismo intentaría con desigual fortuna la resolución de estas premisas de modernidad en los años siguientes.

El Requeté y la plenitud de las actitudes paramilitares

La transferencia de la conflictividad sociopolítica del ámbito rural al urbano en los primeros años del siglo XX no pasó inadvertida para los carlistas de menor edad. La juventud de determinados círculos comenzó a ejercitarse en nuevas tácticas de lucha predominantemente callejera, inspiradas con toda probabilidad en el activismo de las *Jeunesses Royalistes* y las *ligues patriotiques* francesas de finales del siglo XIX. Con la recuperación organizativa iniciada en 1902 aparecieron en Madrid, Barcelona y otras ciudades los «Batallones de la Juventud», grupos armados de autodefensa contra anarquistas, socialistas, republicanos y anticlericales de toda laya, organizados y adiestrados paramilitarmente en los círculos carlistas como elemento de reproducción de una subcultura política de elevado tono militante.

En 1907 el activista catalán Juan María Roma fundó oficialmente el Requeté como entidad de encuadramiento de los escolares de 12 a 16 años, aunque este vocablo, procedente quizá de una denominación popular asignada al Tercer Batallón de Guías de Navarra en la segunda guerra civil, servía desde finales de siglo para designar a los militantes más jóvenes de la Comunión. De este Requeté pacífico e infantil, precursor de los Pelayos de la guerra civil de 1936, surgió una organización homónima que actuó como grupo armado al margen de los «Batallones de la Juventud», a los que sustituirían posteriormente. Con todo, el Requeté «civil» y el paramilitar coexistieron durante algún tiempo dando lugar a las inevitables confusiones.

A la altura de 1910 el nuevo pretendiente, don Jaime, decidió potenciar y sistematizar una organización paramilitar independiente y de alcance nacional. En la reestructuración del jaimismo llevada a cabo a principios de 1913, el «general» Joaquín Llorens quedó encargado del Requeté, que fue reglamentado como escuela preparatoria del voluntariado. La frenética actividad desplegada por Llorens en el nombramiento de responsables regionales y provinciales de la milicia, en la constitución de Requetés comarcales y locales y en el establecimiento de una Junta Central Tradicionalista Organizadora de los Requetés de Cataluña, insuflaba aún mayor entusiasmo en las juventudes jaimistas.

Tras la defección mellista en 1919 el Requeté entró en una prolongada decadencia, dejando paso a nuevos modos de movilización callejera de tipo contrarrevolucionario, como fueron las «guardias cívicas». El *ethos* violento del carlismo de acción acabó por infiltrarse de forma irremisible en el terreno sociolaboral con la aparición, el 10 de octubre de 1919, del Sindicato Libre como reacción del obrerismo jaimista barcelonés frente a la moderación exhibida por la dirección carlista regional y al monopolio en la representación de las demandas de los trabajadores a que aspiraba la CNT.

Tras la proclamación de la República, y favorecido por las circunstancias políticas, el Requeté se transformaría en la milicia armada más potente y sólidamente estructurada del momento. La conmoción causada por las primeras medidas laicizadoras impulsadas desde el Gobierno y la tortuosa gestación del estatuto de autonomía para las provincias vasconavarras precipitaron al carlismo en una espiral de reacción violenta con tonos apocalípticos que en ocasiones recuerda las manifestaciones de la rebeldía «cristera» en México. El primer año de nuevo régimen estuvo plagado de agresiones entre rivales ideológicos.

La culminación del proceso de convergencia de las varias tendencias tradicionalistas fue un acto conjunto celebrado en Pamplona el 11 de enero de 1932, donde Sáenz Marco preguntó qué debía hacerse ante la patria ultrajada, y la audiencia respondió «¡Ir al monte!». El jaimismo trató de responder a la situación de enfrentamiento creciente aplicando una doble estrategia violenta: el perfeccionamiento de una fuerza paramilitar remozada y el impulso a una conspiración antirrepublicana de amplio alcance. Esta última estrategia ya había rendido sus frutos con la creación de los primeros destacamentos de «boinas rojas» tras la quema de conventos, y con la reactivación del Requeté vasconavarro tras la creación del primer Comité de Acción el 14 de junio de 1931.

En la primavera de 1932 el mayor activismo callejero de los requetés se tradujo en la participación en diversas colisiones callejeras con elementos republicanos y socialistas, que degeneraron en tiroteos y siempre tuvieron como secuela la clausura de las sedes de la Comunión (algunas, como las de Pamplona, por espacio de varios meses) y la detención en masa de sus afiliados. Y ello precisamente en el momento en que dirigentes «transaccionistas» como Oriol, Bilbao, Pradera o Rodezno intensificaban sus contactos con militantes alfonsinos y republicanos conservadores de cara a un golpe de Estado que encabezaría Sanjurjo.

Sin embargo, el carlismo llevaba impulsando su propia estructura conspirativa desde antes de la proclamación de la República. El Comité de Acción jaimista creado en 1930 mantuvo estériles reuniones conspirativas con un comité alfonsino radicado en San Juan de Luz, mientras que en junio de 1931 los responsables del Requeté navarro celebraron reuniones en idéntico sentido con el general Luis Orgaz. La negativa de los responsables carlistas a secundar un pronunciamiento restaurador dio paso a los primeros atisbos de una conspiración carlista autónoma que comenzó a urdirse el 14 de ese mes durante una reunión entre jaimistas e integristas en casa de los Baleztena en Leiza.

Poco después, se celebró en Azpeitia una nueva reunión en la que se decidió la reorganización del Requeté para afrontar un eventual movimiento insurreccional de carácter eminentemente defensivo y centrado en el país vasconavarro contra las reformas de tipo religioso que el Gobierno de la República pretendía introducir. Sin embargo, la desarticulación de la trama conspirativa de Orgaz en agosto-septiembre de 1931 y la movilización preventiva de unidades militares en el Norte ante los rumores de agitación en el país vasconavarro, frenaron momentáneamente el desarrollo del Requeté y envenenaron aún más las tensas conversaciones comenzadas a finales de mayo entre alfonsinos y carlistas.

Tras la muerte de don Jaime el 2 de octubre de 1931, el nuevo pretendiente don Alfonso Carlos de Borbón y de Austria-Este ordenó el 8 de diciembre la disolución del Comité de Acción de París por considerar que las querellas libradas en su seno entre «transaccionistas» favorables a un pacto de acción con los alfonsinos y «aislacionistas» contrarios a esta táctica estaban minando la unidad del partido precisamente en un momento en que se consumaba el reingreso masivo de integristas y mellistas.

Una de las consecuencias inesperadas de la «sanjurjada» en 1932 fue la forzada coincidencia en prisión de jerarcas carlistas y jefes militares, que en ocasiones desembocó en significativas conversiones ideológicas y en futuros compromisos de colaboración. El caso más conocido fue el del coronel Enrique Varela, quien a finales de 1932 elaboró un prolijo *Compendio de Ordenanzas, Reglamento y Obligaciones del Boina Roja, Jefe de Patrulla y Jefe del Requeté,* heredero de una larga tradición de publicística carlista sobre asuntos de organización militar. El esquema normativo elaborado por Varela se ocupaba de asuntos como la uniformidad, el adiestramiento táctico (ejercicios en orden cerrado y en orden de combate e instrucción sin armas), la instrucción física, el régimen interior (inspirado en las Reales ordenanzas) y, sobre todo, la reorganización del Requeté, que pasó a estructurarse a partir de octubre de 1933 en unidades de inspiración militar: patrullas, grupos, piquetes, requetés y tercios. Las unidades superiores constituirían la base operativa del futuro ejército carlista, pero no alcanzaron plasmación real hasta épocas relativamente tardías.

El impulso dado por Varela al Requeté entre finales de 1932 y comienzos de 1933 se tradujo en un encuadramiento más eficaz, que aspiraba a erigir a esta milicia política en el embrión de un posible ejército nacional. Varela organizó también un sistema de mandos mediante capitanes y tenientes en activo o en retiro. Aunque las plantillas estaban incompletas, gracias a la concienzuda labor organizativa del bilaureado militar la milicia carlista comenzó su despliegue a escala nacional y su conformación como verdadero «Ejército en la sombra», capaz de trastornar el desarrollo político normal de la República mediante un alzamiento con fuerzas propias o el apoyo a una iniciativa subversiva de tono predominantemente castrense.

A comienzos de 1934 el Requeté había alcanzado un desarrollo considerable en Navarra, y contaba con importantes núcleos activistas en Vizcaya, Valencia, Cataluña y Andalucía, realizaba ejercicios militares en el campo y disponía de depósitos de armas y municiones. En abril se impulsó la creación de un Frente Nacional de Boinas Rojas como primera etapa en el desarrollo de una estructura paramilitar a nivel nacional para la que delegados alfonsinos y carlistas buscaron ayuda exterior. En efecto, en marzo Antonio Lizarza y el ex integrista Olazábal acudieron a Roma junto con los alfonsinos Goicoechea y el general Barrera para obtener ayuda económica y militar del gobierno de Mussolini. El pacto, consumado con las bendiciones de Rodezno y de la Junta Delegada, se consumó el 1 de abril de 1934, cuando Olazábal recibía medio millón de pesetas para gastos de la conspiración y después, según Lizarza, recibió el otro millón estipulado en el pacto. El 20 de julio un primer grupo de 15 requetés se entrenó militarmente en el manejo de ametralladoras y bombas de mano en una base aérea cercana a Roma.

El Requeté y la marcha hacia una nueva insurrección

La dimisión de la Junta Delegada el 20 de abril de 1934 y la llegada de Fal Conde al secretariado general de la Comunión el 3 de mayo supuso un giro táctico fundamental. Fal defendía para la Comunión una táctica claramente rupturista que entreveía la posibilidad de una acción insurreccional propia a medio plazo. Para el prometedor político andaluz la teorización de la lucha armada contra la República se reducía a la simple y tradicional fórmula de la resistencia a la tiranía emanada del derecho público cristiano y reactualizada en esos años por publicistas como Manuel Senante y clérigos como Aniceto de Castro Albarrán, Marcial Solana, Pablo León Murciego o Ignacio G. Menéndez Reigada. Fiel a esa línea doctrinal ortodoxamente católica, el «secretario de S. M.» opinaba que «el Poder es una violencia, el Poder es una fuerza física. Sólo queda organizar la resistencia adecuada a la violencia y a la fuerza. Y por ese camino llegaremos al fin».

Fal impuso una línea política de mayor centralización y control oficial, criticada como «fascistoide» por algunos viejos jaimistas nostálgicos de la placentera y anárquica autonomía de los tiempos de Villores y Rodezno. Estas acusaciones de «fascistización» tenían bastante de gratuito. La tónica cada vez más beligerante de la polémica fascismo/antifascismo imponía a todos los grupos extremistas, tanto de izquierda como de derecha, la transformación de su organización en un instrumento eficaz de combate callejero antes que la aceptación acomodaticia de la lucha parlamentaria. En ese contexto, algunos sectores muy localizados del movimiento carlista (sobre todo a su rama estudiantil, y ello de forma harto superficial) pudieron verse tentados de imitar los comportamientos y la parafernalia fascistas al considerarlos como los ejemplos más eficaces de lucha armada contra la revolución.

Pero ni la ideología, ni la cultura política, ni la estrategia general del movimiento carlista tenían gran cosa que ver con los postulados por los regímenes ultranacionalistas coetáneos de marcada vocación totalitaria. La radicalización del carlismo durante la República afecta más a la forma y organización del movimiento con un liderazgo cada vez más centralizado y a su talante violentamente contrarrevolucionario que a sus verdaderos postulados ideológicos. Ello no fue óbice para que los contactos secretos con Mussolini tuvieran la recompensa del apoyo en armas, dinero y capacitación militar a un todavía vaporoso proyecto de golpe de Estado.

Fal dio un gran impulso a las diversas formas asociativas del partido, especialmente las más militantes, de las que el Requeté actuó frecuentemente como avanzadilla, transformándose en una verdadera organización semimilitar. Según Blinkhorn, para conseguir este objetivo la jerarquía de la Comunión debía cumplir cuatro condiciones esenciales: culminar los trabajos de organización paramilitar de alcance nacional iniciados por Varela a finales de 1932 creando una Delegación Nacional presidida por José Luis Zamanillo; imponer una estructura y una disciplina militar eficaces (para lo cual se convocaron concentraciones y maniobras clandestinas en campo abierto); conseguir medios con los que las fuerzas pudiesen ser equipadas para las necesidades de la guerra moderna (logrados gracias a los acuerdos con Mussolini y al incremento del tráfico de armas por las fronteras francesa y portuguesa) y bosquejar y aceptar una estrategia de la insurrección coherente y práctica. Hacia finales de 1935 las tres primeras condiciones estaban en vías de cumplirse, y solamente la cuarta siguió atormentando al carlismo hasta la misma ruptura de hostilidades.

Fal no puso reparos a la continuación de las acciones callejeras del Requeté, pero comenzó a preparar un alzamiento armado en el campo, más adaptado a la táctica de lucha tradicional del carlismo. Durante 1935 el carlismo fue poniendo a punto su propia alternativa insurreccional. Durante todo el año se fueron creando nuevas secciones del Requeté, impregnando al conjunto de la organización en una más que patente paramilitarización. Los círculos tradicionalistas fueron adoptando una inconfundible fisonomía castrense. Ahora, estos locales se iban multiplicando y transformando en cuarteles, cuya parte inferior se dedicaba al cuerpo de guardia y retén del Requeté. Más alejado de la puerta, o en otra planta, se instalaban las oficinas y el despacho del jefe y el cuarto de banderas. En las buhardillas se daban las primeras sesiones de instrucción o de esgrima y se guardaban armas y municiones, y en algún sótano protegido se podían efectuar ejercicios de tiro.

A medida que el ingreso de militares en servicio o retirados por las leyes de Azaña permitía cubrir los cuadros de mando e inspección del Requeté junto con las docenas de hombres adiestrados en Italia, se efectuaba una escrupulosa tarea de selección de la suboficialidad, mediante cursillos de teoría y práctica militar como los impartidos a los candidatos a suboficial por Jaime del Burgo y Mario Ozcoidi en el Círculo pamplonés.

Desde la primavera de 1935 la dirección carlista fue madurando un proyecto insurreccional en el que la ayuda exterior y la exhibición pública de las propias fuerzas eran factores de primera importancia. La dirección nacional del Requeté, formada por Zamanillo, Ricardo Rada y Alejandro Utrilla, inició a mediados de año el bosquejo de un plan de acción defensivo ante la supuesta inminencia de otro movimiento revolucionario. El proyecto incluía la intensificación del adiestramiento en el campo o en los círculos y un mayor empeño en las acciones violentas contra las formaciones de izquierda.

En agosto, el secretario general de la Comunión anunció la culminación de la primera fase de consolidación organizativa del movimiento carlista, que en abril había declarado la existencia de 80 secciones locales del Requeté. Pamplona contaba por ese entonces con más de 300 «boinas rojas», que se ampliaron a un Tercio a comienzos de 1936. La cifra de 5.694 milicianos carlistas navarros que Lizarza comunicaba a Zamanillo en marzo de 1935 aumentó hasta los 8.000 a principios de 1936. Según datos procedentes de la

Delegación Nacional de Requetés, el 28 de febrero de 1936 el organismo paramilitar carlista contaba con más de 25.000 combatientes de primera y segunda línea, localizados preferentemente en Madrid, Andalucía, Valencia, La Rioja, Zaragoza, Cataluña, País Vasco y Navarra, todos ellos movilizables en veinticuatro horas y con abundante armamento y munición.

El fracaso electoral de la derecha acabó por persuadir al carlismo de la necesidad de emprender en solitario o con el apoyo militar una aventura insurreccional largo tiempo aplazada. Desde el 22 de febrero, Utrilla, nombrado por Lizarza inspector regional de la milicia, puso en estado de alerta permanente al Requeté navarro. El cambio oficial de denominación de las unidades del Requeté por las correspondientes al arma de Infantería (escuadras, pelotones, secciones, compañías y batallones, con una plantilla, impedimenta, insignias y armamento idénticos a los del ejército) a partir de marzo parece un indicio plausible de la inminencia de la puesta en marcha de un auténtico Ejército real, o bien de los deseos carlistas de coordinación organizativa con el complot militar que se estaba fraguando.

A finales de marzo se constituyó en San Juan de Luz una Junta Suprema Militar carlista encargada de gestionar la labor conspirativa, y hacia abril don Javier, recientemente nombrado regente de la Comunión, aprobó un plan de «división de trabajo» insurreccional de la Junta de Conspiración en nueve secciones: Dirección y coordinación; Estado Mayor Central o «Junta Militar»; Cuadros de Oficiales; Requetés; Compra de armas y transportes; Entrada y Depósito; Finanzas; Información y Propaganda y Prensa sobre el Ejército, los medios de comunicación y el extranjero.

El proyecto carlista, pergeñado al parecer en esos mismos días por la Junta Militar del grupo conspirador (dedicada a reunir, de acuerdo con Varela, los estudios técnicos complementarios para la acción) y que fue bautizado por Melchor Ferrer como «de los tres frentes», era un complejo plan insurreccional consistente en un foco de levantamiento principal en Navarra, País Vasco, Santander, Burgos y Logroño, al que se añadirían golpes de mano de la milicia en los centros oficiales de Madrid y concentraciones secundarias del Requeté aragonés, catalán y conquense en el Maestrazgo; del andaluz en la sierra de Aracena y de los carlistas castellanos y extremeños —apoyados por los falangistas de Madrid— en la sierra de Gata, como maniobras de distracción que ocultara una decisiva «marcha» del grueso del Requeté vasconavarro y catalán sobre Madrid.

Se trataba, por tanto, de un levantamiento periférico al abrigo de la proximidad de las fronteras portuguesa y francesa, conjugado con un movimiento diversivo en la capital del Estado. Sin embargo, parece que este proyecto, que contaba con la aquiescencia de destacados jefes militares, se frustró ante el aplazamiento y la ulterior suspensión del golpe de Estado castrense previsto para los días 19 a 24 de abril bajo el mando del general Rodríguez del Barrio.

A pesar de este revés, la dirección carlista no descartó de plano la posibilidad de una colaboración con los conspiradores militares, siempre que las condiciones políticas (en esencia, la constitución de un Gobierno provisional que derogase la legislación republicana y diese el primer paso para la restauración monárquica con el restablecimiento de un régimen autoritario, católico y corporativo) fueran asumibles por la Comunión. Éste fue el caballo de batalla de las tortuosas y contradictorias negociaciones paralelas de los líderes de las diversas facciones carlistas con sus interlocutores militares, especialmente con Mola. En última instancia, la Junta Regional carlista de Navarra encabezada por Rodezno ofreció a Mola 7.000 requetés a espaldas de la Junta de Conspiración de San Juan de Luz, cuyos integrantes, presionados por las circunstancias, renunciaron el 15 de julio a sus condiciones políticas previas, y recomendaron a regañadientes a don Javier que aceptara la implicación del Requeté en el movimiento militar para evitar un cisma en el partido.

En la mañana del 19 de julio, aquellos 6.000 carlistas que se habían concentrado en la pamplonesa plaza del Castillo estaban a la espera de armas, mientras que contingentes menores pasaban a apoyar activamente la subversión militar en otros puntos de la Península. La guerra civil abrió a la milicia y al conjunto del movimiento carlista unas perspectivas completamente inéditas, pero no por ello menos comprometedoras que la sorda lucha semiclandestina librada en los años anteriores.

Epílogo: paroxismo y ocaso del *ethos* violento del carlismo

Durante la guerra civil, que algunos quisieron interpretar como una tercera guerra carlista, el proceso de paramilitarización llegó a su momento culminante. La implicación del carlismo vasconavarro en el esfuerzo de guerra afectó a todos los grupos de edad, y en ocasiones resultó casi exhaustivo: de los 10.846 voluntarios levantados en Navarra a la altura del 1 de agosto de 1936 un 80 por 100 era de procedencia carlista. Aunque las unidades carlistas no se articularon en unidades de tipo batallón hasta después de la toma de San Sebastián el 13 de septiembre, la fijación del frente de Aragón, la ocupación de Somosierra y Guadarrama y las primeras columnas de operaciones en el Norte estuvieron protagonizadas en su mayor parte por los primeros Tercios del Requeté navarro.

La historia de las milicias carlistas en la guerra civil, donde la unidad central operativa fue el Tercio, equivalente al batallón, es densa y está plagada de la constitución de numerosas unidades de voluntarios, de gestas militares de gran relevancia y de un elevado número de bajas. La contribución total de sangre del carlismo ascendió a no menos de 5.400 muertos y 28.000 heridos. El carlismo navarro aportó también efectivos a las milicias de Falange, como las 2ª y 4ª Banderas de Navarra. Pero la proporción de voluntarios fue siempre favorable al partido fascista. El voluntariado carlista se mantuvo entre 13.000 y 20.000 combatientes durante toda la guerra. En octubre de 1936 se movilizaron 22.107 requetés frente a 36.809 falangistas y 6.192 de otras milicias de derecha. En julio de 1938 la proporción era de 19.969 requetés frente a 74.519 falangistas, y en febrero de 1939 de 23.716 «boinas rojas» por 72.608 «camisas azules».

Pero ninguna otra fuerza política contrarrevolucionaria había llegado tan lejos en su proceso de paramilitarización durante la República, y ninguna resultó tan decisiva por su contribución al desenlace de la guerra civil. En todo caso, su misma ubicación en un frente contrarrevolucionario liderado por el ejército lastró las posibilidades políticas de tan significativo esfuerzo combatiente. A partir del momento de la marginación política el movimiento paramilitar fue dejando paso a un no menos interesante fenómeno ex combatiente. Aunque en el contexto político de la dictadura tenía poco sentido el mantenimiento de una formación política armada, el Requeté sobrevivió hasta la transición democrática como exponente marginal de la mentalidad «guerracivilista» del carlismo y de un modo beligerante de entender la actividad política.

Su declive final no supuso el fin del *ethos* violento del carlismo sino que éste, en su giro doctrinal hacia el socialismo autogestionario dado a finales de los años sesenta, contempló un peculiar remozamiento de las viejas tácticas guerrilleras a través de la creación de los Grupos de Acción Carlista (GAC). Los GAC nacieron en 1965 en un local de Pamplona como grupo armado inspirado en el Requeté. Su actividad coincidió con las primeras manifestaciones de «propaganda armada» de la «nueva izquierda» en España. De hecho, la guerrilla urbana carlista mostró una mímesis de la violencia *abertzale* que fue más allá de una simple coincidencia cronológica. Los GAC mantuvieron desde 1969 relaciones con ETA, y llegaron incluso a asaltar un polvorín en Burgos en julio de 1970 para negociar con la banda terrorista el intercambio de media tonelada de explosivos por un alijo de armas.

Desarticulados los GAC, hubo intentos de relanzar el activismo a través de las Fuerzas Activas Revolucionarias Carlistas (FARC), una de cuyas primeras y últimas acciones fue el asalto a un instituto de Pamplona en diciembre de 1972. Todavía entre 1974-1978 estos «pistoleros carlomaoístas» efectuaron algunas acciones rayanas en la delincuencia común, como asaltos a bancos y cajas de ahorro, además de sendos intentos de secuestro de los embajadores Alberto Ullastres en Bruselas y de Manuel Fraga en Londres a finales de 1974.

En la gran crisis faccional del carlismo que frustró sus posibilidades como movimiento de masas en la transición también estuvo presente la violencia. Más allá de su elemento de provocación y de la implicación de pistoleros neofascistas, los sucesos de Montejurra del 9 de mayo de 1976 fueron el momento culminante de un enfrentamiento fratricida entre carlistas tradicionalistas y progresistas que se llevaba librando desde 1968. La violencia estuvo presente en la marginalización del carlismo en la escena pública española, del mismo modo que había alumbrado su nacimiento y su consolidación como movimiento político.

11. Historias del carlismo

ANTES de terminar este libro, parece adecuado hacer previamente un breve recorrido —acompañado de algunas reflexiones— por las historias del carlismo y la nómina de sus autores. El carlismo ha suscitado siempre, desde el mismo momento de su nacimiento, un gran interés entre los estudiosos y, singularmente, entre los historiadores. Esto resulta lógico si tenemos en cuenta la gran importancia que el movimiento ha tenido en la historia contemporánea española. En las últimas décadas del siglo XX y, concretamente, tras la definitiva marginalización política del carlismo, se produjo un destacado e ininterrumpido crecimiento de los trabajos dedicados a la contrarrevolución en España.

La coincidencia de una reescritura de la historia del carlismo en clave neocarlista y neotradicionalista con el inicio de un análisis científico de este mismo fenómeno explican la proliferación de libros, artículos, tesis, cursos y seminarios. En los años de la década de 1980 y, sobre todo, durante los de la siguiente, gracias a los trabajos generados en el marco de esta última vía de estudio, nuestros conocimientos sobre el carlismo han progresado en gran medida. La crisis terminal de las líneas «neos» junto con la notoria pérdida de peso del «izquierdismo» historiográfico han dejado finalmente abierto en estos comienzos del siglo XXI un enorme campo de reflexión y de estudio en torno al carlismo y a la contrarrevolución hispánica, cada día más ajeno —afortunadamente— a conmemoraciones, maniqueísmos, prejuicios y mistificaciones de toda ralea.

Historias liberales e historias carlistas

Por espacio de algo más de una centuria, hasta las décadas de 1960 y 1970, podemos distinguir a grandes rasgos dos líneas de estudio sobre el carlismo que trasladaban a las páginas de los libros de historia la larga guerra civil que había azotado en el siglo XIX los campos y las calles de España: la versión liberal y la versión carlista. Ya antes que la primera guerra carlista llegara a su fin comenzaron a ver la luz algunas obras que narraban o intentaban explicar los hechos acaecidos en España tras el fallecimiento del rey Fernando VII en 1833. Los textos dedicados al carlismo desde un punto de vista más o menos claramente liberal se movían entre los intentos de explicación, como en *Ojeada sobre la guerra civil, sus causas, progresos, consecuencias y terminación* (1838), firmada por Un Español, y la finalidad propagandística. No pueden olvidarse, sin embargo, los ataques directos hechos desde un campo al otro, como por ejemplo, la obra de Wenceslao Ayguals de Izco, *El Tigre del Maestrazgo o sea de grumete a general* (1846-1848), o los numerosos trabajos publicados por José Nákens a finales del siglo XIX, entre los que destaca la colección de folletos *Los crímenes del Carlismo.*

La obra liberal más importante, entre las muchas dedicadas al carlismo, fue sin lugar a dudas la de Antonio Pirala, que con el título *Historia de la guerra civil y de los partidos liberal y carlista* empezó a ver la luz por entregas en torno a 1858. En vida del autor aparecieron un total de tres ediciones de este texto: en 1853-1856, 1868-1869 y 1889-1891. En trabajos ulteriores Pirala trataría nuevamente el carlismo, ya fuese en *Historia contemporánea. Segunda parte de la Guerra Civil. Anales desde 1843 hasta el fallecimiento de Don Alfonso XII (1891-1895),* en seis volúmenes —esta obra cuenta con una edición anterior publicada en los inicios de la Restauración que llega hasta la segunda guerra carlista—, o en la incompleta, por causa de la muerte del autor, *España y la Regencia. Anales de diez y seis años (1895-1902).* Antonio Pirala fue, como ha explicado Julio Aróstegui, un analista contemporáneo, mezcla de periodista, erudito y comentarista de la actualidad. La *Historia de la guerra civil y de los partidos liberal y carlista* constituye una historia de la guerra y, más generalmente, de la política de la época, en la que se combinan documentación —abundantemente utilizada por autores posteriores— y relato de los hechos. La obra de Pirala, si bien debe situarse claramente en la línea historiográfica liberal, dista mucho de buena parte de los textos afines por lo que al tratamiento del carlismo se refiere, aportando profusa información e intentando ponderar las apreciaciones. Esto no obsta lógicamente para que desde posiciones carlistas fuese vista, en clave de enfrentamiento dual, como la versión manipulada del liberalismo vencedor.

La segunda de las líneas aludidas es la carlista o, más ampliamente, tradicionalista, en la que podemos encontrar, al igual que en la liberal, trabajos de naturaleza e intenciones distintas, que van desde las síntesis históricas hasta los panegíricos o los simples ataques al bando contrario. Entre los primeros textos que aparecieron cabe destacar las narraciones de combatientes extranjeros enrolados en las tropas del pretendiente Carlos V, como Henningsen, el príncipe Lichnowsky o el barón de Rhaden. También las biografías de los principales cabecillas, como la *Vida y hechos de Don Tomás de Zumalacárregui* —Zumalacárregui ha sido uno de los personajes más biografiados del carlismo— de Juan Antonio Zaratiegui o la *Vida militar y política de Cabrera,* de Buenaventura de Córdoba, ambas de 1845. A estos libros se añadieron con el paso de los años los que relataban diferentes episodios de las contiendas —destaca, entre algunos otros, la *Campaña del Norte de 1873 a 1876* (1897) del general carlista Antonio Brea, en el que historia y memoria se confunden—, las galerías de personajes y las biografías de los pretendientes y sus familias, entre las que sobresalen las escritas por Tomás Domínguez Arévalo, conde de Rodezno, en especial *La princesa de Beira y los hijos de Don Carlos* (1928) y *Carlos VII, Duque de Madrid* (1929).

Durante la dictadura franquista vieron la luz una importante cantidad de obras de temática carlista. En 1939, al amparo del régimen triunfante, apareció una de las síntesis más citadas y leídas —reeditada en varias ocasiones durante las décadas siguientes—, la *Historia del carlismo* del diplomático Román Oyarzun. Oyarzun es autor asimismo de *Vida de Cabrera y las guerras carlistas* (1963) y *Pretendientes al trono de España. La cuestión dinástica a la luz de la historia* (1965). Entre los libros escritos durante la dictadura de

Franco encontramos estudios sobre episodios concretos —entre ellos *La Primera Guerra Civil de España (1821-1823)*, de Rafael Gambra, en la que el autor analizaba este episodio como el primero de un largo enfrentamiento entre cristiandad y revolución que terminaba en 1939— y obras de síntesis y divulgativas, entre las que cabe destacar *Las guerras carlistas* (1940), de Juan José Peña e Ibáñez, la *Pequeña historia de las guerras carlistas* (1958), de Francisco Melgar o el *Resumen histórico del Tradicionalismo político español* (1960), de Julián de Torresano. Una mención especial debe hacerse al navarro Jaime del Burgo, autor de numerosos trabajos históricos, entre los que sobresale la voluminosa *Bibliografía del siglo XIX. Guerras carlistas. Luchas políticas,* cuya segunda edición revisada fue publicada en 1978. Del mismo autor es *Carlos VII y su tiempo* (1994), obra marcadamente tradicionalista que mantiene un tono meramente descriptivo. Lo mismo podría decirse de la *Historia del Carlismo* (1995), de Gabriel Alférez.

Debe destacarse también, en los años del franquismo, el desarrollo de una corriente historiográfica académica próxima a los postulados del tradicionalismo, aunque no carlista, y clasificable como nacionalcatólica: la llamada Escuela de Navarra, vinculada al Opus Dei y abanderada por Federico Suárez Verdeguer. Entre las principales obras de este autor se encuentran *La crisis política del Antiguo Régimen en España (1808-1840)* (1950) y *Conservadores, innovadores y renovadores en las postrimerías del Antiguo Régimen* (1955), un texto en el que el carlismo es presentado como una especie de opción de «centro» entre el liberalismo ateo y el realismo absolutista. En los trabajos de Suárez Verdeguer y en los de algunos de sus discípulos, como José Luis Comellas, Pedro Pegenaute o María del Carmen Diz-Lois, el fenómeno carlista es analizado desde un punto de vista estrictamente político.

Sea como fuere, el principal producto generado desde las filas carlistas ha sido la *Historia del Tradicionalismo español* de Melchor Ferrer, un periodista y escritor vinculado durante toda su vida a la «causa» carlista. Con esta obra, en treinta tomos, el carlismo se dotaba de una historia propia, elaborada desde parámetros tradicionalistas, en unos momentos en que no solamente había que confrontarla con los planteamientos liberales sino también con los del franquismo unificador. Se trataba —y en este sentido la contraposición con la obra de Pirala se hace inevitable— de escribir una historia carlista del carlismo, que contrarrestase sobre todo las historias de este movimiento escritas desde el liberalismo. Melchor Ferrer empezó a preparar la *Historia del Tradicionalismo español* tras la guerra civil de 1936-1939, bajo los auspicios de Manuel J. Fal Conde y con la colaboración, en los primeros años, de Domingo Tejera y de José F. Acedo. El primer tomo apareció en 1941. La obra fue construida a partir de libros y documentos —muchos de ellos procedentes de archivos particulares— y de testimonios y recuerdos. El último tomo apareció, póstumamente, en 1979. Su publicación coincidió con el arranque de otro proyecto editorial que intentaba continuar la obra de Ferrer: los *Apuntes y documentos para la Historia del Tradicionalismo Español 1939-1966* (1979-1993), de Manuel de Santa Cruz, seudónimo de Alberto Ruiz de Galarreta. Se trata de una recopilación de documentos y noticias —no exenta de comentarios en clave integrista— de la etapa que empieza en 1939 y finaliza en 1966 con el concilio Vaticano II.

Neocarlistas y neotradicionalistas

La evolución de la historiografía carlista sobre el carlismo en las tres últimas décadas del siglo XX resulta inseparable de la historia del carlismo en tanto que movimiento político. A finales de la década de los sesenta, como hemos visto en el Capítulo 6, se produjo en el seno del carlismo un proceso de radicalización política y de oposición al régimen franquista basado en un programa que sus propios impulsores, encabezados por Carlos Hugo de Borbón Parma, caracterizaron como socialista autogestionario. La evolución y las reformulaciones políticas de esta etapa comportaron de manera paralela la reescritura de la historia del movimiento carlista con el objetivo de justificar y legitimar históricamente el viraje que estaban emprendiendo. Esta reescritura corrió a cargo de militantes del Partido Carlista. Según los neocarlistas, la historia del carlismo es la de un movimiento popular, progresista y autonomista enfrentado permanentemente con el liberalismo y el capitalismo. El carlismo estaría, asimismo, en lucha constante con las sucesivas infiltraciones reaccionarias en el partido, que, viniesen de absolutistas o de integristas, de neocatólicos o de mellistas, eran todas ajenas a su verdadera esencia. Los textos elaborados por los historiadores neocarlistas no contienen, por lo general, referencias de fuentes primarias, predominando en ellos el estilo periodístico y las citas de autoridad.

Josep Carles Clemente es el miembro más destacado de la historiografía neocarlista. Fue, además, un importante dirigente del Partido Carlista en la década de 1970. En aquellos años publicó libros como la *Historia del carlismo contemporáneo 1935-1972* (1977), *Montejurra 76. Encrucijada política* (1977) —escrito en colaboración con el periodista Carles S. Costa— y *Los orígenes del carlismo* (1979), así como numerosos artículos de temática histórica en varias revistas, desde *Montejurra* hasta *Historia y Vida.* Josep Carles Clemente, que dejó el Partido Carlista en 1979 tras el fiasco en las elecciones y el posterior abandono de la formación por parte de Carlos Hugo de Borbón Parma, ha seguido escribiendo sobre la historia del carlismo. En estos trabajos mantiene las mismas tesis, posiciones y lugares comunes que en los publicados entre 1972 y 1979, cuando la historia había sido puesta al servicio de un proyecto político específico. Entre sus aportaciones de esta segunda etapa encontramos estudios centrados en episodios concretos de la historia del carlismo *(Las guerras carlistas* [1982] o *La guerra de los «matiners» [1846-1849]* [1987]) y obras de síntesis *(El Carlismo. Historia de una disidencia social [1833-1976],* publicada en 1990, o la monumental *Historia general del carlismo,* publicada en 1992). También ha elaborado algunas recopilaciones de documentos *(Bases documentales del carlismo y de las guerras civiles de los siglos XIX y XX* [1985], en dos volúmenes, *Los carlistas* [1990] o *El carlismo en la España de Franco [Bases documentales, 1936-1977]* [1994]) y biografías de los miembros de la familia Borbón Parma.

Otro destacado representante de la historiografía neocarlista es Evarist Olcina, un historiador que también ostentó cargos en la formación carloshuguista y que ha centrado sus estudios en las relaciones entre carlismo y autonomismo. Su aportación más importante es, sin duda, *El carlismo y las autonomías regionales* (1974). A las obras de estos dos autores podría agregarse el trabajo de Fernando García Villarrubia, *Aproximación al carlismo andaluz en la guerra de los siete años (1833-1840)*, editado en 1979.

La aparición en la segunda mitad de los años ochenta de una corriente historiográfica que puede ser caracterizada como neotradicionalista es indisociable —igualmente que el surgimiento de la historiografía neocarlista lo fue de la experiencia carloshuguista— de la relativa revitalización del carlismo tradicionalista. En marzo de 1986, solamente dos meses antes de la refundación de la Comunión Tradicionalista Carlista (CTC), salía a la calle el primer número de la revista de historia contemporánea *Aportes,* especializada en el estudio del carlismo. Los principales impulsores del proyecto eran los historiadores Francisco Asín Remírez de Esparza y Alfonso Bullón de Mendoza y Gómez de Valugera. En el nuevo proyecto colaboraron asimismo la mayor parte de los integrantes de la cúpula de la CTC. El vínculo entre la revista y la formación política se mantuvo inalterado en el transcurso de la etapa en la que Francisco Asín, que era miembro de la CTC, actuó como director de la publicación entre 1986 y 1994. Alfonso Bullón de Mendoza le sucedió entonces en las tareas directivas. A pesar de los cambios ensayados —la incorporación de nuevos colaboradores, la importancia dada a la crítica bibliográfica y una mínima diversificación de los temas tratados— se mantuvieron algunos de los signos más característicos de la revista: el estudio privilegiado del carlismo, las colaboraciones de miembros de la CTC y otros núcleos tradicionalistas, la función de tribuna de la Fundación Hernando de Larramendi o, finalmente, una peculiar e infantil estructura de análisis maniquea, de «buenos» y «malos». Pese a las continuidades, en los números más recientes de *Aportes* se nota un intento de diversificación por lo que a los temas que trata se refiere, fruto evidente de la constatación por parte de sus impulsores de la esterilidad y el fracaso de la vía neotradicionalista de estudio del carlismo.

Para reconstruir adecuadamente el entramado que ha sustentado durante casi quince años esta tendencia historiográfica deben sumarse a la revista *Aportes* un par de elementos más: en primer lugar, una empresa editorial, Aportes XIX S. A.; y, en segundo, el Premio Nacional de Historia del Carlismo Luis Hernando de Larramendi, convocado por la Fundación

Hernando de Larramendi, en la órbita tradicionalista. Entre los primeros libros editados por Aportes XIX pueden citarse *Carlismo y sociedad 1833-1840* (1987), de Asín y Bullón de Mendoza; el *Cancionero histórico carlista* (1990), de Bonifacio Gil, con prólogo y estudio introductorio de los dos autores anteriores, y *Tercio de requetés Valvanera: Semblanzas y canciones* (1992), de Manuel Vellosillo. La editorial distribuía también los *Apuntes y documentos para la Historia del Tradicionalismo Español 1939-1966*. En 1994 la empresa Aportes XIX fue absorbida por Editorial Actas.

La historiografía neotradicionalista retoma e incorpora el camino andado por los autores tradicionalistas (Oyarzun, Gambra, Del Burgo, Ferrer), integrando los planteamientos de la escuela suarezverdegueriana y, asimismo, dotando a sus trabajos de una apariencia científica basada en la erudición y en una especie de espejismo positivista. Los dos principales integrantes de esta corriente historiográfica son los ya citados Asín y Bullón de Mendoza. Francisco Asín Remírez de Esparza ha publicado numerosos artículos y algunos libros —en especial, *El carlismo aragonés 1833-1840* (1983)—, derivaciones en buena medida de su tesis doctoral sobre el carlismo aragonés durante la guerra civil de los años treinta del siglo XIX. Por su parte, entre los trabajos de Alfonso Bullón de Mendoza y Gómez de Valugera destaca, aunque únicamente sea por su volumen, el libro *La Primera guerra carlista* (1992), fruto de la tesis doctoral del autor. Ambos historiadores publicaron asimismo en 1987 *Carlismo y sociedad 1833-1840* (1987). La historiografía neotradicionalista nos presenta un carlismo identificado con el pueblo frente al Estado y claramente mayoritario, como mínimo durante la cuarta década del siglo XIX. El descriptivismo, el maniqueísmo y cierto imaginario «complotista» caracterizan la mayoría de los productos de esta corriente.

Otros autores comparten algunos elementos con los dos historiadores anteriores, lo que permite integrarlos en el neotradicionalismo historiográfico. Es el caso de Julio Brioso y de José Fermín Garralda, especialistas también en los primeros pasos del carlismo y asiduos colaboradores de *Aportes*. Al igual que Asín, ambos son militantes tradicionalistas. Sin embargo, ni todos los historiadores neotradicionalistas pertenecen formalmente a la

CTC —una diferencia respecto a la historiografía neocarlista y el Partido Carlista— ni, menos aún, todos los colaboradores de la revista *Aportes;* la mayoría de estos últimos, con inevitables excepciones, pueden ser ubicados de todas maneras en el espacio tradicionalista o conservador. En la órbita del neotradicionalismo debe situarse también al estudioso del primer carlismo catalán Josep M. Mundet y a la norteamericana Alexandra Wilhelmsen, autora, entre otros trabajos, del libro *La formación del pensamiento político del carlismo (1810-1875)* (1995). Resulta algo sorprendente constatar que en los últimos años uno de los principales valedores de la historiografía neotradicionalista ha sido el historiador estadounidense Stanley G. Payne, autor de una breve *Historia del Carlismo* (1995) editada por la Comunión Tradicionalista Carlista.

Las corrientes historiográficas neocarlista y neotradicionalista han generado durante el último cuarto del siglo XX un enorme volumen de letra impresa dedicada a la historia del carlismo. Cuatro elementos ayudan a entender esta sobreproducción: unas plumas fáciles y, en ocasiones, poco exigentes; la acumulación de datos y documentos, que ocupan el lugar de la reflexión histórica; la reproducción de los mismos textos con mínimas variaciones y, por último, la comodidad con la que son publicadas estas obras —en contadísimas ocasiones, evidentemente, en editoriales comerciales exigentes— gracias a su inserción en proyectos culturales y políticos generales. La abundante presencia que estos trabajos han tenido en algunos momentos, en especial en la década de 1990, en catálogos y librerías no guarda ningún tipo de proporción con sus aportaciones al conocimiento de la historia del carlismo, que han sido muy reducidas. De ahí su lógico agotamiento y definitiva marginalización. A principios del siglo XXI, neocarlismo y neotradicionalismo pueden darse por prácticamente finiquitados como corrientes historiográficas. Lo que no significa, evidentemente, que desde plataformas propias o próximas a la Comunión Tradicionalista Carlista —la editorial de la CTC y los Cuadernos Carlistas, por ejemplo— y al Partido Carlista —la Fundación de Amigos del Carlismo y Magalia Ediciones, entre algunas otras— no se sigan publicando pequeños trabajos y cultivando la memoria.

Hacia una nueva historia del carlismo

El conocimiento y la comprensión del fenómeno carlista han aumentado de forma muy notable en las tres últimas décadas gracias a una importante renovación científica en la que han participado numerosos historiadores españoles y extranjeros, con metodologías, tradiciones e intereses variopintos. Los orígenes de esta renovación historiográfica —nueva mirada, análisis científico, renovada metodología— deben buscarse en los últimos años de la década de los sesenta y primeros de la de los setenta, de la mano de Jaume Torras, que en 1967 publicó el libro *La guerra de los Agraviados* —prologado por Seco Serrano— y de Julio Aróstegui, autor de *El carlismo alavés y la guerra civil de 1870-1876* (1970). Aunque el objeto de su libro no fuese concretamente el carlismo, no debe olvidarse en aquel contexto a Javier Herrero y *Los orígenes del pensamiento reaccionario español* (1971).

Esta renovación no hubiese sido posible sin unos precedentes. De hecho, ésta debe muchísimo a los esfuerzos de historiadores como Jaume Vicens Vives, Miguel Artola o Carlos Seco Serrano —quien reunió en *Tríptico carlista* (1973) tres trabajos, publicados en su mayor parte en los años cincuenta, sobre el carlismo del siglo XIX—, que pese a no ser especialistas en el tema hicieron un destacadísimo esfuerzo de despolitización y comprensión, poniendo de esta manera las bases para el surgimiento a finales de la década de los sesenta de una historiografía del carlismo con pretensiones verdaderamente científicas. Tanto Jaume Torras como Julio Aróstegui partían en sus respectivos estudios de dos momentos periféricos respecto al núcleo de interés de la historiografía del carlismo hasta aquel momento, es decir, la primera guerra carlista, para ofrecer pautas tendentes a una explicación globalizadora del fenómeno en estrecha relación dialéctica con el liberalismo. Sin embargo, a pesar de las vías para el estudio del carlismo abiertas por los trabajos de Torras y Aróstegui, los principales trabajos aparecidos en la segunda mitad de los años setenta sobre el carlismo no procedieron de los ambientes historiográficos españoles —en los primeros años de la transición democrática el carlismo, como objeto de análisis científico, interesaba más bien poco— sino de autores formados en otros ambientes historiográficos, como Martin Blinkhorn y Vicente Garmendia. No sería hasta mediados de la década de 1980 cuando empezasen a ver la luz en España nuevos y abundantes estudios.

Los trabajos sobre la historia del carlismo aparecidos en la segunda mitad de los años ochenta y en la primera mitad de la década de los noventa se caracterizan, en su mayor parte, por el hecho de estar centrados en un territorio concreto —escasean en cambio los enfoques generales—, por la preferencia por los estudios dedicados a la primera guerra carlista o a sus precedentes, o por la insistencia en la reconstrucción de la sociología del carlismo. El volumen *Carlisme i moviments absolutistes* (1990), que recopila las ponencias presentadas en un seminario celebrado en Gerona en 1988, nos ofrece una buena muestra de ello. Entre las excepciones cabe destacar los estudios de José Ramón Urquijo sobre las relaciones internacionales, la prensa y la política económica del carlismo, y los distintos y sugerentes trabajos de Jesús Millán. Debe subrayarse, además, en la última década del siglo XX la aparición de numerosos trabajos sobre el liberalismo y la revolución en España, que contienen también aportaciones fundamentales para el estudio del carlismo.

La primera guerra carlista y sus precedentes —el llamado en ocasiones primer carlismo— han concentrado numerosos estudios. Muchos de ellos se refieren al País Vasco y a Navarra. Para este último territorio destacan los libros y artículos de Ramón del Río para la etapa 1820-1833, y los de Juan Luis Pan-Montojo para los años de la primera carlistada —en especial, el excelente *Carlistas y liberales en Navarra (1833-1839)* (1990)—, sin olvidar las aportaciones de Ángel García-Sanz Marcotegui o Francisco Santos. Por lo que al País Vasco se refiere, una vez citados los influyentes trabajos de historia social y económica publicados en los años setenta por Emiliano Fernández de Pinedo y Pablo Fernández Albadalejo, la atención debe centrarse en historiadores como Renato Barahona y John F. Coverdale, en el ya citado José Ramón Urquijo, en Joseba Agirreazkuénaga y José María Ortiz de Orruño, o en Rosa María Lázaro Torres. No existe, sin embargo, a diferencia del caso navarro, un estudio global.

Para Galicia, a su vez y de forma excepcional, contamos con algunos trabajos elaborados en los años setenta, obra de José Ramón Barreiro —*El carlismo gallego* (1976), que abarca casi toda la historia del movimiento—, María Francisca Castroviejo o María Rosa Saurín de la Iglesia. Asturias cuenta con los resultados de las investigaciones de Vicente Fernández Benítez, mientras que Cantabria ha ocupado la atención de los estudios de Miguel Ángel Sánchez Gómez, La Rioja de los de José Luis Ollero de la Torre, Albacete con los de Ana María Guerra, Ciudad Real con los de Manuela Asensio, Andorra con los de Joan Peruga y Esteve López, o, entre algunos pocos casos más, el Levante con los del ya citado Jesús Millán, además del libro clásico de Manuel Ardit, *Revolución liberal y revuelta campesina* (1977).

Por su parte, Aragón y Cataluña constituyen dos casos curiosos por la tardanza en la aparición de trabajos sobre el primer carlismo, corregida en los últimos años con las aportaciones de Pedro Rújula para el primer caso —*Contrarrevolución. Realismo y Carlismo en Aragón y el Maestrazgo, 1820-1840* (1998) constituye su más notable contribución—, y, para el segundo, con las de Josep Fontana, Ramón Arnabat, Manuel Lladonosa, Manuel Santirso y, sobre todo, con las de Pere Anguera, entre las que sobresale *Déu, Rei i Fam. El primer carlisme a Catalunya* (1993). Una mención destacada merece también la biografía del pretendiente Carlos V elaborada por Antonio Manuel Moral Roncal.

Muchos menos trabajos han sido dedicados a la etapa de entreguerras y a la segunda guerra carlista. Los años que transcurren entre las dos carlistadas han sido tratados, en especial, por Robert Vallverdú —acaba de ver la luz *La guerra dels Matiners a Catalunya (1846-1849)* (2002)—, Ferran Sànchez Agustí, Rafael Rodríguez-Moñino, Joan Camps i Giró, Lluís Ferran Toledano, Coro Rubio, Begoña Urigüen, Mikel Urquijo, José Luis Villacorta, Enriqueta Sesmero —*Clases populares y carlismo en Bizkaia 1850-1872* (2000) es un libro importante— y Josep M. Fradera. La segunda guerra carlista cuenta, por su parte, con los estudios de Vicente Garmendia, José Extramiana y Julio Montero, para el Norte, y los de Robert Vallverdú y Lluís-Ferran Toledano para Cataluña. Con el paso de los años, el último cuarto del siglo XIX y el siglo XX han ido recibiendo poco a poco mayor atención. Para la primera fase de la Restauración contamos con los libros y artículos de Javier Real Cuesta, Jordi Canal y Joan Prats, así como los estudios sobre el integrismo de María Obieta, mientras que para principios del siglo XX pueden destacarse los trabajos de historiadores como Colin M. Winston, Eduardo González Calleja, Juan de Andrés, Vicent Comes, Rafael Valls, José Javier López Antón, Ángel García-Sanz Marcotegui o Mari Cruz Mina.

La II República y la guerra civil de 1936-1939 cuentan con el libro de Martin Blinkhorn, *Carlism and Crisis in Spain 1931-1939* (1975), así como con diferentes aportaciones de Julio Aróstegui, Manuel Ferrer Muñoz, Javier Ugarte —*La nueva Covadonga insurgente* (1998) constituye una aportación muy destacada— y Leandro Álvarez Rey. El período franquista, finalmente, ha sido estudiado por Joan M. Thomàs, Jeremy MacClancy y Joaquín Cubero, destacando en especial los frutos recientes de los proyectos de investigación sobre Navarra dirigidos por Ignacio Olábarri y Mercedes Vázquez de Prada, con trabajos notorios como el de Aurora Villanueva sobre los años 1937-1951 y el de Francisco Javier Caspistegui sobre la etapa 1962-1977.

Desde los trabajos pioneros de Julio Aróstegui y Jaume Torras hasta hoy se ha dedicado al carlismo un impresionante volumen de estudios, a través de visiones y orientaciones diferentes, pero siempre con la voluntad de proceder a un tratamiento histórico riguroso del fenómeno. La importancia de los avances que han acontecido en el conocimiento y en la interpretación del carlismo resulta del todo innegable. Quedan aún, no obstante, como ocurre siempre en toda historia abierta, vacíos por cubrir, algunos problemas por resolver y orientaciones que merecerían una revisión. Los problemas y las cuestiones pendientes a principios del siglo XXI, en el estudio de la historia del carlismo, pueden ser resumidos en tres puntos que enumeramos a continuación.

Existen, para empezar, algunos vacíos en su conocimiento, que afectan a períodos y áreas temáticas concretas. Entre las etapas poco investigadas deben destacarse los años de entreguerras, más precisamente las décadas de los cuarenta y los cincuenta del siglo XIX, así como la segunda fase de la Restauración, de 1900 a 1923, y, más aún, los años de la dictadura autoritaria de Primo de Rivera. Por lo que a los temas se refiere, resulta como mínimo paradójico tener que constatar que son los aspectos militares y políticos del carlismo, en especial para el siglo XIX, los más insuficientemente tratados. Menos sorprendente, si bien igualmente destacable, es la constatación del casi general desconocimiento de la cultura del carlismo. Empiezan a aparecer, no obstante, algunos signos de cambio. El predominio del enfoque socioeconómico, sin querer desmerecer ninguna de las aportaciones que ha hecho posibles, ha comportado evidentes límites en la percepción del fenómeno carlista y, en tanto que vía exclusiva, ha empezado a mostrar síntomas claros de agotamiento. No se trata evidentemente de sustituirla ahora por otra sino de integrarla en una aproximación más amplia y compleja que ubique los elementos políticos y culturales en el mismo nivel que los demás, en el marco de una necesaria visión totalizadora del carlismo.

Los prejuicios que existen todavía hoy en algunos análisis históricos del carlismo conforman el segundo de los puntos. Desde algunas posiciones «izquierdistas», claramente desconcertadas, la incapacidad de entender el hecho de que sectores populares hicieran una opción contrarrevolucionaria o de derechas, ha dado lugar a algunos dislates de cierta consideración, si bien pocos, por fortuna. No resulta serio a estas alturas negar la dimensión social e ideológica de la movilización carlista. En tercer y último lugar hallamos un par de problemas que no afectan exclusivamente a la historiografía de la contrarrevolución, sino que los tiene planteados en estos momentos el conjunto de la historiografía contemporánea en España. Se trata de la falta de trabajos de síntesis y de la tentación de confundir acumulación documental con mejor y más adecuado conocimiento, dando de lado el planteamiento de problemas y la discusión teórica y comparativa, indispensables en el quehacer del historiador. Pese a todo, la evaluación de los resultados de esta nueva historia del carlismo no puede dejar de ser muy positiva.

EPÍLOGO

Un imaginario persistente y cambiante

DURANTE el más de siglo y medio que el carlismo o, en sentido más amplio, el tradicionalismo, ha vivido como movimiento político activo, la imagen que su trayectoria ha dado ante la opinión ciudadana ha contenido, aunque parezca paradójico, unos elementos que han sido permanentes y otros que han presentado perfiles más cambiantes. En el imaginario popular, entre la ciudadanía, el carlismo y los carlistas quedaron siempre estereotipados, más que por otra cosa, con el aura de gentes e ideas belicosas dispuestas a la lucha siempre por «el ideal» y «la causa», prontas al armamento de la partida y prestas a la insurrección. No es casual, como se ha dicho ya en este libro, que la expresión «echarse al monte» haya estado en buena parte ligada a esta imagen tradicional de las insurrecciones carlistas. Más aún, en el imaginario histórico de gentes de toda tendencia y extracción social, el carlismo ha permanecido durante mucho tiempo en España asociado siempre a «las carlistadas», como convulsiones bélicas que el insurreccionalismo carlista protagonizó en el país en varios momentos del siglo XIX y alguno del XX. Y este estereotipo tuvo mucho de producto urbano, ciudadano, frente a la cultura rural.

La imagen popular del carlismo ha estado ligada así durante muchas décadas a la de un movimiento belicoso y violento que reclamaba un rey particular y una religión única, pero también unas formas de vida y de creencia particulares, «antiguas», «tradicionales», que parecían rechazar «lo moderno». Se unían a ello la reivindicación de muchas de las formas sociales y culturales del campesinado. La penetración del movimiento en las ciudades fue más tardía, pero es sabido que el carlismo acabó siendo también, en la segunda mitad del siglo XIX, un indicador de auténticas reivindicaciones populares, tanto rurales como urbanas. Los matices con que estos fenómenos se produjeron permanecieron vivos durante todo el siglo XIX y acusaron diferencias entre unas regiones españolas y otras, según se ha expuesto también en esta obra. El carlismo vasco o el catalán se veían ligados, desde luego, a esas formas de la comunidad rural antigua, mantenidas por viejos «hidalgos» en estrecha alianza con el clero más conservador. El carlismo castellano, aragonés o andaluz, lo mismo que el valenciano, tenían matices diferenciadores que la bibliografía más reciente que hemos señalado ha cuidado bien de destacar.

Pero fue precisamente la experiencia de la última de las guerras civiles del siglo XIX, la de 1872-1876, y su nuevo resultado de derrota para el carlismo, lo que impulsó a éste a buscar una nueva «imagen». Una dirección que abrió, sin duda, una pugna en el seno del propio movimiento. El carlismo emprendió entonces el camino con el que pretendía convertirse en un movimiento político, un partido, «normalizado», que emplease los mismos instrumentos políticos que todos los demás existentes —la militancia cívica, la organización permanente de sus órganos, la participación en las elecciones, etc.—, pero ello encontró grandes resistencias siempre en el seno del movimiento. El cambio de imagen del carlismo, desde movimiento insurreccionalista y divorciado de las formas de hacer política propias de la época liberal, hacia su integración en un sistema de política consolidada no tuvo nunca un éxito decisivo. El carlismo siguió buena parte del siglo XX asociado a su imagen combativa y belicosa.

Uno de los reformadores carlistas del siglo XX, Salvador Minguijón, llegó a decir que «el carlismo ha dejado de ser montaraz». Aunque ése era el deseo de muchos tradicionalistas entonces, ello fue cierto muy relativamente. Como sabemos, el carlismo nunca abandonó su vocación insurreccional, al menos hasta 1939. Su tradición «militar», partisana, nunca se abandonó del todo. Al comenzar el siglo XX el carlismo desarrolla una «milicia» permanente. La vieja imagen persistió. Es conocida también la anécdota del dirigente socialista Indalecio Prieto diciendo en plena guerra civil en 1936 que no había nada más peligroso que «un *requeté* recién comulgado». Y no se equivocaba un ápice. De hecho, el ejército de Franco empleó las unidades carlistas como fuerzas de choque, como ariete en la lucha frontal contra el enemigo. Militares como Mola, García Valiño o Solchaga hicieron un amplio uso de esta extraordinaria condición combativa de los carlistas.

El imaginario de los propios carlistas siempre estuvo lleno, como muestra su iconografía, de la visión combatiente. Junto a ello, la imagen de un movimiento ligado a las más acendradas muestras del catolicismo militante fue otra de las constantes. El carlismo se tuvo siempre a sí mismo como la quintaesencia de la tradición y la lucha contrarrevolucionaria. Una perspectiva que no dejó de ser compartida por la opinión pública en general y que constituye el principal fundamento de esa persistencia de la opinión a la que hemos aludido. Ello dio lugar a muchas malas interpretaciones, pero hizo también que ante la militancia y las ideas carlistas la opinión popular común manifestara una amalgama de admiración ante la perennidad de cierto ideal político y ante una mentalidad, en algún modo, «romántica», pero también de incomprensión hacia lo que en muchas ocasiones aparecía como un simple reaccionarismo.

No cabe duda de que durante muchas décadas ha existido una «cultura» específica que ese imaginario popular ha identificado con el carlismo, ligada a la percepción común de cualidades tan dispares y contrastadas como la de la perseverancia, la intolerancia, la belicosidad, la lealtad y la intransigencia, y ello ha generado también sus propias formas de sociabilidad, descritas en este libro por Jordi Canal, y una particular concepción del mundo a la que ha acompañado casi siempre, ciertamente, un escaso pragmatismo. Tal vez una de las observaciones más agudas, y de las más celebradas, de un buen conocedor de la España «profunda» como fue Gerald Brenan, expuestas en su *El laberinto español,* fue la de la similitud en concepciones y comportamientos entre carlistas y anarquistas, los dos grandes movimientos que muchas veces se han visto como arquetípicos de las fuerzas populares en nuestra contemporaneidad. Para Brenan, ambas formas de entendimiento del mundo, de actitud, aunque no, naturalmente, de ideología, tenían muchísimo en común y ambas eran una manifestación prístina del «espíritu hispánico» en lo bueno y en lo malo. Por mucho que en esta observación pueda haber de tópico, de superficialidad y apresurada analogía, es preciso reconocer su intuición y penetración y es preciso valorar la idea, nada tópica, de que esos planteamientos respondían a ciertas constantes sociopolíticas y culturales de nuestro desarrollo contemporáneo, a las que hemos aludido también en la Introducción del libro. En todo caso, el problema era que Brenan ligaba indisolublemente esas actitudes a los rasgos violentos, según él, del carácter español, reconociendo siempre la justicia de esos movimientos en sus reivindicaciones sociales.

Otra cosa es el profundo cambio que ese imaginario del carlismo sufrió, en diferentes direcciones, tras la guerra civil de 1936-1939, la última aventura armada en la que participó. Si el resultado de la guerra civil fue, en el fondo, un gran fiasco para el carlismo, es cierto que en la España de Franco ese viejo carlismo quedó claramente asociado a las «esencias» del régimen, no sólo en el sentimiento común de la población de la época sino en los perfiles de la ideología oficial de aquel régimen. Las disidencias del carlismo con el régimen era una cuestión minoritaria, poco conocida del gran público, mientras que en la perenne ideología de aquél la «guerra de España» era la de la «salvación» de España, y podía discutirse el comportamiento del franquismo pero nunca la justicia de aquella guerra. El carlismo quedó anclado en su imagen a la misma que dio el régimen.

Sólo los grandes cambios sociales de la década de los sesenta del siglo XX y las vicisitudes internas del propio movimiento carlista propiciaron cambios, a su vez, en esa imagen que desde dentro del movimiento impulsó hacia un «neocarlismo» como se le ha llamado aquí. Fue el carlismo de la familia Borbón Parma que se reclamó de unas esencias nuevas, claramente discordantes con la tradición del grupo, pero que se pretendieron justificar justamente en ellas como ya hemos visto. Ésta fue la trayectoria de los años setenta, en la que no vamos a insistir aquí. Todo esto tuvo una escasa trascendencia en los grandes medios de opinión como para que la imagen pudiese sufrir una verdadera mutación. Tal vez cabría concluir, en una proposición de ánimo exploratorio, a la que no queremos dar desde luego ningún alcance polémico, que los propios cambios profundos experimentados en la sociedad española de la segunda mitad del siglo XX hicieron hermanarse de nuevo a anarquismo y carlismo en el común desgarramiento de unas tradiciones de grupo mal avenidas con esta nueva «modernidad» del consumismo y de la omnipresencia de las reglas del mercado. Anarquismo y carlismo «clásicos», el ideal ácrata y el tradicionalista, tuvieron una difícil supervivencia y cada uno buscó la reacomodación de sus ideales a las nuevas circunstancias.

Sería deseable, digamos para concluir, que los avances que se han producido en el terreno historiográfico se contagiaran en alguna medida a algunos ámbitos políticos y periodísticos que aún mantienen opiniones muy distorsionadas y poco fundadas. En demasiadas ocasiones se siguen haciendo alusiones simplistas y desprovistas de todo fundamento al carlismo, o bien se utiliza incorrectamente esta palabra para hacer referencia a fenómenos que nada tienen que ver con el carlismo. Tres apuntes bastarán para clarificar estos propósitos y con ellos queremos acabar este libro.

Seguir manteniendo, en primer lugar, el tópico de una supuesta línea directa y necesaria entre el carlismo del siglo XIX y los nacionalismos vasco y catalán no es más que eso, un simple tópico sin fundamentos históricos y científicos. Sostener, más concretamente, que los carlistas son los antepasados de los radicales *abertzales* y de los etarras actuales es una barbaridad. Cuando el diario *Egin* afirmaba en 1988 que Herri Batasuna era «la continuidad consciente» de la lucha del campesinado vasco carlista en las guerras del siglo XIX estaba faltando a toda verdad histórica. Identificar, finalmente, aunque desde posiciones contrarias a las anteriores, a los radicales vascos como carlistas, buscando continuidades o simplemente usando la palabra como insulto, tampoco ayuda en nada a clarificar las cosas. El carlismo, con algunas contadas excepciones, pertenece a la historia. Tuvo, como hemos podido ver a lo largo de esta obra, un gran protagonismo en la historia de España del siglo XIX y en una parte de la del siglo XX. Usarlo hoy como fuente de legitimidad en los orígenes o como simple arma arrojadiza no puede ser más que torpeza, ignorancia o falta de argumentos. Y, en algunos casos, las tres cosas a la vez.

Bibliografía seleccionada *

Introducción

ARÓSTEGUI, J.: *El carlismo en la dinámica de los movimientos liberales españoles. Formulación de un modelo.* Actas de las I Jornadas de Metodología aplicada de las Ciencias Históricas, Santiago de Compostela, Universidad de Santiago, 1976, vol. IV. Reproducido en J. Canal (ed.): *El carlisme. Sis estudis...* (véase más abajo), pp. 53-77.

——, *Estudio preliminar. Antonio Pirala en la historiografía española del siglo XIX.* En Antonio Pirala, *Historia de la guerra civil y de los partidos liberal y carlista,* I, Madrid, Turner/Historia 16, 1984, pp. VII-LXVIII.

BURGO, J. del: *Bibliografía del siglo XIX. Guerras carlistas. Luchas políticas.* Pamplona, s.ed., 1978 (2ª ed. revisada).

BRENAN, G.: *El laberinto español.* París, Ediciones Ruedo Ibérico, 1962.

CANAL, J. (ed.): *El carlisme. Sis estudis fonamentals.* Barcelona, L'Avenç-SCEH, 1993 (colaboraciones de J. Fontana, J. Aróstegui, J. Torras, J. Agirreazkuénaga, J. M. Ortiz de Ortuño, P. Anguera y J. Millán).

* Esta selección, al tiempo que pretende dar cuenta de algunos de los textos empleados aquí, muestra también obras de distinta procedencia ideológica, comprendidas las de inspiración propiamente carlista. Omitimos, sin embargo, importantes textos básicos, históricos y políticos, de los siglos XIX y XX si no existe una edición reciente. Si bien la Bibliografía se presenta agrupada por capítulos, es claro que muchas de las obras citadas contienen materias relacionadas con diversas partes de nuestro texto.

——, *El carlismo. Dos siglos de contrarrevolución en España*. Madrid, Alianza Editorial, 2000.

CLEMENTE, J. C.: *Historia General del Carlismo.* Madrid, autor con el patrocinio de Servigrafint, S.A., 1992.

FERRER, M., TEJERA, D. y ACEDO, J. F.: *Historia del Tradicionalismo español.* Sevilla-Madrid, Ediciones Trajano-Editorial Católica Española, 1941-1979, 30 tomos en 31 vols.

GONZÁLEZ CALLEJA, E.: *La producción historiográfica del último medio siglo sobre el carlismo en el proceso de la revolución española.* En *Hispania* (Madrid), 176, 1990, pp. 1321-1347.

MILLÁN, J. (ed.): *Carlismo y contrarrevolución en la España contemporánea.* En *Ayer* (Madrid), 38, 2000.

OYARZUN, R.: *Historia del carlismo.* Madrid, Alianza Editorial, 1969.

PÉREZ LEDESMA, M.: *Una lealtad de otros siglos (En torno a las interpretaciones del carlismo). Historia Social* (Valencia), 24, 1996, pp. 133-149.

1. Los orígenes (1810-1833)

ALONSO TEJADA, L.: *Ocaso de la Inquisición en España en los últimos años del reinado de Fernando VII. Juntas de Fe, Juntas Apostólicas, Conspiraciones Realistas.* Algorta (Vizcaya), Zero S.A., 1969.

ANGUERA, P.: *Déu, Rei i Fam. El primer carlisme a Catalunya.* Barcelona, Publicacions de l'Abadia de Montserrat, 1993.

ARÓSTEGUI, J.: *El Manifiesto de la «Federación de Realistas Puros» (1826). Contribución al estudio de los grupos políticos en el reinado de Fernando VII.* Madrid, CSIC, 1976. (Estudios de Historia Contemporánea, Instituto Jerónimo Zurita.)

ARÓSTEGUI, J., BLINKHORN, M., TORRE, J. M. y FERNÁNDEZ, M.: *Los Carlistas.* Cuadernos de Historia 16 (Madrid), 280, 1985.

CARLISME...: *Carlisme: una llarga guerra civil?* En *L'Avenç* (Barcelona), 203, mayo de 1996 (escriben P. Anguera, P. Rújula, M. Santirso, R. del Río, R. Vallverdú).

COMELLAS, J. L.: *Los realistas en el Trienio Constitucional (1820-1823)*. Pamplona, Estudio General de Navarra, 1958.

HERRERO, J.: *Los orígenes del pensamiento reaccionario español*. Madrid, Editorial Cuadernos para el Diálogo, 1971.

MONTOYA, P.: *La intervención del clero vasco en las contiendas civiles 1820-1823*. San Sebastián, Gráficas Izarra, 1971.

RÍO ALDAZ, R. del: *Los orígenes de la guerra carlista en Navarra, 1820-1824*. Prólogo de Josep Fontana. Pamplona, Institución Príncipe de Viana (1987).

RÚJULA TORRES, P.: *Contrarrevolución. Realismo y Carlismo en Aragón y el Maestrazgo, 1820-1840*. Zaragoza, Prensas Universitarias, 1998.

SUÁREZ, F.: *La crisis política del Antiguo Régimen en España (1808-1840)*. Madrid, Ediciones Rialp, 1950.

——, *Documentos del reinado de Fernando VII*. Vol. VIII: *Los Agraviados de Cataluña*. Pamplona, Ediciones de la Universidad de Navarra, 1972.

TORRAS ELÍAS, J.: *Liberalismo y rebeldía campesina, 1820-1823*. Barcelona, Ariel, 1976.

——, *La guerra de los Agraviados*. Barcelona, Universidad de Barcelona-Cátedra de Historia General de España, 1967.

2. La primera guerra carlista (1833-1840)

AGIRREAZKUÉNAGA, J. y URQUIJO GOITIA, J. R. (eds.): *150 años del Convenio de Bergara y de la ley de 25-X-1839*. Vitoria, Parlamento Vasco, 1990.

ARÓSTEGUI, J.: *El carlismo y la guerra civil*. En José María Jover Zamora (dir.), *La era isabelina y el Sexenio democrático (1834-1874)*. Vol. XXXIV de la Historia de España Menéndez Pidal, Madrid, Espasa-Calpe, 1988, pp. 69-139.

AZCONA, J. M.: *Zumalacárregui. Estudio crítico de las fuentes históricas de su tiempo*. Madrid, Instituto de Estudios Políticos, 1946.

BULLÓN DE MENDOZA, A.: *Auge y ocaso de Don Carlos. La Expedición Real*. Madrid, Arca de la Alianza Cutural, 1986.

CÁMARA CUMELLA, M. de la: *La política exterior del carlismo (1833-1839).* Sevilla, Librería e Imprenta Modernas, 1933.

GOEBEN, A. von: *Cuatro años en España (1836-1840). Los carlistas. Su levantamiento, su lucha y su ocaso. Esbozos y recuerdos de la guerra civil.* Pamplona, Diputación Foral de Navarra, 1966 (edición original, 1844).

LICHNOWSKY, príncipe Félix: *Recuerdos de la guerra carlista (1837-1841).* Madrid, Espasa-Calpe, 1942 (edición original, 1867).

MUNDET I GIFRE, J. M.: *La Primera guerra carlina a Catalunya. Història militar y política.* Barcelona, Publicacions de l'Abadia de Montserrat, 1990.

PAN-MONTOJO, J. L.: *Carlistas y liberales en Navarra (1833-1839).* Pamplona, Gobierno de Navarra, 1990.

PIRALA, A.: *Historia de la guerra civil y de los partidos liberal y carlista.* Estudio preliminar de Julio Aróstegui, Madrid, Turner/*Historia 16,* 1984, 6 vols. (edición original, en Madrid, 1858).

RÚJULA TORRES, P.: *Rebeldía campesina y primer carlismo: los orígenes de la guerra civil en Aragón (1833-1835).* Zaragoza, Gobierno de Aragón, 1995.

URQUIJO GOITIA, J. R.: *Historiografía sobre la Primera guerra carlista.* En *Bulletin d'Histoire Contemporaine de l'Espagne* (Burdeos), 17-18, 1993, pp. 412-437.

ZARATIEGUI, J. A.: *Vida y hechos de Don Tomás de Zumalacárregui.* San Sebastián, Escelicer, 1946 (Madrid, Sarpe, 1986, 2ª ed.) (edición original, 1845).

3. La crisis y la segunda guerra carlista (1840-1876)

ARÓSTEGUI, J.: *El carlismo alavés y la guerra civil de 1870-1876.* Vitoria, Diputación Foral de Álava, 1970.

CAMPS I GIRÓ, J.: *La guerra dels Matiners i el catalanisme politic (1846-1849).* Barcelona, Curial, 1978.

CARLOS VII: *Cartas inéditas de Carlos VII.* Prólogo, Notas y Apéndices de Jaime de Carlos Gómez-Rodulfo, Madrid, Ediciones Montejurra, 1959.

CLEMENTE, J. C.: *La guerra de los «matiners» (1846-1849). Aspectos sociales y militares.* Madrid, Estado Mayor del Ejército, 1987.

ESTORNÉS ZUBIZARRETA, I.: *Carlismo y abolición foral*. San Sebastián, Auñamendi, 1976.

EXTRAMIANA, J.: *Historia de las guerras carlistas*. San Sebastián, L. Haranburu, editor, 1979, 2 vols.

GARMENDIA, V.: *La Segunda Guerra Carlista, 1872-1876*. Madrid, Siglo XXI, 1976.

MINA APAT, M.ª C.: *Fueros y revolución liberal en Navarra*. Madrid, Alianza Editorial, 1981.

MONTERO, J.: *El Estado carlista. Principios teóricos y práctica política (1872-1876)*. Madrid, Fundación Luis Hernando de Larramendi, 1992.

NÚÑEZ DE CEPEDA, M.: *El general Mendiry*. Pamplona, Editorial Gómez, 1961.

RAMOS MARTÍNEZ, B.: *Memorias y Diario de Carlos VII*. Madrid, Gráficas Europa, 1957.

URIGÜEN, B.: *Orígenes y evolución de la derecha española: el neo-catolicismo*. Madrid, CSIC, 1986.

URQUIJO GOITIA, M.: *Liberales y carlistas. Revolución y Fueros Vascos en el preludio de la última Guerra Carlista*. Bilbao, Universidad del País Vasco, 1994.

4. La reconversión del carlismo (1876-1931)

ANDRÉS, J. R. de: *El cisma mellista: historia de una ambición política*. Madrid, Actas, 2000.

BENAVIDES, D.: *Democracia y cristianismo en la España de la Restauración 1875-1931*. Madrid, Editora Nacional, 1978.

CANAL, J.: *El carlisme català dins l'Espanya de la Restauració. Un assaig de modernització política (1888-1900)*. Vic, Eumo Editorial, 1998.

——, *Las «muertes» y las «resurrecciones» del carlismo. Reflexiones sobre la escisión integrista de 1888*. En *Ayer*, 38, 2000, pp. 115-135.

GARCÍA-SANZ MARCOTEGUI, A.: *Intransigencia, exaltación y populismo. La política navarra en tres semanarios criptocarlistas (1913-1915)*. San Sebastián, Txertoa, 1994.

GONZÁLEZ CALLEJA, E.: *La razón de la fuerza. Orden Público, subversión y violencia política en la España de la Restauración (1875-1917).* Madrid, CSIC, 1998.

HIBBS-LISSOURGUES, S.: *Iglesia, prensa y sociedad en España (1868-1904).* Alicante, Instituto de Cultura «Juan Gil-Albert»-Diputación de Alicante, 1995.

MINA APAT, M.ª C.: *La escisión carlista de 1919 y la unión de las derechas.* En José Luis García Delgado (ed.), *La crisis de la Restauración. España, entre la primera guerra mundial y la II República.* Madrid, Siglo XXI, 1986, pp. 149-164.

OBIETA, M.: *Los integristas guipuzcoanos. Desarrollo y organización del Partido Católico Nacional en Guipúzcoa (1888-1898).* San Sebastián, Instituto de Derecho Histórico de Euskal Herria, 1996.

REAL CUESTA, J.: *El carlismo vasco, 1876-1900.* Madrid, Siglo XXI, 1985.

WINSTON, C. M.: *La clase trabajadora y la derecha en España 1900-1936* (1985). Madrid, Cátedra, 1989.

5. Hacia una nueva «guerra carlista» (1931-1939)

ÁLVAREZ REY, L.: *El carlismo en Andalucía durante la IIª República (1931-1936).* En Alfonso Braojos Garrido y otros, *Sevilla 36: sublevación fascista y represión.* Brenes, Muñoz, Moya y Montraveta, 1990, pp. 17-79.

ARÓSTEGUI, J.: *El carlismo, la conspiración y la insurrección antirrepublicana de 1936.* En *Arbor* (Madrid), 491-492, noviembre-diciembre de 1986, pp. 27-75.

——, *Los combatientes carlistas en la Guerra Civil Española, 1936-1939.* Madrid, Fundación Luis Hernando de Larramendi, 1991, 2 vols.

BLINKHORN, M.: *Carlism and the Spanish Crisis of the 1930s. Journal of Comtemporary History* (Londres-Beverly Hills), vol. 17, 3-4, julio-octubre de 1972, pp. 65-88 (versión española: «El carlismo y la crisis española de los años treinta», en *Cuadernos de Ruedo Ibérico* [París], 41-42, febrero-mayo de 1973, pp. 47-64).

——, *Carlismo y contrarrevolución en España, 1931-1939*. Barcelona, Crítica, 1979.

——, *Elites in search of masses: The Traditionalist Communion and the Carlist Party, 1937-1982*. En Frances Lannon y Paul Preston (eds.), *Elites and Power in Twentieth-Century Spain. Essays in Honour of Sir Raymond Carr*. Oxford, Clarendon Press, 1990, pp. 179-201.

BURGO, J. del: *Conspiración y guerra civil*. Madrid, Alfaguara, 1970.

CUBERO, J.: *El carlismo en la guerra de España. El destierro de Fal Conde y la Unificación*. *Aportes* (Zaragoza), 27, 1995, pp. 40-78.

ECHEVERRÍA, T.: *«El pacto de Territet», Alfonso XIII y los carlistas*. Tomo I: *Por qué no se solucionó el pleito dinástico*. Madrid, Gráficas Letra, 1973.

——, *Cómo se preparó el Alzamiento. El general Mola y los carlistas*. Madrid, s.e., 1985.

FERRER, M.: *Documentos de D. Alfonso Carlos de Borbón y Austria-Este*. Madrid, Editorial Tradicionalista, 1950.

LIZARZA IRIBARREN, A.: *Memorias de la conspiración (1931-1936)*. Pamplona, Editorial Gómez, 1953.

MARTÍNEZ LACABE, E.: *La unión imposible: carlistas y falangistas en Navarra durante la Guerra Civil*. En *Huarte de San Juan* (Pamplona), 1, 1994, pp. 343-364.

PEÑAS BERNALDO DE QUIRÓS, J. C.: *El carlismo, la República y la Guerra Civil (1936-1937). De la conspiración a la unificación*. Madrid, Actas, 1996.

RIQUER I PERMANYER, B. de: *Burgos 1937: Divergències polítiques entre falangistes y carlins catalans*. En *Haciendo Historia. Homenaje al Profesor Carlos Seco*. Madrid, Universidad Complutense, 1989, pp. 573-579.

THOMÀS, J. M.: *Falangistes i carlins catalans a la «zona nacional» durant la guerra civil (1936-1939)*. *Recerques* (Barcelona), 31, 1995, pp. 7-18.

UGARTE TELLERÍA, J.: *La nueva Covadonga insurgente. Orígenes sociales y culturales de la sublevación de 1936 en Navarra y el País Vasco*. Madrid, Biblioteca Nueva, 1998.

6. El carlismo crepuscular (1939-2002)

ALCALÁ, C. D.: *Mauricio de Sivatte. Una biografía política (1901-1980)*. Barcelona, Scire-Balmes, 2001.

CASPISTEGUI, F. J.: *El naufragio de las ortodoxias. El carlismo, 1962-1977*. Pamplona, EUNSA, 1997.

——, «Navarra y el carlismo durante el régimen de Franco: la utopía de la identidad unitaria». *Investigaciones Históricas* (Valladolid), 17, 1997, pp. 285-314.

CLEMENTE, J. C.: *Historia del carlismo contemporáneo, 1935-1972*. Barcelona, Grijalbo, 1977.

——, *El carlismo en la España de Franco (Bases documentales, 1936-1977)*. Fundamentos, Madrid, 1994.

MACCLANCY, J.: *The Decline of Carlism*. Reno-Las Vegas, University of Nevada Press, 2000.

ONRUBIA, J.: *La resistencia carlista a la dictadura de Franco: los «Grupos de Acción Carlista» (GAC)*. Madrid, Magalia, 2000.

SANTA CRUZ, M. de (Alberto Ruiz de Galarreta): *Apuntes y documentos para la Historia del Tradicionalismo Español 1939-1966*. Madrid-Sevilla, ECESA y otros. 28 tomos más otro de índice, 1979-1993.

VILLANUEVA MARTÍNEZ, A.: *El carlismo navarro durante el primer franquismo: 1937-1951*. Madrid, Actas, 1998.

7. ¿Quiénes eran los carlistas?

ARDIT LUCAS, M.: *Revolución liberal y revuelta campesina*. Barcelona, Ariel, 1977.

ASÍN, F. y BULLÓN DE MENDOZA, A.: *Carlismo y sociedad, 1833-1840*. Zaragoza, Aportes XIX, 1987.

CANAL, J.: «La gran familia. Estructuras e imágenes familiares en la cultura política carlista». En Rafael Cruz y Manuel Pérez Ledesma (eds.), *Cultura y movilización en la España contemporánea*. Madrid, Alianza Editorial, 1997, pp. 99-136.

CASTÁN ANDOLZ, I. J.: *La sociología del carlismo catalán durante la guerra de los «matiners»*. En *Hispania Nova. Revista de Historia Contemporánea*, 2, 2001-2002 (http://hispanianova.rediris.es).

CASTROVIEJO BOLÍBAR, M.ª F.: *Aproximación sociológica al carlismo gallego*. Madrid, Akal, 1977.

FERNÁNDEZ ALBADALEJO, P.: *La crisis del Antiguo Régimen en Guipúzcoa, 1766-1833. Cambio económico e historia*. Madrid, Akal, 1975.

FERNÁNDEZ BENÍTEZ, V.: *Carlismo y rebeldía campesina. Un estudio sobre la conflictividad social en Cantabria durante la crisis final del Antiguo Régimen*. Madrid, Siglo XXI, 1988.

FERNÁNDEZ DE PINEDO, E.: *Crecimiento económico y transformaciones sociales en el País Vasco, 1100-1850*. Madrid, Siglo XXI, 1974.

FONTANA, J.: «Crisi camperola y revolta carlina». En *Recerques* (Barcelona), 10, 1980, pp. 7-16. (Reproducido en J. Canal [ed.]: *El carlisme. Sis estudis...*, *op.cit.*, pp. 107-126.)

FRADERA, J. M., MILLÁN, J. y GARRABOU, R. (eds.): *Carlisme i moviments absolutistes*. Vic, Eumo Editorial, 1990.

GARCÍA VILLARRUBIA, F.: *Aproximación al carlismo andaluz en la guerra de los siete años (1833-1840)*. Madrid, EASA, 1979.

LLADONOSA, M.: *Carlins i liberals a Lleida*. Lérida, Pagés Editors, 1993.

MARTÍNEZ DORADO, G. y PAN-MONTOJO, J. L.: *El primer carlismo, 1833-1840*. *Ayer* (Madrid), 38, 2000, pp. 35-63.

MILLÁN, J.: *Rentistas y campesinos. Desarrollo agrario y tradicionalismo político en el sur del País Valenciano, 1680-1840*. Alicante, Instituto Juan Gil-Albert, 1984.

——, *Els militants carlins del País Valencià central. Una aproximació a la sociologia del carlisme durant la revolució burguesa*. En *Recerques* (Barcelona), 21, 1988, pp. 101-123.

MORAL RUIZ, J. del: *Carlismo y rebelión rural en España (1833-1840): algunas notas aclaratorias e hipótesis de trabajo*. *Agricultura y Sociedad* (Madrid), 11, 1979, pp. 207-251.

PAN-MONTOJO, J. L: *Las bases sociales del carlismo navarro, 1833-1839*, en *I Congreso de Historia de Navarra de los siglos XVIII, XIX y XX*. Anexo a *Príncipe de Viana* (Pamplona), 6, vol. II, 1986, pp. 23-36.

SOLÉ I SABATÉ, J. M.ª (dir.): *El carlisme i la seva base social*. Barcelona, Llibres de l'Índex, 1992.

8. La dinastía

ARONSON, Th.: *Venganza real. La Corona de España, 1829-1968* (1966). Barcelona, Grijalbo, 1968.

BALANSÓ, J.: *La familia rival*. Barcelona, Planeta, 1994.

BORBÓN PARMA, M.ª T., CLEMENTE, J. C. y CUBERO SÁNCHEZ, J.: *Don Javier, una vida al servicio de la libertad*. Barcelona, Plaza & Janés, 1997.

BURGO, J. del: *Carlos VII y su tiempo*. Pamplona, Gobierno de Navarra-Fundación Luis Hernando de Larramendi, 1994.

CLEMENTE, J. C.: *Carlos Hugo de Borbón Parma. Historia de una disidencia*. Barcelona, Planeta, 2001.

MORAL RONCAL, A. M.: *Carlos V de Borbón (1788-1855)*. Madrid, Actas, 1999.

PUGA, M.ª T. y FERRER, E.: *Los reyes que nunca reinaron. Los carlistas: «Reyes» o Pretendientes al trono de España*. Barcelona, Flor del Viento, 2001.

SAGRERA, A. de: *La Duquesa de Madrid (Última reina de los carlistas)*. Palma de Mallorca, ed. de la autora, 1969.

VILA-SAN JUAN, J. L.: *Los reyes carlistas. Los otros Borbones*. Barcelona, Planeta, 1993.

9. La ideología

ARÓSTEGUI, J.: *El carlismo y los fueros vasconavarros*. En *Historia del Pueblo Vasco*. San Sebastián, Editorial Erein, 1979, vol. 3, pp. 71-135.

——, *Juan Vázquez de Mella. Una Antología Política. Estudio Preliminar y selección de textos por Julio Aróstegui*. Oviedo, Junta General del Principado de Asturias, 1999.

BORBÓN-PARMA, M.ª T.: *La clarificación ideológica del Partido Carlista.* Madrid, Editorial EASA, 1979.

BURGO, J. del: *Comunión Tradicionalista. Ideario.* Varias ediciones en San Sebastián y Pamplona, 1937.

CENTRO «GENERAL ZUMALACÁRREGUI»: *¿Qué es el carlismo?* Edición cuidada por F. Elías de Tejada, R. Gambra Ciudad y F. Puy Muñoz. Madrid, Escelicer, 1971.

ELÍAS DE TEJADA, F.: *La Monarquía Tradicional.* Madrid, Rialp, 1954.

FERRER, M.: *Antología de los Documentos Reales de la Dinastía Carlista.* Preparada por M. Ferrer. Madrid, Editorial Tradicionalista, 1951.

FRADERA, J. M.: *Jaume Balmes. Els fonaments racionals d'una política católica.* Vic, Eumo Editorial, 1996.

GARMENDIA, V.: *La ideología carlista, 1868-1876. En los orígenes del nacionalismo vasco.* San Sebastián, Diputación Foral de Guipúzcoa, 1984.

GONZÁLEZ CUEVAS, P. C.: *Historia de las derechas españolas. De la Ilustración a nuestros días.* Prólogo de Andrés de Blas. Madrid, Biblioteca Nueva, 2000.

JUARISTI, J.: *El bucle melancólico. Historias de nacionalistas vascos.* Madrid, Espasa-Calpe, 1997.

MARRERO, V. (comp.): *El Tradicionalismo español del siglo XIX.* Madrid, Publicaciones Españolas, 1955.

PABÓN, J.: *La otra Legitimidad.* Madrid, Editorial Prensa Española, 1965.

URQUIJO GOITIA, J. R.: *La Primera Guerra Carlista desde la ideología nacionalista vasca. Vasconia* (Bilbao), 26, 1998, pp. 65-110.

WILHELMSEN, A.: *La formación del pensamiento político del carlismo (1810-1875).* Madrid, Actas, 1995.

10. La violencia y la política

ARÓSTEGUI, J.: *La tradición militar del carlismo y el origen del Requeté.* En *Aportes* (Zaragoza), 1988, pp. 3-23.

BURGO, J. del: *Requetés en Navarra antes del Alzamiento.* San Sebastián, Ediciones Españolas, 1939.

CANAL, J.: *Republicanos y carlistas contra el Estado. Violencia política en la España finisecular. Ayer* (Madrid), 13, 1994, pp. 57-68.

——, «La violencia carlista tras el tiempo de las carlistadas: nuevas formas para un viejo movimiento». En Santos Juliá (dir.), *Violencia política en la España del siglo XX*. Madrid, Taurus, 2000, pp. 25-66.

FERRER MUÑOZ, M.: *Carlismo y violencia en la II República, 1931-1936. La organización del requeté vasco-navarro. Historia 16* (Madrid), 194, junio de 1992, pp. 12-20.

GONZÁLEZ CALLEJA, E.: *Paramilitarització i violència política a l'Espanya del primer terç de segle: el requeté tradicionalista (1900-1936). Revista de Girona* (Gerona), 147, julio-agosto de 1991, pp. 69-76.

GONZÁLEZ CALLEJA, E., y ARÓSTEGUI, J.: *La tradición recuperada: el Requeté carlista y la insurrección*. En *Historia Contemporánea* (Bilbao), 11, 1994, pp. 29-53.

GONZÁLEZ CALLEJA, E. y CANAL, J.: «No era la ocasión propicia. La conspiración carlista de fin de siglo en un memorial a Don Carlos». *Hispania* (Madrid), 181, 1992, pp. 705-742.

MARÍN FIDALGO, A., MARTÍN BURGUEÑO, M. y ROLDÁN GONZÁLEZ, E.: *El Requeté de Sevilla. Orígenes, causas e historia*. Sevilla, Editorial Católica Española, 1982.

MCCLANCY, J.: *GAC: Militant Carlist Activism, 1968-1972*. En W. A. Douglas (ed.), *Essays in Basque Social Anthropology*. Reno, University of Nevada Press, 1989, pp. 177-185.

REDONDO, L. y ZAVALA, J. de: *El Requeté (La tradición no muere)*. Barcelona, AHR, 1957.

TOLEDANO, L-F.: *El caudillaje carlista y la política de las partidas. Ayer* (Madrid), 38, 1999, pp. 91-113.

Índice onomástico